부모와 교사를 위한 과학활동 가이드

자연물을 이용한 유아 과학활동

장혜순 · 박명숙 · 윤신숙 지음

창지사

머리말

현대는 지식정보 사회로써, 교육현장의 교사들은 과도하게 쏟아지는 정보들을 판단하여 바로 적용하기가 쉽지 않다. 학부모들도 유아와 함께 가정에서 과학교육을 지도할 때 유익한 상황을 놓치게 되며 또한 단편적인 지식만으로 교육하기에는 조심스러우며 부적절한 점도 있음을 인식하게 된다. 유아들을 대상으로 한 과학교육은 실험실에서의 실험활동보다는 놀이 활동을 통한 과학적 탐구를 경험하는 것이 더 효과적이다. 따라서 전통적 관점의 과학교육은 유아기에는 적절하지 않다. 사물의 물리적 속성을 경험함으로써 유아 스스로 과학적 지식(개념)을 획득하도록 안내하는 것이 선행되어야 한다.

물리적 지식활동(PKA: Physical Knowledge Activities)은 미술, 게임, 요리, 과학, 수학, 음악 등 각 교과영역을 통합하여 지도할 수 있다. 본서는 이전의 연구물과 달리 음악을 통한 과학활동을 강조하여 연구되었다는 점에서 그 의의가 있으며 각 활동들은 유아들이 생활 속에서 쉽게 접할 수 있는 자연물을 소재로 하여 각 교과영역을 통합적으로 운영할 수 있음을 보여준다는 점에서 가치가 있다.

본서는 통합적 유아 교육과정을 실시함에 있어서 순수 학문적 배경에 대한 부족함을 보완하기 위해 유아교육을 전공한 교수와 음악 및 순수과학을 전공한 교수들 사이의 학제 간 연구를 시도하여 구성된 것으로 간과되기 쉬운 학문적 기초를 토대로 유아를 위한 물리적 지식활동을 연구하고자 노력한 세 번째 결과물이다. 첫 번째 결과물은 『요리활동을 통한 유아교육』(2001)이었고, 두 번째는 『물리적 지식활동을 통한 유아 과학교육』(2006)으로 본서와 함께 활용한다면 효과적일 것으로 생각된다.

본서의 Chapter 1에서는 통합적 교육과정과 유아교육을, Chapter 2에서는 물리적 지식활동, Chapter 3에서는 유아의 과학적 탐색을 위한 자연물, Chapter 4에서는 자연물을 이용한 통합적 교육과정을, 그리고 Chapter 5는 자연물 소재를 중심으로 한 과학활동의 실제를 소재별로 소개하여 교사들이 현장에서 용이하게 활용할 수 있도록 하였다. 특히 실제 활동은 교사와 유아 간의 언어적 상호작용을 중점으로 한 구체적인 과정을 소개함으로써 교사와 유아 간의 학습에서 질문과 탐색과정을 자세하게 살펴볼 수 있게 하였다.

본서의 실제 활동은 물리적 지식을 통한 수학, 과학, 음악 교육의 통합적인 활동으로 구성되었으며, 특히 각 활동을 현장에서 실시한 후 간과하기 쉬운 점을 '활동 후 평가'로 제시하여 교사들이 활동을 계획하는 데 실제적인 도움을 주고자 노력하였다. 또한 각 활동의 실제는 강남대학교의 부설 및 위탁기관인 세 어린이집에서 계획하고 실시한 내용을 그대로 수록하여 다양한 활동안을 보여주고자 하였다. 소개된 활동들은 각 유치원 현장에 맞게 교사들이 유아들에게 보다 좋은 활동이 될 수 있도록 창의적으로 활용되었으면 한다. 본서는 다양한 활동의 실제를 제시하여 교사가 될 유아교육학과 및 보육학과 학생들이나 유치원과 어린이집의 교사들에게 실질적인 도움을 주며 현장 참여 시에도 학부모 교육 자료로 활용할 수 있도록 집필하였다. 본서에 제시된 지도방법대로 학부모들도 자연학습 상황을 그냥 지나치지 않고 유아들의 과학적 탐구활동을 지도해 볼 수 있는 안내서이다.

본서가 출판될 수 있도록 계기를 마련해 주신 창지사 김기섭 사장님과 편집부 직원들께 감사를 드린다. 구체적인 활동 자료를 유아들과 함께 연구해 주신 강남대학교부설 강남어린이집의 임미경 원장님, 아주대병원부설 어린이집의 박희숙 원장님, 강남대학교부설 목양어린이집의 김미경 원장님께 고마움을 표한다.

2011. 2.
저자 일동

차 례

Chapter 1 통합적 교육과정과 유아교육 • 9

1. 통합적 교육과정과 교수방법 ……11
2. 통합적 교수방법의 의의 ……12
3. 통합적 접근에 기초한 유아교육의 지도방향 ……15
4. 2007년 개정 유치원 교육과정과 표준보육과정 ……17
   1) 2007년 개정 유치원 교육과정……17
   2) 표준보육과정의 내용 ……19

Chapter 2 물리적 지식활동 • 21

1. 지식의 유형과 형성과정 ……23
2. 물리적 지식활동이란 무엇인가? ……28
3. 물리적 지식활동의 내용 ……29
   1) 좋은 물리적 지식활동의 기준 ……29
   2) 물리적 지식활동의 교육내용 ……30
4. 물리적 지식활동의 교수 · 학습 방법 ……33
   1) 계획하기 ……33
   2) 시작하기 ……33
   3) 진행하기 ……34
   4) 활동 후 평가하기 ……35
5. 물리적 지식활동을 통한 수학 · 과학 · 음악 교육 ……35
   1) 물리적 지식활동을 통한 과학교육 ……37
   2) 수학을 통한 과학교육 ……47

3) 음악을 통한 과학교육 ······56

Chapter 3 유아의 과학적 탐색을 위한 자연물 · 69

1. 유아의 발달적 특성과 창의적 과학교육 ······71
2. 소재의 종류 및 특성······74
   1) 나무 ······74
   2) 금속 ······76
   3) 돌 ······78
   4) 고무와 풀 ······80
   5) 플라스틱 ······82
   6) 유리 ······86
   7) 종이 ······88
   8) 씨앗 ······90
   9) 나뭇잎 ······91
   10) 물 ······95
   11) 흙 ······97
   12) 가죽······99

Chapter 4 자연물을 이용한 통합적 교육과정 · 101

1. 자연물 소재중심의 물리적 지식활동을 통한 통합적 접근방법··· 103
2. '빨대'를 사용한 통합적 접근방법의 사례 ······104
   1) 요리활동······104
   2) 미술 활동 ······105
   3) 게임활동······106
   4) 과학활동······107
   5) 음악 활동 ······108

6) 수학활동 ······108
7) 언어활동······109
3. '씨앗'을 사용한 통합적 접근방법의 사례······110
1) 요리활동 ······110
2) 미술 활동······111
3) 게임활동 ······111
4) 과학활동 ······112
5) 음악 활동 ······113
6) 수학활동 ······113
7) 언어활동 ······114

Chapter 5 자연물 소재를 중심으로 한 과학활동의 실제 • 115

1. 나무 ······117
2. 금속 ······126
3. 돌 ······152
4. 고무 ······165
5. 플라스틱 ······185
6. 유리 ······228
7. 종이 ······239
8. 씨앗 ······252
9. 나뭇잎 ······264
10. 물 ······276
11. 흙 ······287

참고문헌/299

Chapter 1

통합적 교육과정과 유아교육

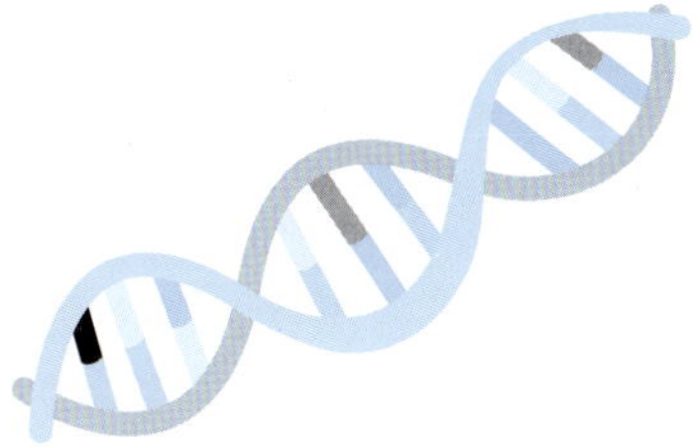

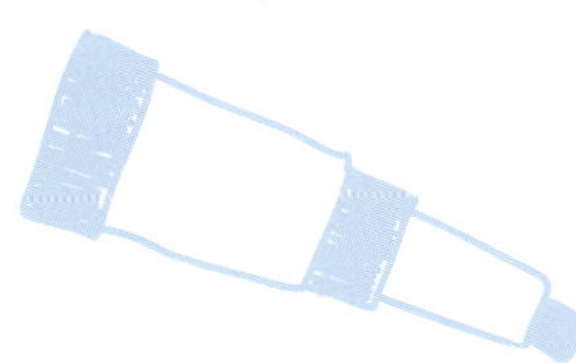

1. 통합적 교육과정과 교수방법
2. 통합적 교수방법의 의의
3. 통합적 접근에 기초한 유아교육의 지도방향
4. 2007년 개정 유치원 교육과정과 표준보육과정

1. 통합적 교육과정과 교수방법

교육과정을 통합하여 지도하는 문제는 20세기 초 진보주의 교육사조에서 시작되어 오늘에까지 이르렀다. 즉, 유아의 발달영역은 전인적인 발달로 통합되어야 하며 교과영역도 분리되어 가르칠 수 없으며 흥미 영역도 통합적으로 이루어져야 한다는 입장을 표방한다.

교육과정의 통합이라는 개념은 1920년대부터 1950년대에까지 미국의 진보주의 교육운동이 활발하게 진행되던 시기에 학습경험의 통합 또는 교육과정의 통합을 중요한 논제로 시작하면서 시작되었다(교육과정개정연구회, 1996).

진보주의자들은 학습자의 성장이란 경험의 누적적인 재구성에 의해서 일어나며 그러한 성장은 학습자가 본래부터 가진 창조적 지성의 내재적 표현력의 결과라고 보았다. 즉, 경험의 누적적 재구성이란 학습자의 내부에서 일어나는 통합을 의미한다고 보았다. 이러한 통합은 학습자의 현재 경험, 관심, 흥미 등을 중요시하고 그것을 기초로 경험을 재구성할 수 있도록 교육과정을 개발할 때 가능한 것으로 보았다(이기숙, 2000).

교육과정의 통합이란 시간적, 공간적으로 또한 내용영역에 있어서 각각의 다른 학습경험들을 상호관련 짓게 하며 의미 있게 모아져서 하나로 전체의 학습이 가능하게 하는 과정 및 결과를 의미한다(김재복, 1998).

교육과정의 통합에 영향을 미친 듀이(Dewey)는 경험중심의 통합을 강조하였으며 경험을 유기체(유아)와 환경의 통합과정으로 보았다. 개인은 변화하는 환경에서 문제에 직면하게 되고 문제를 해결하는 과정에서 경험과 학습을 재구성한다. 경험중심의 교육과정에서의 통합은 교육내용 간의 논리적인 통합에 강조점을 둔 것이 아니라 문제해결의 과정, 즉 경험의 통합적 과정을 용이하게 해 주는 방법에 관심이 있다(조덕주, 1984).

이후 부르너(Bruner)의 학문중심적인 교육과정이 대두되었고 교육내용의 논리적 통합이 연구되었으나 각 영역 안에서의 학문의 탐구가 이루어지면서 지식의 분화현상이 일어나게 되었다. 그 결과 통합교육 과정에 대한 관심은 멀어지게 되었으나 1970년대 전통적인 교육과정의 문제점들로 인해 다시 통합교육 과정에 대한 관심이 재강조되었다.

우리나라에서는 1980년대 이후 초등교육 과정의 개혁으로 체계화된 바 있다. 1981년 제4차 교육과정에서 초등학교 1, 2학년의 교과서가 통합되기 시작했으며 제5차 교육과정에서는 교과서뿐만 아니라 교육과정상의 통합을 모색하게 되었다. 초등학교와 유치원 교육과정의 연계성이 최근까지 통합교육 과정 문제의 화두가 되고 있다. 제6차 유치원 교육과정도 교육활동 운영의 기본방침을 교육과정의 통합적 운영에 두고 있으며 2007년 개정 유치원 교육과정도 동일한 방향에서 진행되었다.

미국의 전미유아교육협회(NAEYC)에서 출판된 『발달에 적합한 유아교육의 실제』도 이러한 교육과정의 통합적 접근을 적용할 것을 안내한 바 있다.

2. 통합적 교수방법의 의의

듀이는 인간이란 자연스러운 상황에서 지식을 잘 통합하므로 가르치는 것도 통합하여 전개하는 것이 바람직하다고 하였다. 유아들은 자기 주변의 세계에 대해 학습할 때 분리된 경험보다는 통합된 전체의 경험을 통하여 경험하고 학습한다. 통합적인 학습을 위한 지도방법은 유아가 의미 있는 상황 속에서 개념을 학습할 수 있도록 활동을 통합하여 제시하는 것이다.

최근 유아교육현장에 프로젝트 접근법(Project approach)이 소개되면서 통합적인 지도방법에 대한 적절한 안내가 이루어지게 되었으며 특히 레지오 에밀리아(Reggio-Emilia approach)접근도 통합적인 접근을 시도하여 교육하고 있다.

전미유아교육협회(NAEYC)에 의하면 교육과정 영역을 서로 분리하지 않고 수학, 과학, 사회 등이 통합되어 지도되어야 함을 강조하고 있다. 이러한 주장에 대한 근거는 수학과 과학은 학문 자체가 상호 관련성이 있으며, 영유아의 발달 특성상 수학과 과학은 통합하여 지도되어야 한다는 점 등이다. 몇몇 연구에 의하면 수 · 과학 교육의 통합적 지도는 교육적 효율성이 있을 뿐만 아니라 수학과 과학이 학습의 공통적인 과정적 기술을 공유하고 있으므로 통합되어 지도되어야 한다는 것이다(김숙자, 2004; 홍혜경, 2004).

음악교육에 있어서도 음률 활동과 리듬활동을 지도할 때 이와 유사한 교육의 효과를 가져올 수 있다. 예를 들면, '하나, 둘, 셋, 넷' 을 세면서 수의 순서를 셀 수 있을 뿐만 아니라 반복적으로 '하나, 둘, 셋, 넷' 박자와 '강, 약, 중강, 약' 등 셈여림 패턴에 대한 규칙을 이해할 수 있게 된다. 또한 자료를 탐색하며 악기를 만들어 볼 때 긴 소리, 짧은 소리와 같은 소리 탐구를 통하여 통합적인 학습의 경험을 할 수 있다.

통합적인 지도방법에 대한 중요성이 인식되면서 유아 과학교육도 통합적인 지도방법이 강조되고 있다. 할란(Harlan, 1992)은 과학적인 내용만을 다루는 과학

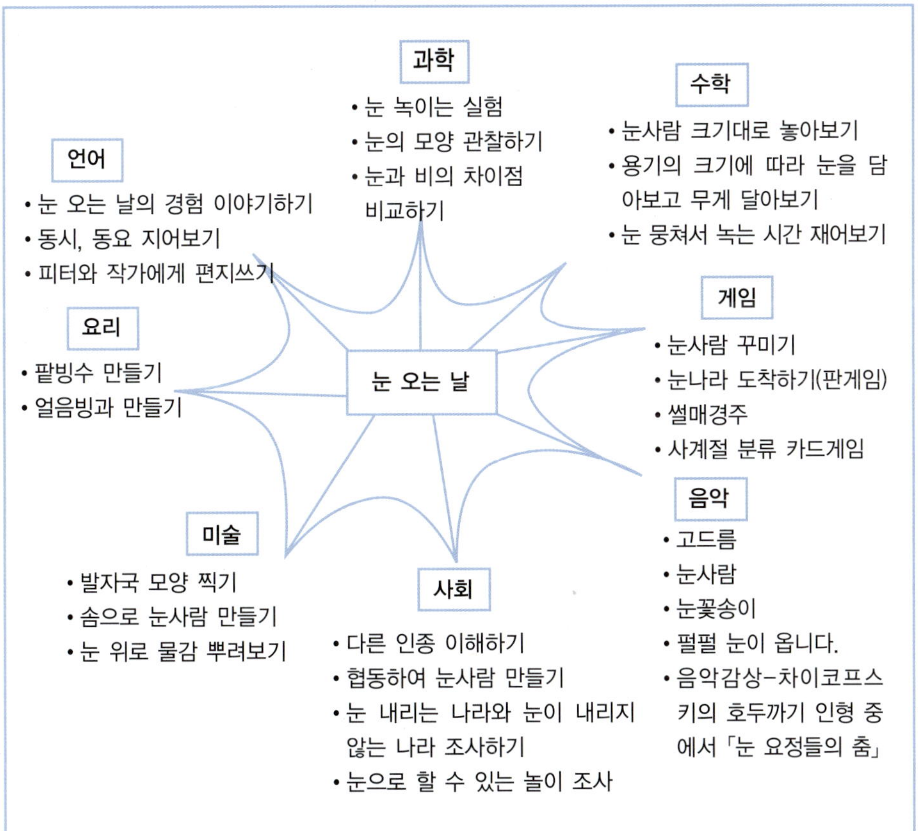

[그림 1] 문학적 접근에 의한 통합적 접근

교육은 의미가 없으며 여러 영역과 통합적으로 이루어져야 한다고 하였다. 바루팔디(Barufaldi), 래드(Ladd)와 모세(Mose, 1981)도 "과학교육의 계획은 언어발달, 읽기 준비도 수학적 능력 및 신체적 개념과 연관되어야 한다"고 하였다. 과학교육을 위한 통합적인 지도방법은 여러 학자들에 의해 지지되고 있다(교육부, 1995; 이경우, 1989; 이원영, 1991; Barrow & Salesi, 1982; Kamii & DeVries, 1987; Lind, 1991).

유아 과학교육을 통합적으로 지도하는 방법이란 과학적인 개념과 과정을 과학활동에서만 국한하여 지도하는 것이 아니라 유아들이 흥미 있어 하는 노래, 악기연주, 이야기, 동시, 게임, 미술, 요리, 음률, 사회조사 등과 같은 활동과 함께 연결지어 지도하는 것이다. 예를 들면, [그림 1]과 같다.

영유아를 위한 수 · 과학 교육의 지도방향은 두 가지로 논의될 수 있다. 하나는 수 · 과학 교육을 통합하여 지도할 것인지 혹은 수학과 과학의 교과목 영역을 각각 분리하여 지도할 것인지에 대한 것과 수 · 과학 교육의 지도방법에 대한 것을 지적할 수 있다.

수 · 과학 교육을 통합하여 지도할 것인지 혹은 분리하여 지도할 것인지에 대한 학자들의 연구에 의하면 수 · 과학 교육은 통합하여 지도할 경우가 더 효과적이라는 점을 지지하고 있다. 즉, 수 · 과학 교육의 통합교육은 영유아의 인지적인 능력을 발달시키고 논리 · 수학적 사고와 과학적 사고를 강화시켜 줄 뿐만 아니라 교육의 효과가 크다는 것이다(Carin & Sund, 1985; Spodek, 1991).

베를린과 화이트(Berlin & White, 1995)에 의하면 수 · 과학 교육은 통합하여 지도할 것을 제시하고 있다. 즉, 수학활동에 과학적인 과정을 통합시키거나 과학활동에 수학적인 기술을 통합하여 수학과 과학 활동이 연속적으로 일어나도록 지도하는 것을 강조하고 있다.

또한 제미악과 데이비슨(Czemiak & Davison)에 따르면 수 · 과학의 통합활동은 내용의 통합과 과정의 통합을 포함하는 것이어야 함을 지적하고 있다. 즉, 수학교육의 내용인 분류, 수, 측정, 시간, 기하, 통계와 과학활동의 내용인 우리 몸, 생물, 자연현상, 물체와 물질, 도구와 기계를 통합하여 지도하는 것을 의미한다.

과정의 통합은 수학적 기술과 과학적 과정이 통합되는 것으로써 분류하기, 비교하기, 측정하기, 수 세기, 그래프 그리기, 자료 해석하기, 공간관계, 패턴화 하기, 어림셈하기, 부분과 전체, 시간 개념, 관찰하기, 정의하기, 토의하기, 가설 세우기, 예견하기, 검증하기, 실험하기, 기록하기 등의 수·과학적 기술과 과정의 통합을 의미한다(마지순, 2001).

전미연구위원회(National Research council), 전미수학교사협회(National Council of Teachers Association)와 같은 단체에서도 수학과 과학이 논리적인 관계가 있음을 강조하고 수학은 자료의 수집과 분석을 위한 도구로써 그리고 과학은 조사를 위한 문제를 제공함으로써 수학과 과학은 통합하여 지도해야 한다고 주장하고 있다.

3. 통합적 접근에 기초한 유아교육의 지도방향

통합적 접근법은 학문중심 교육과정과 전통적인 교육과정과는 구별된다. 유아교육과정의 통합적인 접근은 유아의 신체, 정서, 사회, 언어, 인지 발달영역을 통합시키며 여러 교과영역의 통합을 가능하게 한다.

통합교육 과정에서 얻을 수 있는 장점은 다음과 같다(Bredekemp & Rosegrant, 1995).

① 유아들의 경험을 더 종합할 수 있도록 스스로 의미를 구성하도록 유도한다. 또한 학교와 가정의 연계를 통한 학습으로 유도할 수 있다.

② 통합교육 과정은 각 교과영역 간의 연관성을 지을 수 있으며 각 영역의 지식을 실생활과 관련지을 수 있는 능력을 갖게 한다.

③ 일반적으로 교과영역들은 다른 영역과 분리되어 학습되거나 응용될 수 없다. 과학을 하려면 수학이 필요하다. 문학을 공부하려면 인류학이나 역사 및 미술 등의 협력이 필요하다.

④ 통합된 교과를 각각의 분리된 교과로 지도할 때 유아들이 이해하기에는 용이하지 않다. 따라서 통합교육 과정은 유아들이 분리된 교과로 쉽게 전이하

여 이해할 수 있다.

⑤ 통합교육 과정은 유아들이 학습해야 할 많은 정보들을 의미 있는 개념으로 조직화할 수 있도록 도와준다.

통합교육 과정을 계획할 때 교육적인 목적 없이 연결시킨다면 많은 내용이 피상적으로 얽혀 있게 될 수도 있으며 주제와 관련 없는 단순한 사실만을 다루게 될 수도 있음을 지적할 수 있다. 과도하게 통합할 경우는 개별 교과영역의 특성을 상실하게 하며 개별 교과영역의 인식방법 및 지식의 표상방법을 간과하게 하는 오류를 범하게 할 수도 있다. 즉, 미술 영역을 다룰 경우 도구의 사용과 회화과정을 익히는 과정 등이 생략될 수 있다는 것이다.

통합교육 과정을 운영하려면 학습의 상황이 영향을 준다. 즉, 풍부한 정보 자료와 경험을 제공할 수 있어야 한다. 유아들의 작업결과물들이 잘 전시되어 상호학습 및 경험의 교류가 일어나도록 안내되어야 한다.

통합접근 방법에는 포가티(Forgarty, 1991)가 제시하고 있는 다양한 유형이 있다. 즉, 분절유형, 연결유형, 포개진 유형 등 '교과 내에서의 통합' 이 있으며 연계유형, 공유유형, 거미줄 유형, 이어진 유형, 통합유형 등의 '교과 간의 통합유형' 이 있고 몰입형과 네트워크형으로 '학습내부에서 혹은 학습자끼리의 통합' 을 이루게 하는 유형 등으로 분류할 수 있다(이기숙, 2000).

이상과 같은 통합교육 과정에 대한 다양한 접근방법 중에서 유아 교육교실에서 가장 많이 소개되고 있는 접근방법은 거미줄 모형(webbing)이며 현장에서 프로젝트 접근 혹은 주제 접근법으로 알려져 있다. 거미줄 모형은 교과를 통합하기 위한 주제접근 방식을 나타내고 있다. 거미줄 모형은 하나의 주제를 다른 관련된 주제들과 연결시킬 수 있으며 교과영역, 유아들의 발달영역을 함께 고려하여 접근할 수 있다. 유아들이 '전인적인 아동(whole child)' 으로 발달할 수 있도록 학습의 경험을 모든 발달영역을 중심으로 거미줄망처럼 만들어서 교육하는 일은 적절한 전략으로 간주되고 있다(이기숙, 2000).

유아 교육과정을 조직망으로 계획하기 위해 고려해야 할 점은 다음과 같다(Krogh, 1990; 이기숙, 2000).

① 균형 있는 교육과정

조직망을 계획할 때 어떤 한 영역에 비중을 두어 강조할 경우 전체적인 균형이 이루어지고 있지 않음을 즉각적으로 파악할 수 있으므로 균형 있는 교육과정을 구성할 수 있어야 한다.

② 자연스러운 학습

주제를 교과중심이 아닌 교육과정 조직망에 따라 학습시키는 것이 흥미를 줄 수 있다. 즉 과학, 수학, 음악을 따로 분리하여 지도하는 것은 성인중심의 학습지도 전략이다.

③ 유아의 흥미에 기초한 학습

통합적인 교육과정의 조직망을 사용하면 교육과정 및 활동을 계획할 때 유아가 흥미를 갖게 된다.

④ 의미 있는 상황에서의 기술습득

유아의 흥미에 기초한 학습과정은 유아들에게 더 의미 있는 학습이 되게 만들며 기술습득이 용이하다.

⑤ 융통성

어떤 교육과정은 지금 강조하고 다른 영역은 후에 강조할 수 있다. 교육과정 조직망(curriculum web)은 어떤 조직을 제공하지만 고정된 틀은 아니다. 교육과정 조직망은 결정된 결과가 아니라 과정을 나타내는 것이므로 필요에 따라 빼거나 포함시킬 수 있도록 융통성 있게 운영할 수 있다.

4. 2007년 개정 유치원 교육과정과 표준보육과정

1) 2007년 개정 유치원 교육과정

이 교육과정은 21세기 지식 정보화 시대를 주도할 ‘사람과 자연을 존중하고 사랑하는 한국인 육성’을 기본 방향으로 한다. 이에 따른 구성방침은 다음과 같다.

가. 사람과 자연을 존중하고 사랑하는 세계관을 바탕으로 구성한다.
나. 유아의 기본 생활습관과 전통문화, 창의성을 강조하여 구성한다.
다. 지역과 유치원의 자율성을 확대하도록 구성한다.
라. 유치원 교육의 정체성을 살리며 초 · 중등학교와 연계하여 구성한다.
마. 유아의 발달 특성을 고려하여 수준별 교육과정을 구성한다.
바. 교육과정 평가체제를 통하여 교육에 대한 질 관리를 강화하도록 구성한다.

(1) 교수 · 학습 방법

가. 유아의 발달과 흥미를 고려하여 놀이 중심의 통합적인 교육활동을 전개한다.
나. 하루의 교육활동 운영은 동적인 활동과 정적인 활동, 실내 활동과 실외 활동, 개별 활동과 소집단 · 대집단 활동, 유아 주도 활동과 교사 주도 활동 등이 균형 있게 이루어지도록 한다.
다. 유아가 또래와 교사 및 주변 환경과 다양한 상호작용을 할 수 있도록 한다.
라. 긍정적이고 수용적이며 사랑과 정성이 담긴 언어와 태도로 유아를 대한다.
마. 교육 활동별 특성에 따라 다양한 질문을 하여 창의적 사고를 유도한다.
바. 개별 유아의 잠재력이 최대한 발현될 수 있도록 유아를 지속적으로 관찰하고 적절한 지원을 한다.
사. 주변의 다양한 자료와 자연물을 적극 활용하여 유아들이 직접적이고 구체적인 경험을 할 수 있도록 한다.
아. 흥미 영역은 계절, 주제, 행사 및 유아의 요구 등에 따라 재구성한다.
자. 시간 연장제 및 종일제의 오후 일과는 오전의 교육활동을 그대로 반복하거나 지식 및 기능 위주 교육을 하기보다는 편안한 휴식과 함께 바깥 놀이와 개별 유아의 특성을 충분히 고려한 놀이 중심의 활동으로 구성한다.

(2) 교육 평가

가. 교육과정 목표와 내용을 준거로 유아의 특성과 변화 정도를 평가한다.

나. 유아의 태도, 지식, 기능 등이 종합적으로 포함되도록 평가한다.

다. 유치원 일과 속에서 생활과 교육활동 전반에 걸쳐 포괄적으로 평가가 이루어지도록 한다.

라. 관찰, 활동 결과물 분석, 면담 등 다양한 방법을 사용하여 종합적으로 평가하고 그 결과를 기록한다.

마. 평가결과는 유아에 대한 이해와 유아 지원을 위한 의사결정, 교수 · 학습 방법 개선, 교육과정의 편성과 운영, 부모면담, 생활기록부 작성 등을 위한 기초 자료로 활용한다.

(3) 교육과정의 영역

교육과정의 영역은 건강생활, 사회생활, 표현생활, 언어생활, 탐구생활의 5개 영역으로 구성되어 있다.

2) 표준보육과정의 내용

보육과정은 기본생활, 신체운동, 사회관계, 의사소통, 자연탐구, 예술경험의 6개 영역으로 구성한다. 각 영역은 영유아가 건강하고 안전하며 바르게 생활하는 데 필요한 내용과 신체, 사회, 언어, 인지, 정서 등의 전인발달을 위해서 영유아가 갖춰야 할 지식, 기술, 태도를 포함한다.

① 기본 생활

기본 생활영역은 일생의 기초이며 사회생활의 기본이 되는 건강, 영양, 안전에 관한 지식과 기술을 습득하고 바르게 생활하는 태도를 기르는 내용으로 구성한다.

② 신체운동

신체운동 영역은 다양한 신체활동을 통하여 자신의 신체에 대해 긍정적으로 인식하고 일상생활에 필요한 기본 운동능력을 기르며 신체활동에 즐겁게 참여하는 내용으로 구성한다.

③ 사회관계

사회관계 영역은 자신을 존중하고 가족과 또래 및 지역사회와 긍정적인 사회관계를 형성하며 유능한 사회 구성원이 되기 위해 필요한 사회적 지식과 태도를 기르는 내용으로 구성한다.

④ 의사소통

의사소통 영역은 듣고 말하는 것을 즐기고 상황에 맞는 의사소통 능력과 기초적인 읽고 쓰는 능력을 익히는 데 필요한 올바른 언어생활 태도와 능력을 기르는 내용으로 구성한다.

⑤ 자연탐구

자연탐구 영역은 다양한 감각을 이용하여 주변 사물과 환경을 지각하고 탐색하며 이러한 과정에서 발생하는 의문점을 해결하는 데 필요한 수학적 · 과학적 기초 능력을 기르는 내용으로 구성한다.

⑥ 예술경험

예술경험 영역은 사물이나 소리 · 자연 · 예술작품의 아름다움에 관심을 가지고 탐색하며 생각이나 느낌을 음악 · 동작 · 극 · 미술로 표현하고 표현된 것들을 보고 즐김으로써 풍부한 감성 및 창의성을 기르는 내용으로 구성한다.

Chapter 2

물리적 지식활동

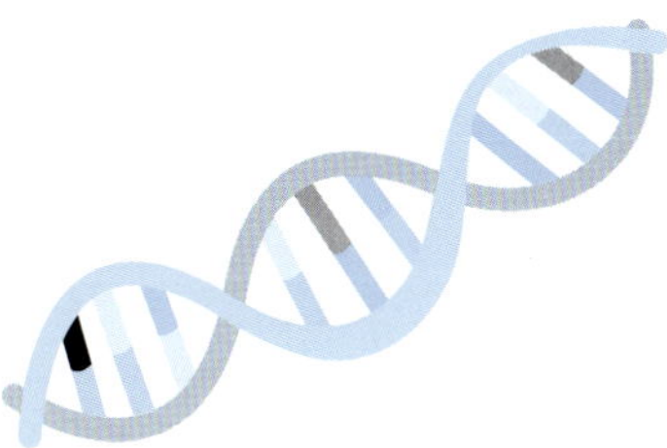

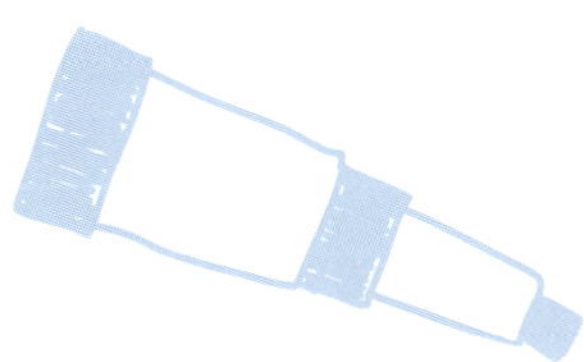

1. 지식의 유형과 형성과정
2. 물리적 지식활동이란 무엇인가?
3. 물리적 지식활동의 내용
4. 물리적 지식활동의 교수 · 학습 방법
5. 물리적 지식활동을 통한 수학 · 과학 · 음악 교육

1. 지식의 유형과 형성과정

피아제는 초기 아동기의 경험 때문에 수학자가 된 친구의 이야기를 들려주었다. 그 친구가 4~5세 때 정원에 앉아서 조약돌을 가지고 놀았다고 한다. 그는 조약돌을 한 줄로 늘어놓고 하나, 둘, 셋, ... 열까지 세었다. 거꾸로 다시 세고 다시 세어도 조약돌은 10개였다. 그는 점점 흥분하여 그것들을 원모양으로 놓아보고 여러 가지 다른 방법으로 놓았으나 결과는 똑같았다. 이러한 발견은 논리-수학적인 관계를 설명하고 있다. 이런 이유로 피아제는 유아 자신이 스스로 학습하도록 허용하라고 주장한다.

인지발달이란 변화가 많은 세상에 적응하기 위해 지식을 어떻게 획득하는가와 관련이 된다. 지식에 관해 이야기하는 것은 지식을 조직하는 것과 관련되는데, 어떤 지식이 조직되지 않았다면 그것은 지식이 아니며 지식이 없는 것처럼 여겨진다.

피아제에 의하면 지식이란 지능과 동일어로 사용된다. 왜냐하면 시간과 공간적 지식은 감각적인 경험과 이성의 상호작용을 거쳐서 구성된다고 보아지기 때문이다(Evans, 1975). 따라서 지식은 유아의 감각적인 경험과 논리적인 사고과정 속에서 형성된다고 본다.

'유아가 지식을 어떻게 얻는가?' 라는 질문에 대한 입장은 다양하다. 그 중 뚜렷하게 양립되어 주장되고 있는 행동주의 이론과 구성주의 이론에 대한 입장과 경험주의 이론의 입장을 살펴보면 다음과 같다.

행동주의는 인간을 포함하여 동물들은 반복을 통하여 학습하고 보상과 벌을 효과적으로 학습함으로써 학습한다는 입장이다. 구성주의는 인간이 새로운 경험을 함으로써 이전에 가졌던 것과는 전혀 다른 새로운 지식을 구성하는 것으로 학습을 설명하고 있다. 행동주의는 구성주의 이론보다 훨씬 더 제한적이며 실제로 구성주의 이론은 행동주의 이론을 포함하고 있다.

구성주의는 행동주의가 할 수 있는 모든 것을 설명할 수 있으나 행동주의는 그렇게 할 수 없다. 예를 들면, '구성주의는 모든 동물들이 그들의 환경에 적응한다' 라고 지적함으로써 보상과 벌에 의한 동물들의 학습에 관하여 설명할 수 있다. 그러나 행동주의는 아동들이 수의 개념이나 학습을 구성한다는 것에 대해 설명할 수 없다(Kamii & Kamii, 1990).

다른 예를 들어보면, 행동주의는 왜 모든 유아가 처음에 동물보다 강아지가 더 많다고 말하고 있는지 또는 가르쳐 주지 않았는데도 성장한 후에 강아지보다 동물이 더 많다고 대답하게 되는지 그 이유를 설명하지 못한다. 행동주의는 인간의 정신 속에서 논리가 어떻게 발달하는지를 설명하는 데 너무 제한적이다.

경험주의는 본질적으로 지식은 개인의 외부에 그 근원이 있으며 감각을 통해서 내면화된다고 주장한다. 경험주의는 감각적 지각이야말로 지식을 형성하고 그 지식을 확인하는 중심적인 역할을 한다고 믿는다. 유아는 감각을 사용하여 내재화하는 경험을 얻게 되고 정보를 수집하며 이러한 경험을 많이 할수록 더 많은 지식을 축적할 수 있다고 보았다.

경험주의의 영향으로 관찰과 실험은 과학적 지식의 기초가 되었다. 진리나 사실은 경험을 통하여 실제로 조사(검증)되며 이러한 결과를 일반화하는 일은 지속적인 경험을 축적하므로 이루어진다고 인식되었다.

그러나 피아제의 관점에 의하면 지식은 경험을 축적하고 정리하거나 자명한 지식을 추구하는 것 이상의 그 무엇이다. 즉, 각 개체는 논리적 사고를 적용하여 지식을 구성한다. 유아들은 경험에서 얻은 정보를 데이터베이스나 자원처럼 사용한다. 이러한 지식은 유아가 경험에 대해 끊임없이 검토하거나 확인하고 열심히 고치고 수정하거나 버리게 되는 사고의 과정, 즉 개념적인 체제나 도식의 형태를 취한다(Spodek, 1986).

생물학적인 과정과 지적인 수준에서 동시에 작용하는 동화와 조절의 두 과정은 신체적, 인지적 발달 모두를 가능하게 한다. 피아제는 인간이 지식을 구성할 때 동화와 조절 과정을 통하여 형성하는 것으로 보고 있다. 동화(assimilation)는 새로운 사실을 접할 경우 자신의 개념에 맞추어 학습하려는 것이고 조절(accomodation)은 자신의 개념을 새로운 사실에 맞추려고 애쓰는 것을 의미한다. 이러한 조절노력이 이루어지면 평형(equilibrium)상태를 이룬다. 그러나 또 다시 새로운 사실에 직면하면 다시 이전의 동화와 조절 및 평형의 반복적인 과정이 되풀이되면서 지식은 점차 정교화되어 간다. 이러한 새로운 사실에 직면하여 내재적 갈등을 일으키면 인지적인 갈등(cognitive conflict)을 경험하는 것이 된다. 예를 들면, 처음에 유아가 네 발 달린 동물을 모두 강아지라고 부르다가 다른 동물과 강아지를 구별하게 되는 과정에서 갖게 되는 '의문점' 은 바로 인지적인 갈등을 일으키며 호기심을 갖게 한다. 점차 유아가 여러 번의 '인지적인 갈등' 을 경험하는 과정에서 다양한 종류의 강아지를 경험하게 되면 강아지의 특성에 대한 좀 더 자세한 정보를 얻게 되며 이러한 사고의 과정을 되풀이하는 과정에서 지식을 스스로 구성하게 된다.

피아제가 말하는 '경험' 의 의미는 유아가 배를 물에 띄우거나 연을 날리거나 사물을 세거나 물건을 들어 올리거나 그 밖의 환경과 상호작용하는 것과 같은 신체적, 선험적인 경험을 의미한다. 이와 같은 경험을 통해 유아들은 두 가지 종류의 지식을 얻게 된다. 첫째, 사물을 움직여 그 반응이나 변화하는 것을 관찰함으로써 물리적 지식을 얻는다. 예컨대 공은 튀고 구르며, 유리는 깨지고 얼음은 녹고, 설탕가루는 물에 녹지만 모래는 녹지 않는다는 사실을 알게 된다. 둘째, 논리-수학적 지식을 얻게 되는데, 이것은 사물을 접할 때 그 사물들 사이에서 논리적 관계를 구성하는 것을 말한다. 이것들은 더 높다, 더 낮다, 더 빠르다, 혹은 더 크다와 같은 비교 개념을 포함한다. 이것은 사물에는 존재하지 않으나 사물들을 비교하는 유아의 심성에 존재하는 관계도 포함한다.

셋째, 지식의 유형으로 사회적 지식은 '7월 17일은 제헌절이다' 라는 것과 같이 배우지 않고는 알 수 없는 지식들을 의미한다. 유아가 속해 있는 사회 속에서 사람들이 서로 약속한 규칙이나 내용들은 사회적 지식이 된다.

물리적 지식은 외부에 존재하고 외적 실재를 관찰할 수 있는 대상에 대한 지식을 의미한다. 물리적 지식의 근원은 주로 물체에 있다. 유아가 물체의 물리적 속성을 발견할 수 있는 유일한 방법은 물체에 대해 물리적, 정신적으로 행동하고 유아의 행동에 대해 물체가 어떻게 반응하는 가를 알아내는 것이다. 예를 들면, 유아가 마루에 공이나 컵을 떨어뜨리면서 그 물체들이 자신의 똑같은 행동에 대해 어떻게 다르게 반응하는지를 아는 것이 이에 해당된다. 유아는 자신의 감각으로 물체의 반응을 관찰하기 때문에 물리적 지식은 부분적으로 경험적 지식이다.

논리-수학적 지식의 한 예는 유아들이 이 세상에 빨간색 구슬보다 더 많은 구슬이 있음을 아는 것이다. 물리적 지식의 근원이 부분적으로 물체에 있는 반면 논리-수학적 지식의 근원은 그 유아의 내부에 있다. 예를 들면, 빨간 구슬과 파란 구슬이 있는데, 서로 '다르다' 는 관계를 유아가 안다면 그것은 유아의 정신적인 행위에 근거를 둔 논리-수학적 지식이 된다. 왜냐하면 '다르다' 라는 관계는 이 두 구슬이 외부의 어느 곳에서도 나타나 있지 않으며 외적인 실재 그 어느 곳에도 존재하지 않기 때문이다. 이 관계는 그 물체 간의 관계를 만든 사람의 머릿속에 존재하고 만일 그가 그 물체들을 이러한 관계로 창안해 놓지 않았다면 그 차이는 존재하지 않았을 것이다. 따라서 논리-수학적 지식은 유아의 정신적인 행위에 그 근원을 갖는 이러한 협응을 통하여 구성된다.

세 가지 지식의 관계를 살펴보면 사회적 지식과 물리적 지식 및 논리-수학적 지식은 서로 밀접하게 관련되어 있다. 예를 들면, 구슬이 한 개 있을 때 그 색깔이나 무게는 물리적인 속성을 나타내 주며 관찰을 통하여 알 수 있는 물리적 지식이다. 그러나 우리가 빨간 구슬과 파란 구슬을 서로 다르다고 생각한다면 이러한 '다른' 점은 논리-수학적 지식이 된다. 즉, 그 구슬들은 관찰할 수 있지만 두 구슬 간의 차이점은 관찰될 수 없다. 바로 이 차이는 두 사물 간의 관계를 이끌어 냄으로써 '정신적으로 창안해낸 관계' 인 것이다. 두 구슬 간의 관계를 '비슷하다' 거나 '무게가 같다' 거나 '2개' 라는 등의 관계를 짓는 경우가 좋은 예가 된다. 사회적 지식이란 이 구슬을 '구슬' 이라고 부르는 것이다.

물리적 지식은 아동들이 구체적으로 조작할 수 있고 구체물을 가지고 실험해 봄으로써 얻어질 수 있는 것으로서 사람들끼리의 약속으로 이루어지는 사회적 지식처럼 가르쳐서는 안 된다. 논리적 지식은 추상적인 과정, 즉 동화와 조절과 평형의 과정을 통하여 구성되는 것이지 직접 가르칠 수 없다. 오늘날 유치원에서 하고 있는 학습지를 통해서는 이러한 논리-수학적 사고는 길러질 수 없다. 따라서 유아들의 논리-수학적 사고력을 신장시키려면 적절한 과학활동과 물리적 지식활동 및 그룹게임과 같은 활동을 지속적으로 경험하게 하고 유아의 능동적인 학습을 조장해 주어야 될 것이다.

물리적 지식활동을 유아교육에 적용한 카미와 드브리스의 유아교육 프로그램은 유아가 사물을 가지고 진행하는 활동으로 롤러 등을 제시하였고, 사물의 변화를 나타내는 활동으로 물에 소금, 설탕, 물감 등을 녹일 때의 변화를 관찰하는 것을 제시하였다. 카미와 드브리스의 유아교육 프로그램의 내용에 포함된 각각의 활동을 피아제의 지식체계에 따라 분류하면 〈표 1〉과 같다.

〈표 1〉에서 보여주는 물리적 지식에 기초한 활동들은 유아발달 프로그램의 내용을 모두 포함시키면서 논리-수학적 지식을 구성하게 할 뿐 아니라 동시에 공간-시간적 지식과 사회적 지식을 활동에 따라 함께 구성할 수 있음을 보여주고 있다. 그러므로 유아들이 다양한 자연물의 소재를 직접 다루어 보는 경험은 물리적 지식을 획득할 뿐 아니라 이후의 논리-수학적 지식과 사회적 지식 및 표상 활동을 창의적으로 경험할 수 있게 도와준다.

〈표 1〉 피아제의 지식체계에 의해 분석한 유아발달 프로그램의 활동

피아제의 지식체계 / 유아발달 프로그램의 활동	논리-수학적 지식			물리적 지식	공간-시간적 지식		사회적 지식	표상		
	분류	계열	수		공간적 개념	시간적 개념		표시	상징	부호
나무토막 놀이				○	○					
그림 그리기				○						
다른 예능활동				○	○					
허구놀이						○	○	○	○	
이야기 듣기						○	○	○		○
동물 · 식물 그리기				○	○	○				
노래 부르기, 악기 다루기				○		○				○
몸 움직이기				○	○	○			○	
조리하기				○				○		
모래 놀이, 물놀이				○		○				
운동장의 놀이기구 놀이				○	○					
책상에서 할 수 있는 놀이(그림 맞추기 등)				○	○		○			

※ 위의 표에서 ○표시를 한 것은 그 방면에 해당하는 교육적 의미가 있음을 표시한 것이다. 논리-수학적 지식은 모든 활동에 포함되므로 빗금으로 표시하였다.

2. 물리적 지식활동이란 무엇인가?

물리적 지식활동(Physical Knowledge Activity : PKA)은 카미와 드브리스에 의해 검증 개발된 유아중심의 구성주의 교수 · 학습 방법 중 하나로 유아의 발달단계에 가장 적합한 프로그램이다. 카미와 드브리스는 피아제 이론에 기초하여 1973~1975년 경험, 활동, 지식의 종류, 흥미, 자율성, 동료와의 상호작용을 구성주의에 입각하여 유아 교육과정에 맞게 수정 · 보완하여 물리적 지식활동을 제시하였다.

구성주의 교육은 결과중심의 지식에 관심을 갖기보다는 지식이 만들어져 가는 과정에 관심을 갖는다. 따라서 물리적 지식활동은 유아들이 흥미 있어 하는 다양한 활동에 자율적으로 참여하고 지식을 구성할 수 있는 프로그램으로 계속적인 활동의 개발이 가능하다.

물리적 지식활동은 사물에 대한 유아의 행위와 그 행위의 결과로 사물이 나타내는 반응을 관찰하는 것을 포함하는 활동으로 정의된다. 또한 물리적 지식활동은 지식을 가르치는 것이 아니라 활동을 진행하면서 다양한 생각을 해 내도록 자극하며 또 다른 활동에 대한 동기를 유발시키고 가능한 결과를 예측할 수 있도록 유도한다. 즉, 물리적 세계에 존재하는 사물에 대한 유아 자신의 행위와 그 행위에 의해 사물에 나타나는 움직임이나 변화를 관찰함으로써 유아 스스로 내부에서 지식을 구성해 간다.

피아제 이론에 따르면 유아들이 습득한 물리적 지식은 논리-수학적 지식과 밀접한 관계를 갖고 있어 서로 상호작용한다고 하였다. 즉, 그들을 둘러싸고 있는 외부 환경의 물리적 세계에서 경험하게 되는 물리적 지식은 논리-수학적 지식을 구성하는 데 도움을 주며 논리-수학적 지식을 잘 조직하기 위해서는 물리적 특성을 지닌 사물을 가지고 실제로 활동을 하거나 관찰하는 경험이 뒷받침되어야 한다고 하였다.

교육의 목적을 '발달' 그 자체에 두었던 카미와 드브리스는 물리적 지식활동을 통해 유아 자신만이 갖고 있는 재미있는 생각을 구성물 또는 활동으로 나타내는 자신만의 멋진 생각(wonderful idea)이나 창조적인 생각을 가능케 한다고 보았다. 또한 실수를 통해 다음 활동으로 발전시키거나 구성할 수 있는 구성적 실수(constructive error)로 인해 사물 간의 관계를 정립해 나갈 때 '진정한 의미의 지능발달' 이 이루어진다고 하였다(민행란 · 이경우, 1990).

물리적 지식활동은 태도의 발달을 초래할 뿐만 아니라 지적발달을 위해서 매우 유용하다. 물리적 지식활동은 ESS 과학교육 프로그램보다 더 유아중심의 교육방법이며 물리적 지식활동을 포함한 구성주의 교육과정은 유아의 인지적 복합성과 사회성 발달에 효과적인 활동으로 간주되고 있다(민행란 · 이경우, 1990).

3. 물리적 지식활동의 내용

1) 좋은 물리적 지식활동의 기준

물리적 지식활동은 유아가 주체가 되어 사물에 행위를 가하고 그 행위의 결과로 사물에 나타나는 반응을 관찰하는 것이므로 좋은 물리적 지식활동은 다음과 같은 네 가지 준거에 의해 선택될 수 있다(DeVries & Kohlberg, 1987).

① 유아들의 행위에 의해 물체의 움직임이 일어날 수 있는 것이어야 한다.

유아들이 빨대를 사용하여 입으로 불거나 혹은 빠는 행위를 함으로써 사물이 움직이도록 하는 활동은 물리적 활동에 포함될 수 있다. 유아들의 행위에 의한 움직임이 아닌 예로는 자석놀이가 있는데, 이것은 자석의 힘으로 움직이게 하는 것이므로 물리적 지식활동에 포함할 수 없다. 그러나 자석놀이를 다른 놀이 기구와 연결하여 유아가 놀이할 수 있다면 그에 따라 일어나는 반응을 관찰할 수 있으므로 자석놀이를 제한할 필요는 없다.

② 유아들이 다양한 방법으로 조작할 수 있는 것이어야 한다.

유아가 물체에 대한 조작을 다양하게 시도하였을 때 다양한 물체의 반응결과가 나온다면 이러한 규칙성에 대한 구성의 기회를 갖게 되는 것이다.

③ 물체의 반응은 유아가 관찰할 수 있는 것이어야 한다.

만일 물체의 반응을 관찰할 수 없다면 유아가 구성할 내용이 없는 것과 같다.

④ 물체의 반응이 즉각적으로 나타나는 것이어야 한다.

물체의 반응이 직접적이면 대응성을 쉽게 성립시킬 수 있다. 예를 들면, 공을 던질 경우 목표지점에 맞추어졌는지의 유무를 유아들이 직접 보고 확인할 수 있어 좋은 물리적 지식활동이 된다. 그러나 이와는 대조적으로 식물을 기를 경우 식물이 어떻게 물에 반응하는지를 관찰하기는 어렵다.

2) 물리적 지식활동의 교육내용

물리적 지식활동은 행위와 관찰과의 관계에 따라 사물의 움직임에 대한 활동과 사물의 변화에 대한 활동으로 나눌 수 있으며 이외에 사물의 움직임과 변화의 두 범주 사이에 넣을 수 없는 활동들을 포함한다. 이러한 활동과 관련된 활동의 예는 다음과 같다.

① 사물의 움직임에 대한 활동

당기기, 밀기, 굴리기, 차기, 뛰어 오르기, 불기, 빨기, 던지기, 흔들기, 빙빙 돌리기, 균형 잡기, 떨어뜨리기 등이 있다. 카미와 드브리스가 주장하는 사물의 움직임을 포함하는 좋은 활동이란 유아 자신의 행위를 통하여 사물의 현상을 만들어 내거나, 조작적 행위로 다양하게 변화시킬 때, 사물의 반응도 함께 변화되는 것이어야 한다. 또한 사물의 반응은 즉각적으로 나타나는 것이어서 유아가 반응을 직접 관찰할 수 있는 활동이어야 한다.

② 사물의 변화에 대한 활동

사물의 변화에 대한 활동은 사물 그 자체의 변화를 포함한다는 점에서 사물의 움직임에 관한 활동과 다르다. 예를 들면, 물감 혼합하기, 얼음 녹이기 등과 같은 사물의 변화를 나타내는 활동, 물속에 설탕을 녹이기 위해 잠시 설탕을 휘젓는 활동 등이 있다.

물체의 변화를 포함하는 활동을 선택할 때 고려할 점은 물체에 가하는 행위가 미숙한 사람들도 할 수 있는 것인지 고려해야 한다. 예를 들면, 전기에 의해 움직이는 기계는 유아에게 적합하지 않다. 반면에 요리하기는 물체의 변화를 유아가 직접 관찰할 수 있어 사물의 변화를 관찰하는 물리적 지식활동에 매우 적합한 활동이다.

③ 사물의 움직임과 변화의 두 범주 사이에 넣을 수 없는 활동

물에 뜨고 가라앉는 물건 발견하기, 체로 치기, 그림자 놀이, 거울보기, 메아리 만들기, 확대경으로 보기, 자석활동 등이 있다. 이런 활동들은 앞의 ①, ② 활동의 두 범주에 속하지만 둘 중 어느 하나의 범주에 넣을 수 없는 활동이다. 유아의 행위가 정확하게 그 사물 자체에 변화를 생기게 할 수 없는 활동, 즉 어떤 움직임도 유아의 행위에 의해서라기보다는 사물의 속성에 의해 더 많이 지배되는 활동을 말한다. 즉, '못은 항상 물에 가라앉는다', '그림자는 어떤 때는 길고, 다른 어떤 때는 짧다', '어떤 물건은 항상 자석에 달라붙지만 어떤 물건은 자석에 전혀 붙지 않는다' 등의 지식을 알아내는 것이다.

다음은 물리적 지식활동의 내용을 〈표 2〉에 소개한 것으로 『문학적 접근에 의한 유아 과학교육』(교육부, 1995)에서 발췌한 내용이다.

〈표 2〉 물리적 지식활동

활동의 범주	활동의 유형	활동의 예
1. 사물의 움직임에 관한 활동 : 이 범주에 들어가는 모든 활동은 유아의 행위로부터 사물의 움직임이 시작되므로 유아의 행위가 강조되고 관찰은 부수적인 역할을 한다.	밀기	밀기
	굴리기	롤러, 볼링, 구슬 굴리기, 공 굴리고 받기, 물레방아
	미끄럼	스키, 아이스 스케이팅, 썰매타기
	기울이기	판 기울이기
	던지기	고리 던지기, 목표물 맞추기, 공 던지기
	떨어뜨리기	옷핀 떨어뜨리기, 물건 떨어뜨리기(삶은 달걀, 풍선 등), 낙하산 떨어뜨리기, 막대 떨어뜨리기

활동의 범주	활동의 유형	활동의 예
1. 사물의 움직임에 관한 활동 : 이 범주에 들어가는 모든 활동은 유아의 행위로부터 사물의 움직임이 시작되므로 유아의 행위가 강조되고 관찰은 부수적인 역할을 한다.	불기	물감 불기, 물 위에서 탁구공 불기, 비누거품 불기
	빨기	진공청소기, 물이 올라오도록 빨대 빨기, 물건 옮기기 (고무밴드, 종이 클립 등)
	끌기	물건 올리기, 내리기, 활쏘기
	흔들기	진자놀이
	빙빙 돌리기	훌라후프 돌리기
	균형	시소, 목적물 쌓기, 블록 쌓기
	차기	차기
	뛰어 오르기	트램폴린에서 높이뛰기, 물건 따먹기
2. 사물의 변화에 관한 활동 : 이 범주에 들어가는 모든 활동은 사물 자체의 속성이 변화되는 것과 관계되는 활동이므로 유아의 행위보다는 사물 자체의 상호작용에 기인한다. 따라서 유아의 행위보다도 관찰이 중요하다.	물에 녹이기	설탕 녹이기, 소금 녹이기, 물감 섞기
	물에 넣고 끓이기	밥 짓기, 채소 스프 만들기, 계란 삶기, 사과 잼 만들기, 양초 만들기
	기름에 넣고 튀기기	팝콘 튀기기, 도넛 만들기
	오븐에 넣고 굽기	과자 만들기, 컵케이크 만들기
	냉동실에서 얼음 얼리기	얼음 얼리기, 얼음사탕 만들기, 아이스크림 만들기
3. 움직임과 변화 사이에 존재하는 활동 : 이 범주에 들어가는 활동은 위의 두 범주에 속하지 않은 것으로써 관찰한 것을 구조화하는 것이 가장 중요하다.	자석에 붙여보기	자석에 낚시질하기, 자석에 붙여보기
	그림자 놀이	그림자 그리기, 그림자 재어보기, 그림자 움직여보기
	기타	소리 메아리 만들기, 여러 가지 물건을 체에 쳐보기, 거울에 물건 비춰보기
4. 그 외의 물리적 지식에 도움이 되는 활동 : 미술, 음악, 게임과 스포츠 등에서 발견되는 활동이다.	페인팅	손 그림, 등사기 그림, 안개 그림, 데칼코마니, 실그림, 마블그림
	찍기	밀가루반죽 하기, 물감 찍기
	악기 만들기	악기 만들기
	자르기, 찢기, 붙이기	콜라주
	균형	우유갑 배 만들기, 모빌 만들기, 탁구공 구성하기, 카드 세우기

4. 물리적 지식활동의 교수 · 학습 방법

물리적 지식활동은 다음과 같은 계획, 시작, 진행 및 사후 활동과정으로 구성되어 있으며 각 단계에 대한 세부적인 설명은 다음과 같다(DeVries & Kohlberg, 1987; 이경우 · 문미옥, 1990, 재인용).

1) 계획하기

유아들이 활동을 하면서 반응을 다루어 보고 탐색하기 쉬운 물리적 지식활동의 기준에 따라 계획하고 유아들이 사물에 대한 반응과 반응의 결과를 관찰하도록 도울 수 있는 네 가지 유형의 질문을 교사가 계획할 수 있도록 다음과 같이 제시하였다.

① 물체가 어떻게 반응할 것인지에 대한 질문을 한다.
"이것들을 가지고 너희들은 무엇을(어떻게) 할 수 있겠니?" 또는 "이것들을 가지고 너희들이 할 수 있는 것이 무엇인지 생각해 보자"

② 특정 결과를 얻기 위해 행동을 시도하게 한다.
"너희들은 ____을 할 수 있니?"

③ 어떤 결과를 가져올 것인지 탐색하고 예측하게 한다.
"너희들은 어떻게 했니?" 또는 "이것을 가지고 어떻게 하는 것인지 다른 사람 ____에게 설명할 수 있니?"

④ 원인을 설명하게 한다.
"왜 이렇게 되었을까?"

2) 시작하기

유아가 주도적으로 참여할 수 있는 방법으로 활동을 소개해야 하며 유아들 간의 상호작용과 협동을 통한 놀이도 중요하지만, 처음에는 각각의 유아가 각자의 재료를 가지고 병행놀이할 수 있도록 격려하는 것이 더 적절하다. 활동의 시작은 다음과 같은 세 가지 방식으로 실시할 수 있다.

① 유아들이 자연스럽게 이끌리도록 사물을 소개한다(putting out).
② 새로운 사물을 소개하면서 "이 물건을 가지고 무엇을 할 수 있는지 생각하여 모두 찾아보자"라고 말한다.
③ 친숙한 물건이 가지고 있는 문제점들을 제시해 본다.

3) 진행하기

일단 활동이 시작되면 활동을 지속시키기 위해 교사는 유아가 생각하고 있는 것을 추측하고 그의 말에 대한 반응을 하지 않도록 한다. 만일 유아가 그들 나름대로 물리적 지식과 논리-수학적 지식을 형성시킨다면 교사는 유아가 생각하고 있는 바대로 유아들과 함께 상호작용을 하는 것이 적합하다.

① 만일 너희들이 그 물체에 ____하면 어떤 일이 일어날 수 있을 것이라고 생각하니?
② 너는 ____를 할 수 있니? 혹은 네가 그 물체에 대해 ____할 수 있는 일 외에 어떤 것을 생각해 낼 수 있겠니?
③ 어떻게 너는 ____를 했었니? 혹은 네가 ____했을 때와 어떤 차이가 있었니?
④ 왜 그런 일이 일어났을까? 혹은 어떤 일이 왜 일어났는지 그 이유가 궁금하구나?

그 외에도 유아들이 다른 유아들과 상호작용을 하도록 격려한다. 만일 병행놀이가 잘 진행되면 교사들의 다음 과제는 유아들 간의 상호작용과 협동이 일어나도록 격려하는 일이다. 병행놀이를 하는 동안에도 위에서 제시한 네 가지 유형의 질문을 유아들에게 한다. 물리적 지식활동에서는 사회적, 도덕적 문제들이 포함된 상황들이 지속적으로 일어나며 언어와 상징화가 주어지게 된다. 동시에 논리-

수학적인 분류 및 사물들의 비교도 일어나므로 물리적 지식활동은 물리적 지식활동만을 위한 것이 아니라 모든 발달의 양상을 통합할 수 있다.

4) 활동 후 평가하기

활동 중에 교사는 주도적인 언어와 토의를 짧게 해야 한다. 유아들이 무슨 활동을 했으며, 발견한 것은 무엇이며, 원하는 효과를 어떻게 얻었는지를 유아들이 다시 생각해 보도록 하는 일은 활동 후에 할 수 있는 이상적인 활동들이다. 이런 활동은 간식시간이나 대집단 활동을 할 때 해도 좋다. 다음과 같은 질문은 토의를 유발할 수 있는 적절한 질문이 될 수 있다.

① 빨대를 한 개 대신 두 개를 가지고 불었을 경우 어떤 일이 일어났니?
② 빨대를 곧게 하기 위해 무엇을 했었니?
③ 빨대가 부러졌을 때 어떤 일이 일어났니?
④ 다음엔 무엇을 하길 원하니?

중요한 것은 유아들 자신이 행한 것, 관찰한 것, 다른 유아가 한 것을 보고 느낀 것을 정직하게 표현하도록 해야 하며 어른의 기대에 맞추기 위한 '정답'을 말하는 것이 아니라 각 활동이 끝날 때마다 유아들 간의 토론을 통한 평가를 하도록 지도한다.

5. 물리적 지식활동을 통한 수학 · 과학 · 음악 교육

우리가 사는 세계는 끊임없이 변화한다. 현재 진리라고 인정하는 어떤 과학적인 결과도 미래의 어느 순간에 부정될 수 있다는 것을 과거의 사례로부터 예견할 수 있다. 그러므로 지식중심의 과학교육, 즉 현재의 완전한 결과로 인정되는 과학적 사실을 알게 하는 방법보다는 과학적인 과정에 초점을 두고 과학적인 태도를 기르는 데 중점을 두는 것이 과학교육의 바람직한 방향이 될 것이다.

우리나라 2007년 개정 유치원 교육과정에는 이러한 과학교육의 흐름에 따라 과학교육의 목표가 잘 설명되어 있다. 다양성이 요구되는 사회 및 정보화 사회, 급속한 기술공학이 발달하는 사회 속에서 살게 될 유아들을 위하여 과학교육은 주변의 여러 가지 사물과 생명체 및 자연현상에 대해 관심과 경험을 통하여 자연을 존중하는 마음을 기르며 호기심을 가지고 탐구하는 데 필요한 기초 능력과 태도를 기르도록 하는 것을 목표로 하고 있다.

피아제의 인지발달 이론을 기초로 한 물리적 지식활동은 기존의 과학적 지식을 가르치거나 발견하게 하는 것이라기보다는 유아가 구체적인 사물과의 직접적인 상호작용을 통해 사물의 특성을 이해하고 다른 내용과 함께 지식을 구조화시킬 수 있게 한다. 즉, 넓은 의미의 지식을 구성하거나 재구성하도록 한다. 그러므로 물리적 지식활동에서는 유아들이 이미 가지고 있는 지식도 변화될 수 있으며 기존의 지식을 자연적으로 확장 또는 수정하도록 하여 어른이 생각하지 못했던 창의적인 생각도 할 수 있게 하며 일상생활 속에서 규칙성을 지각하고 자료를 이해하며 올바른 판단과 행동을 하게 한다. 구성주의 프로그램에서는 유치원 연령에 맞는 과학활동과 수학활동 그리고 음악 활동으로 물리적 지식과 관계된 내용을 중요하게 다루고 있다.

과학활동에서는 유아가 사물을 직접 다룰 때 자발적이고 적극적으로 활동함으로써 사물로부터의 즉각적인 움직임이나 변화 등을 관찰하며 활동을 통해 유아는 스스로 지식을 구성해 나가게 된다. 또한 다양한 생각을 해내도록 자극을 받고 가능성이 있는 여러 결과에 대해 유아 스스로 생각해 내도록 하여 무슨 일이 일어날 것인지에 대한 생각을 교환하도록 유아들을 격려한다.

수학활동에서는 수에 대한 감각을 개발시키며 수를 측정하고 물체를 분류하고 사물을 순서 지을 수 있게 한다. 하나의 아이디어가 이미 배운 다른 아이디어와 유사한지 혹은 다른지를 볼 수 있도록 한다. 또한 자료를 조직하고 분석하여 종합하기 위한 방법을 제공하며 질서와 일관성이 있음을 인식하도록 한다. 즉, 수학의 이해나 능력을 발달하게 하는 것은 과학을 이해하도록 하는 것에 필수적이다.

음악 활동에서는 유아들로 하여금 자연과 주변 환경에서 접할 수 있는 다양한 소리를 탐색하여 소리에 대한 이해와 듣기 기술을 증진시킨다. 또한 악기를 만들어 생각과 느낌을 자유롭고 창의적으로 표현해 본다. 이러한 경험을 통하여 음악적 개념이나 구조를 발견할 때 물리적 지식을 발달시킬 수 있다.

유아들은 물리적 지식활동을 통한 경험으로부터 점차 사고의 발달이 이루어지기 때문에 위에 제시된 수학, 과학, 음악 활동을 통해 과학적 지식의 기초를 세울 수 있을 뿐 아니라 다른 많은 내용들을 구성할 수 있도록 해 주는 논리적, 공간적 지식도 구성할 수 있도록 자극을 받는다(Kamii & DeVries, 1978). 그 결과, 유아가 과학의 과정에 실제로 참여함으로써 창의성을 지니고 문제해결을 해 나가는 과정을 통해 과학적인 탐구능력과 태도를 육성하게 되는 것이다.

1) 물리적 지식활동을 통한 과학교육

(1) 유아 과학교육의 내용

유아 과학교육의 내용은 우리나라의 2007년 개정 유치원 교육과정의 탐구생활 영역 중 '탐구하는 태도 기르기' 와 '과학적 기초 능력 기르기' 영역에서 설명하고 있다. '탐구하는 태도 기르기' 의 하위 내용은 사물과 현상에 지속적인 관심 가지기와 탐구과정 즐기기이며, '과학적 기초 능력 기르기' 의 하위 내용은 물체와 물질에 대해 알아보기, 생명체와 자연환경 소중하게 여기기, 자연현상에 대해 알아보기, 간단한 도구와 기계 활용하기이다. 또한 유아의 인지발달에 따라 과학교육의 내용체계가 수준별로 분류되어 잘 나타나 있으며 구체적인 내용들은 다음과 같다.

① 사물과 현상에 지속적인 관심 가지기

생활 주변의 사물과 현상에 대해 호기심을 가지고 탐색해 본다. 일상생활에서 일어나는 많은 현상들을 당연한 것으로 받아들이기보다는 '왜 그럴까?' 또는 '어떻게 될까?' 등의 호기심을 유발하여 사물과 사건에 대해 새로운 관점으로 탐색해 볼 수 있도록 유도한다. 이러한 탐색과정을 통하여 유아가 주변의 사물과 사건에 대해 스스로 의문점을 만들어 궁금한 점에 대해 지속적으로 관심을 갖도록 한다. 이때 탐구의 결과보다는 탐구과정 그 자체를 즐길 수 있도록 격려하고 환경을 마련해 주어야 한다.

② 탐구과정 즐기기

흥미 있는 사물과 사건에 대하여 다양하게 생각해 보고 더 나아가 주변의 문제 상황에 대한 다양한 해결방법을 제시해 본다. 문제를 어떤 측면으로 보느냐에 따라, 또는 어떤 경험을 했느냐에 따라서 유아들마다 서로 다른 해결방법을 제시할 수 있으므로 다른 유아의 생각을 듣고 정보를 공유하여 이야기를 나눔으로써 다양한 사고를 할 수 있도록 유도한다.

주변의 사물과 사건에 대해 일상적인 생각에서 벗어나 '우스꽝스럽고 엉뚱한' 생각이 될 수 있는 참신하고 독특한 아이디어로 생각해 볼 때 유아들은 창의적 탐구의 기반을 형성하게 된다. "나와 똑같은 내가 한 명 더 있다면 너희들은 어떨까?"와 같은 질문에 유아들이 자유롭게 생각하고 자신의 생각이 남과 다르게 독특하다 할지라도 그것을 자신 있게 표현할 수 있도록 격려하는 분위기를 마련해 주어야 한다.

③ 물체와 물질에 대해 알아보기

친숙한 물체의 특성도 다양한 방법으로 탐색하고 물체의 움직임이나 물질의 변화에 호기심을 가지고 알아본다. 유아 주변의 모든 사물은 물질로 이루어져 있기에 자연물 그 자체가 탐구의 대상이 된다. 물, 나무, 돌, 흙, 종이, 씨앗, 숟가락, 빗, 빨대 등의 자연물을 중심으로 물리적 지식을 습득하기에 적절한 언어, 놀이, 미술, 음악, 과학, 요리활동들을 통한 다양한 방법으로 그 특성과 변화를 알아보는 활동을 할 수 있다.

또한 구름, 개울물, 폭포는 왜 저절로 움직이는지 또는 고정되어 있는 물체를 움직이게 할 수 있는 방법을 알아보고 해결해 나가면서 물체의 움직임과 그 특징을 알게 할 수 있다. 또한 물체의 움직임을 이해하고 그 원리를 이용하여 생활을 편리하게 할 수 있는지 생각해 본다.

④ 생명체와 자연환경 소중하게 여기기

우리 몸의 주요 부분을 살펴보고 이름과 기능에 대하여 알아보며 나의 출생과 성장에 대하여 알아본다. 유아는 자신의 몸에 대하여 관심을 가지고 몸의 주요 부분과 기능을 알게 되면서 몸에 대한 궁금증을 해결해 나갈 수 있다. 거울에 비춰 보이는 자신이나 친구들의 모습을 통하여 또는 사진을 이용하여 몸의 각 부분의 이름과 위치, 기능을 알아보는 활동을 할 수 있으며 눈 가리고 물건 찾기, 귀마개를 한 후 말 전달하기, 요리활동 중 다양한 맛보기, 점토 위에 손바닥 찍기, 큰 종이 위에 신체 본뜨기와 신체 그림 완성하기 등의 다양한 활동을 할 수 있다.

또 출생과 성장에 대해서는 부모님의 일생을 연령대별로 사진을 수집하여 꾸며보면서 엄마, 아빠의 사랑을 통해 나의 출생을 알게 되고 앞으로 변화할 나의 모습에 대해서도 생각하고 이야기해 보는 시간을 가질 수 있다.

주변의 동물과 식물을 관찰하고 특징을 알아보고 주변의 모든 생명체를 아끼고 보살펴 주려는 마음을 키워간다. 동물들은 무엇을 먹고 사는지, 잠은 어떻게 자는지, 몸이 자라면 어떻게 달라질지 등에 대해 직접 키웠던 경험이나 사진 속 자료를 이용해 알아보는 활동을 할 수 있다. 이런 과정에서 유아들은 동물을 사랑하는 마음이 생기게 되고 생명존중에 대해 생각할 기회를 가지게 된다.

식물을 집이나 유치원에서 직접 키워보는 활동은 식물의 성장과정을 경험하게 되고 성장에 필요한 요소들을 알게 되며 식물의 열매인 씨앗을 받아보고 다시 새싹이 트는 과정을 경험함으로써 자연의 경이로움, 아름다움, 소중함 등도 함께 느끼게 된다.

5 자연현상에 대해 알아보기

물, 나무, 돌, 흙, 씨앗 등 우리 주변에서 쉽게 접할 수 있는 자연물은 탐구의 대상으로 자연스럽게 관찰하고 탐색할 수 있다.

날씨에 따른 생활의 변화와 계절의 변화에 관심을 가진다. 또한 낮과 밤, 지구와 해, 달에 대하여 관심을 가지고 알아본다. 우리가 사는 지구의 자연현상은 우리의 생활과 밀접한 관계를 가지고 있다. 계절의 변화에 따라 날씨, 음식, 옷, 활동의 종류, 사용하는 물건과 도구 등의 변화를 생활 속에서 경험할 수 있기에 유아들은 계절에 따라 유아 주변의 변화를 자연스럽게 관찰하고 이해할 수 있도록 한다.

또한 낮과 밤, 해와 달에 대한 차이점이나 특징에 관심을 가지고 원리나 개념의 이해보다는 관찰을 통해 현상 그 자체를 알 수 있도록 한다. '그림자 놀이'는 시간에 따라 해의 위치가 변화됨을 알 수 있는 활동으로 낮과 밤을 구별하는 활동 및 빛의 성질을 관찰하는 활동과도 연계해 볼 수 있다.

⑥ 간단한 도구와 기계 활용하기

일상생활에서 사용하는 도구와 기계에 관심을 가지고 간단한 도구를 사용해 본다. 좀 더 높은 수준의 활동으로는 도구와 기계가 생활에 주는 편리함에 대하여 알아본다. 첨단기술의 발달은 우리의 생활을 급속하게 변화시키므로 유아들은 도구와 기계에 관심을 가지고 생활에 필요한 도구와 기계들을 바르게 활용할 수 있어야 하며 도구와 기계가 주는 생활의 편리함을 경험하게 될 것이다.

컴퓨터, 가사 도우미 로봇, 위성방송, 자동차 등 생활에 직접적인 영향을 끼치고 있는 것들을 중심으로 기계와 도구에 관심을 갖도록 접근하고 도구와 기계가 주는 생활의 편리함에 대하여 질문하고 생각해 볼 수 있는 기회를 갖는다. 더 나아가 다가올 미래의 변화된 생활모습을 상상해 보는 것도 좋을 것이다.

유치원 교육과정의 과학적 탐구와 어린이집 교육과정의 자연탐구 내용은 물리적 지식활동으로 다루어 줄 수 있을 뿐 아니라 활동의 소재나 자료들로 제시되고 있다. 물리적 지식활동과 관련된 구체적인 내용을 과학적 탐구와 연계시켜 제시하면 다음과 같다.

① 물리적 탐구학습

- 크기가 다른 물체는 체를 이용하여 분리할 수 있다.
- 돌의 크기가 클 때 충돌로 만들어진 크레이터의 크기와 깊이는 커진다.
- 나뭇조각을 이용해 균형을 이루어 쌓을 수 있다.
- 물은 빛을 굴절시키기 때문에 물체를 크게 보이게 한다.
- 오목거울에서는 물체의 상이 거꾸로, 작게 보인다.
- 볼록거울에서는 물체의 상이 평면거울과 같이 바로 보이지만 배경이 넓게, 선명하게 보인다.

- 머리카락에 빗을 문지르면 빗은 전기를 띠게 된다.
- 전기는 자석처럼 반대 전하끼리는 인력이 작용하고 같은 전하끼리는 반발력이 작용한다.

② 화학적 탐구학습

- 물(액체)의 온도가 높아지면 부피가 커지고 온도가 낮아지면 부피가 줄어든다.
- 화선지는 양면의 질감이 다르다.
- 종이는 물을 잘 흡수하는 성질이 있다.
- 알갱이의 크기가 크면 그 사이로 물이 빨리 이동하고 작으면 천천히 이동한다.
- 크레파스는 물과 섞이지 않는 성질 때문에 종이를 물에 젖지 않게 한다.
- 고무는 부드럽고 탄성을 지닌 물체여서 고무를 세게 잡아당기면 탄성에 의해 물체를 멀리 보낼 수 있다.
- 단추의 모양, 크기, 재질 등이 다를 때 부딪혀 나는 소리도 다르다.

③ 생물학적 탐구학습

- 곡식의 종류가 다양하며 곡식마다 특징(이름, 모양, 색깔, 크기 등)이 다르다.
- 식물에 따라 나뭇잎의 잎맥이 다르다.
- 가을에는 낙엽이나 단풍처럼 잎의 색이 변한다.
- 화단의 흙이 물을 충분히 담고 있어 식물이 자라는 데 모래보다 더 좋다.
- 양손, 목걸이, 물고기의 앞과 뒤는 대칭이 된다.
- 소리를 듣는 기관은 귀이다.

④ 지구과학적 탐구학습

- 돌이 무거울수록 크레이터의 크기와 깊이가 커진다.
- 크레이터는 달 표면에 있는 구멍들이다.
- 입김을 세게 불면 공기의 흐름이 빨라져 저기압이 되고 그 밖의 지역은 상대적으로 고기압이 된다.
- 압력이 높은 곳에서 낮은 곳으로 공기가 흐르게 된다.
- 공기의 움직임을 바람으로 느낄 수 있다.

(2) 유아 과학교육의 방법

과학에서 다루어지는 현상은 물리적 지식의 영역에 속하므로 성인이 조직한 내용과 결과를 유아에게 제시하는 것과는 다른 방법으로 가르쳐야 한다. 과학교육의 교수 · 학습 방법은 결과중심의 과학교육에서 과정중심의 과학교육 방법으로 전환됨에 따라 사물을 적극적으로 탐색하고 발견과 발명을 시도하는 방향으로 나아가고 있다.

현장에서의 과학활동은 유아에게 능동적인 탐색의 기회를 주거나 유아가 직접 필요한 지식을 탐색하게 하고 각 영역별로 접근하여 학습하는 기회를 제공함으로써 문제해결 능력을 육성하도록 유도한다. 또한 교사가 학습을 효율적으로 이끌어 가려면 유아와 교사 간의 상호작용을 고려한 교수 · 학습 전략을 잘 계획해야 할 뿐 아니라 여러 가지 학습방법들을 단독으로 활용하는 것보다는 효율적인 학습전개를 위하여 각종 자료나 매체를 활용하거나, 다양한 학습방법을 시도하는 것이 효율적이다.

앞선 연구자들에 의해 과학활동의 교수 · 학습 방법은 활동의 접근방법, 활동이나 자료의 제시방법으로써 또는 일반적인 것과 통합적인 방법에 의한 분류기준에 따라 다음과 같이 제시하고 있다.

- 활동의 접근방법에 따라 직접 가르치는 방법(Chalk and Talk 방법), 시범적 접근방법, 발견적 접근방법, 실험적 접근방법 및 통합적 접근방법의 다섯 가지 유형으로 분류하여 제시하고 있다(이원영 · 김덕건, 1991). 이러한 접근방법은 결과적 접근방법과 과정적(또는 탐구적) 접근방법으로 분류되어 소개되어지기도 한다(표 3)(장혜순 · 정은정 · 윤신숙, 2006).
- 과학교육은 유아의 성장과 발달에 조화를 이루는 과정적 접근을 통해 과학적 사고를 조장할 수 있다. 그러므로 과학적 사고의 이해를 통한 과학교육이 이루어지기 위해 다양한 교수방법을 제시해야 한다. 이에 활동이나 자료를 제시하는 방법에 따라 열 가지 유형으로 교수 · 학습 방법을 제시하고 있다. 아이디어 직면과 실행교수 방법, 질문방법, 관찰교수 방법, 모델행동

〈표 3〉 유아 과학교육의 과정적 접근방법과 통합적 접근방법

결과적 접근방법	과정적 접근방법
직접 가르치는 방법 시범적 접근방법	발견적 접근방법 실험적 접근방법 통합적 접근방법

방법, 그림 그리기 방법, 가상놀이 방법, 논리적 사고방법, 공동으로 문제해결하는 방법, 지적 갈등을 통한 접근방법, 컴퓨터 접근방법으로써 유아에게 어떤 측면에서 도움이 될 것인지를 교사가 알고 활동의 특성에 따라 적절한 방법을 유아들에게 제시해야만 한다(김미경, 2003).

- 유아 과학교육의 방법은 일반적 방법과 통합적 방법으로 분류하고 있다. 일반적 방법에는 관찰하기, 분류하기, 예견하기, 토의하기, 실험하기, 창안하기 등을 들 수 있고 통합적 방법에는 하나의 주제에 대한 과학 개념 습득을 위해 음악, 미술, 문학, 동작적 표현 등의 영역 주제나 단원에 통합하여 한 가지 사실을 여러 현상과 관련시켜 계획하는 것이다. 예를 들면, 물리적 지식활동, 프로젝트 접근법, 신문활용 방법, 컴퓨터 접근방법, 요리활동 접근방법, 문학적 접근방법, 현장견학 접근방법, 역사적 접근방법으로 나누어 제시할 수 있다 (문미옥 · 신현옥 · 김영숙 · 류칠선, 2000). 다음 〈표 4〉는 일반적 방법과 통합적 방법을 소개한 것이다.

〈표 4〉 유아 과학교육의 일반적 방법과 통합적 방법

일반적 방법	통합적 방법
관찰하기 분류하기 예견하기 토의하기 실험하기 창안하기	물리적 지식활동 프로젝트 접근법 신문활용 방법 컴퓨터 접근방법 요리활동 접근방법 현장견학 접근방법 역사적 접근방법 문학적 접근방법

오늘날 유아의 발달적 특성과 학습에 가장 적합한 방법으로 통합적 교수 · 학습 방법이 지지되고 있다. 배로우와 셀시(Barrow & Salesi, 1982)는 과학에 있어 하나의 주제를 가지고 다른 영역과 통합적으로 접근하는 거미줄 모형을 만들 것을 강조하였다. 할란(Harlan, 1992)은 과학교육이 이야기 나누기, 동시, 노래, 견학, 관찰, 요리하기, 게임 등 여러 활동이 통합적으로 계획되어 잘 진행되어야 효과적인 학습이 이루어진다고 하였다.

교사는 이 책에 소개된 활동들을 적용하는 과정에서 과학적 탐구의 과정을 고려한 교수 · 학습 방법을 계획하고 제시해야만 한다. 즉, 교사는 관찰하기, 분류하기, 예견하기, 토의하기, 실험하기, 창안하기 등이 활동 중에 자연스럽게 이루어질 수 있도록 염두에 두고 지도하여야 한다.

통합적 접근방법 중 하나로 제시되고 있는 물리적 지식활동을 통해 우리 주변에서 쉽게 접할 수 있는 자연물에 대한 통합적 교육계획안을 이 책에 소개하였다(Chapter 4의 자연물을 이용한 통합적 교육과정 참조). 여러 영역에서 다루는 주제나 현상을 하나의 자연물을 중심으로 물리적 지식활동을 통해 학습할 때 사물에 대해 폭넓은 종합적 사고를 가능케 할 것이다.

(3) 환경 요인

유아가 능동적으로 과학활동에 참여한다면 의미 있는 과학적 지식을 형성하게 되고 과학적 능력을 증진시킬 수 있다. 따라서 교사는 유아의 호기심을 자극할 수 있고 관심을 갖게 하는 생활 주변의 사물, 동물, 식물 등과 같은 자료나 환경을 제시하고 구성해 주어야 한다. 유아가 주변 세계에 대해 관심과 호기심을 갖고 탐구하려는 마음을 가질 때 계획되어진 영역뿐 아니라 어디에서든지 효과적인 활동이 이루어질 수 있기에 구체적이고 직접적인 경험이 가능한 실물 중심의 자료를 제시하거나 활용하는 것이 효과적이다. 또한 이러한 과학활동이 다른 영역과 통합적으로 실행될 수 있도록 환경을 구성해 주어야 한다(문미옥 · 신현옥 · 김영숙 · 류칠선, 2000).

1 탐색환경

① 가정

엄마와 함께 하는 요리나 설거지, 화초 키우기, 인형 빨기, 장난감 정리, 엄마와 함께 하는 목욕시간 등 가정에서의 생활은 유아들의 호기심을 유발하고 과학적 태도를 발달시키는 데 가장 자연스러운 환경이며 기초적 개념의 학습을 가능케 하는 효과 높은 학습의 장이 된다.

② 자연

풍부한 자연환경 그 자체가 학습자원이 되므로 자연에서 마음껏 뛰어놀면서 관찰하고, 몸으로 느끼는 자연과의 상호작용은 과학적 태도를 발달시키고 과학적 개념 형성 및 지식의 기초를 이루게 된다.

③ 유아교육기관

과학영역의 주제에 따라 관련 자료를 바꾸어 전시하며 준비한 자료는 생활 주변에서 흔히 볼 수 있어서 유아들이 즐기고 호기심을 유발시킬 수 있는 것이어야 한다. 과학활동을 위한 기본적인 도구와 자료를 갖추고 햇빛이 잘 드는 창가에 위치해야 하며 물을 사용할 수 있도록 설치해야 하고 화단, 연못, 채소밭, 동물사육장의 조성으로 생태계에 대한 학습과 사계절의 변화를 알 수 있게 한다. 또한 놀이터의 놀이기구는 물리적 지식을 자연스럽게 터득하고 구성할 수 있게 한다.

④ 현장학습

박물관, 미술관, 과학관, 동물원, 식물원, 공원, 수족관, 공장, 광산, 발전소, 농업시험장, 농장, 양계장, 양어장, 방송국, 전화국, 고궁, 청와대, 국회의사당 등 인공 자연시설들에서는 유치원에서 할 수 없는 활동을 해 볼 수 있는 기회를 갖게 된다. 가볼 만한 체험현장은 서울시 보육정보센터에서 찾아볼 수 있다.

2 활동 자료

유아의 지식 형성은 감각을 통한 관찰과 사물과의 직접적인 상호작용을 통하여 이루어지므로 과학활동의 자료와 도구활용은 과학교육에서 중요하다. 활동자료와 도구는 활동의 주제에 적절하게 제시해 주어야 하며 유아가 사용할 때 위험하지 않아야 한다.

① 물리적 지식활동에 필요한 도구

기어, 스위치, 도르래, 바퀴, 추, 지렛대, 자석, 훌라후프, 블록, 트램폴린, 거울, 손전등, 자석, 자석에 붙는 물체(못, 클립, 집게류, 바늘 등)와 붙지 않는 물체(나무, 종이, 지우개, 돌, 색연필 등), 빨대, 부채 등

② 일반적 도구

에어펌프, 집게, 블록, 연장세트, 컴퍼스, 돋보기, 온도계, 줄자, 플라스틱 비커, 플라스틱 눈금 실린더, 타이머, 모래 시계, 현미경, 망원경, 카메라, 녹음기, 라디오, CD 플레이어, 견출지, 신문, 클립, 옷핀, 실과 바늘, 못, 고무밴드, 샌드페이퍼, 이쑤시개, 초, 다양한 깡통, 스펀지, 천, 솜, 자물쇠와 열쇠, 빨대, 주방용품, 비닐봉지 등

③ 미술 도구

가위, 셀로판테이프, 플라스틱 칼과 교사용 칼, 필기류(종이, 공책, 연필, 색연필, 사인펜, 분필, 파스텔 등), 종이류(색종이, 색도화지, 한지, 포장지, 골판지, 셀로판지 등), 끈(리본, 털실, 낚싯줄 등), 반죽놀이를 위한 것(찰흙, 지점토, 모양 틀 등), 상자류(우유갑, 요구르트병, 휴지 말이, 종이컵, 라면 그릇 등), 물감 등

④ 기타 도구

청진기, 주사기, 화석, 여러 종류의 돌, 여러 종류의 가죽 조각, 분무기, 플라스틱 용기, 어항, 망, 곤충 집, 동물의 뼈, 여러 종류의 새털, 작은 삽, 다양한 곡식의 씨앗, 식물들의 열매 등

⑤ 시청각 자료

현장 견학을 갔을 때 다양한 소리를 녹음한 자료나 신체표현을 위한 음악 자료, 실제 견학활동을 슬라이드, 필름 스트립, 비디오 등으로 제작한 것, 상품화된 자료 등

⑥ 그림과 사진 자료

신문, 잡지, 백과사전, 정보그림 책, 인터넷, 견학 장소에서 얻은 홍보물, 교사

가 직접 과학과 관련된 주제에 대해 찍은 사진, CD-Rom 타이틀 등

2) 수학을 통한 과학교육

(1) 유아 수학교육 내용

최근의 수학교육 관련 연구에 의하면, 수학교육에 대한 관점도 과학과 유사하게 일상생활에 존재하는 것이며 산술적인 추론능력은 모든 영유아들이 가지고 태어나는 잠재적인 능력이다. 이후 점진적으로 습득하게 되는 추상적인 수학적 지식은 평생학습을 통해 경험되고 개발되어질 창의적인 산물로 간주된다. 수학은 일상생활 속에 깊이 원리적으로 관련되어 있으며 수학의 가치는 과학기술발전의 근간이 되기 때문에 강조되고 중요시되고 있다(노선숙, 2005).

제6차 유치원 교육과정의 탐구생활 영역을 종합하여 살펴보면 분류하기와 순서 짓기가 나타나 있다.

사물의 질적 · 양적인 특성을 종합하여 사물을 함께 그룹화하는 능력을 길러준다. 전분류적 관계는 전조작기 유아를 위해 강조된다. 예를 들면, 시각적 규준에 따라 동일한 것을 그룹화하기, 지각적, 개념적 규준에 근거한 유사성과 개념적 준거에 근거한 그룹화하기가 포함된다.

수 세기를 배우면서 유아들은 수를 사물의 어떤 특성으로 인식하게 된다. 유아들은 먼저 '무엇'을 세어야 하는지를 알아야 한다. 예를 들면, 책인지 장난감인지 혹은 사람인지 돈인지를 구별하는 능력이 수 개념 발달에 중요하다.

장난감이나 사물을 분류하는 경험은 관찰기술을 촉진한다. 사물을 분류하려면 주어진 특성에 그 물체가 속하는지 결정해야 한다. "과일이 몇 개나 있니?"를 말하려면 유아는 기수(cardinal number)를 사용해야 한다. 그러나 그 이전에 과일인지 과일이 아닌지를 먼저 결정해야 한다. 즉, 무엇을 세어야 하는지 알아야 셀 수 있으며 분류능력이 있어야 가능하다.

속성블록(attribute block)은 분류활동에 많이 사용된다. 이 블록은 색, 모양, 크기, 두께가 다르다. 24개의 블록이 한 세트를 이룬다. 색은 빨강, 검정, 초록, 노

란색으로 만들 수 있으며 모양은 삼각형, 정사각형, 직사각형, 원, 오각형으로 구성되며 크기는 크고 작은 것으로 하면 된다. 이 블록은 나무나 하드보드지 또는 플라스틱으로 만들 수 있다. 특정한 차원에 따라 사물을 비교하고 배열하는 능력을 길러준다. 길이나 온도, 색에 따라 과정적인 관계를 형성하는 것을 의미한다. 예를 들면, 크기가 다른 사물을 순서대로 놓아본다. 전조작적-순서화하기 활동, 즉 전서열화 활동은 양(많다, 적다)과 크기(크다, 작다)와 질(차다, 뜨겁다) 등을 포함한다.

양을 비교하는 단계는 세기를 하기 위한 중요한 단계의 능력이다. 또한 수 인식발달에도 중요하다. 예를 들면, "모두 종이 한 장씩을 가지고 있니?", "연필이 더 많니 책이 더 많니?"와 같은 질문은 직접적 · 간접적으로 비교를 포함하고 있으며 일대일 대응과 같은 수학적인 관점으로 유도할 수 있다. 예를 들면, 접시에 사물을 담았을 경우에는 수를 세어야 하겠지만 나란히 놓았을 경우에는 세지 않고도 직접 비교할 수 있다. 이러한 정보를 그래프로 만들 경우 시각적으로 비교할 수 있다.

예를 들면, "사과, 배, 포도, 파인애플 중 가장 긴 이름을 가진 과일은?"할 경우 그래프는 정보를 조직하도록 도와준다. 또한 이야기(story) 구성에 있어서의 순서 짓기도 포함할 수 있다. 유아들이 전래동요를 순서대로 따라하는 능력은 순서 짓기를 이해하여야 가능하다.

그러나 우리나라의 2007년 개정 유치원 교육과정의 탐구생활 영역 중 수학적 기초 능력 기르기의 하위 내용은 ① 수 감각 기르기, ② 공간 및 도형에 대해 알아보기, ③ 기초적인 측정해 보기, ④ 규칙성 이해하기, ⑤ 자료 정리 및 결과 나타내기이다.

1 수 감각 기르기

초기 수 개념 발달은 기수와 서수를 배우는 데 중요한 기회를 제공한다. 수의 기초 개념에는 수 세기, 일대일 대응, 수와 양의 이해, 수의 모양 인식, 숫자 쓰기, 간단한 더하기와 빼기, 큰 수 세기 등이 포함된다.

수 세기는 수의 값에 이름을 대고 불러야 하는 복잡한 과정이다. 수 세기의 과정은 크게 두 가지의 행위를 수반한다. 즉, 유아는 1부터 시작하여 일련의 수의 명칭을 말해야 한다. 그리고 각각 수의 명칭을 부를 때 서로 다른 사물을 지적해야 한다. 유아들은 서로 다르게 수 세기를 보여주며 다른 단계의 수 세기를 한다. 수 세기를 하기 전에 유아들은 작은 수의 사물들을 안다. 예컨대 코 하나, 손 둘, 세발자전거의 바퀴 3개 등을 보기만 해도 알 수 있다. 덩어리로 인식하기(Group recognition)나 시각적으로 인식하기(sight recognition)는 OHP를 활용하여 개발할 수 있다. 즉, 사물을 한 덩어리로 파악하여 한눈에 알아볼 수 있게 되는 것을 말한다. 유치원 연령의 유아들에게는 사물의 5~6가지를 한 그룹으로 묶어서 즉각적으로 알아볼 수 있도록 발달시키는 것이 필요하다.

예를 들면, OHP를 활용하여 콩의 위치를 바꿔가며 옮기면서 짧은 시간에 보여주고 알아맞추어 보도록 할 수 있다. 서로 다른 배열은 패턴과 같으며 작은 집합을 알아보는 것은 큰 집합을 세는 것과 깊은 관련이 있다.

② 공간 및 도형에 대해 알아보기

공간 개념은 '공간에 대한 기본적인 관념' 이다. 공간 개념의 발달순서는 위상적 공간 개념과 사영적 공간 개념, 유크리트 공간 개념의 순으로 발달한다. 위상적 공간 개념은 3세 정도에 획득하게 되어 사물의 개방적 형태와 폐쇄적 형태를 구별하게 된다.

공간감각은 기하학적인 활동을 통해서 길러질 수 있다. 공간감각은 글자 쓰기, 숫자 쓰기, 안내표 읽기, 방향 따라 하기, 도형 만들기, 지도 읽기, 언어로 나타낸 물체를 마음속으로 떠올려 보는 등의 과제를 통하여 얻어질 수 있다. 사물의 앞과 뒤를 구별하고 왼쪽과 오른쪽을 구별한다. 위치나 경로를 여러 가지 방법으로 나타내 본다. 이러한 개념은 동작교육 시간에 잘 지도할 수 있다.

유아의 주변 환경에서 기본적인 도형을 찾아보는 경험이 중요하다. 모양에 대한 개념은 기하학에 관련되어 있다. 유아들은 자연의 사물들을 대칭과 비대칭으로 찾아볼 수 있다. 붓꽃은 3개의 축이 있고 눈의 결정은 6개의 축이 있음을 관찰할 수 있다. 이러한 경험은 건축가, 공학도, 장식가, 가구상, 기계조작자, 일반 주부들에게 유익하다.

입체 도형을 가지고 찍기를 해 볼 수 있다. 눈 감고 모형을 알아맞히기 게임도 할 수 있다. 평면 도형(세모, 네모, 동그라미 등)의 생김새를 구별하고 이름을 알아본다.

③ 기초적인 측정해 보기

유아들은 자신의 신체를 사용하여 측정하게 되는데, 다양한 측정 도구(손, 발, 나뭇잎, 머리핀, 자, 막대기 등)의 구체적인 활용을 통하여 추상적인 측정의 개념을 구체화시켜 이해시킬 수 있다. 측정 도구(예 나침판, 자, 삼각자, 줄자, 비커, 온도계, 체온계, 체중기, 저울, 시력 측정기 등)들은 무엇이 있는지 살펴보고 측정해 본다.

④ 규칙성 이해하기

유아 주변의 사물이나 물체의 무늬 배열에서 단순하게 반복되는 규칙을 찾아본다. 예컨대, 포장지나 리본 등의 무늬에서 규칙성을 찾아볼 수 있다. 색동저고리나 유아들의 옷 속에서 규칙적인 모양의 배열이 어떠한지 관찰하고 실제로 패턴을 찾고 만들어본다.

⑤ 자료의 정리 및 결과 나타내기

총체적인 수학을 활용할 수 있다. 한 가지 기준에 따라 자료를 분류하거나 다른 기준에 따라 분류해 볼 수 있다. 흔히 벤다이어그램(Venn diagram)으로도 표시하여 지도하고 있다. 자신이 좋아하는 동물이나 음식 등을 조사한 후 그래프로 그려볼 수 있다. 우리나라의 제5차, 제6차 유치원 교육과정에는 구체적으로 언급되어 있지 않지만 유아 수학교육의 세계적 경향에 의하면, 21C 정보화 사회에 부응하기 위하여 패턴(시각적 패턴, 청각적 패턴, 운동적 패턴)과 그래프, 문제 해결력, 계산기, 컴퓨터 등이 다루어져야 함을 알 수 있다.

(2) 유아 수학교육의 방법

코플리(Copley, 2000)는 유아 수학교육을 위한 학습 원리로 다음과 같이 설명하고 있다.

첫째, 수학적인 교육경험을 계획할 때 교사들은 여러 가지 지식을 잘 알고 있어야 한다. 즉, 유아들의 발달과 수학학습에 대한 지식과 수학에 대한 지식을 알고 있어야 한다.

둘째, 수학적 학습의 효율성을 위해 교사들은 중재하고 개입해야 할 때를 파악할 수 있어야 한다.

셋째, 교사는 각 학급의 유아들이 수학 이외의 영역에서도 여러 가지 학습 목표를 성취할 수 있도록 해야 한다.

넷째, 유아들의 수학학습을 향상시키기 위해서 가족들이 수학의 중요성을 인식하고 수학적인 경험을 주기 위해 노력해야 한다.

앞서 언급한 바와 같이 유아를 위한 수학교육은 개념을 발달시키고 개념적 지식과 과정적 지식을 연결시킬 수 있어야 하며 수학을 응용할 수 있고 문제해결력을 길러주어야 한다. 이와 함께 유아가 스스로 지식을 구성할 수 있도록 도와주어야 하고 능동적으로 참여해야 하며 발달적으로 적합하여야 한다. 이러한 목적의 달성을 위해 몇 가지 교수방법을 제시하면 다음과 같다(이경우, 1985).

① 수학적 어휘의 사용

교사는 유아들에게 수학의 흥미 영역을 마련해 주고 문제상황을 제시하여 문제를 해결해 보는 기회도 제공하여 줄 뿐만 아니라 수학적인 어휘를 사용할 기회를 주어야 한다. 유아들에게 자신들의 문제해결 과정을 개별 혹은 소집단으로 이야기시키면 수학적인 어휘 사용을 강화할 수 있다.

② 구체적인 경험을 제공

바레타-로턴(Baratta-Lorton)은 구체적 · 추상적인 경험을 수학에 적용하도록 주장한 학자이다. 그녀는 수학교육을 구체적 단계, 연결단계, 추상단계로 활동이 이어져야 한다고 하였다. 구체적 단계에서는 유아로 하여금 구체물을 다루어 보게 하고 여러 가지 구체물에 의하여 나타나는 연결관계를 알게 한다. 연결단계는 수학적인 상징으로 유아에게 친숙한 물체를 사용하여 그 숫자만큼 구체적으로 제시하게 함으로써 개념을 연결시켜 주는 단계이다. 상징단계에서는 상징적인 것을 보고 알도록 해준다.

③ 발견학습과 유도적 발견학습

발견학습의 방법은 유아 스스로 탐색하도록 허용하는 비구조적이며 개방적인 교수방법이다. 유아가 스스로 의문을 가지고 탐색하도록 하기 때문에 시행착오와 임의성이 내재되어 있다. 예를 들면, 퀴제네어 막대를 유아에게 제시할 때 적용한다. 유도적 발견학습의 방법은 유아에게 해결해야 할 문제를 제공하여야 하며 작업을 해 보게 하거나 어떤 사실에 대해 질문을 하여 예측해 보게 한다. 이 방법은 유아로 하여금 문제를 해결하도록 이끄는 것이기 때문에 어려움을 느끼는 유아에게 좀 더 계획적인 지도를 해 줄 수 있다.

④ 통합적인 방법

통합적 접근이란 유아가 일상생활, 문학, 프로젝트, 노래, 요리, 사전사용 등의 활동을 통한 전체적 맥락에서 학습하는 것을 의미한다. 듀이는 유아의 전인발달을 위해서 통합교육이 필요하고 모든 발달영역을 통합하여 전개하는 것이 좋으며 유아가 흥미 있어 하는 것으로 출발하는 것이 좋다고 하였다. 그리고 인간은 자연스러운 상황에서 지식을 잘 통합하는 것처럼, 가르치는 것도 통합하여 전개하는 것이 바람직함을 지적하였다. 유아를 위한 수학교육은 논리-수학적인 지식 습득이 주된 내용이므로 유아문학과 연결하여 학습하게 하는 것은 수학의 정의적인 목표달성을 위해서도 적절하다. 이밖에 조사를 통한 총체적 수학의 방법과 유아의 자율성을 촉진할 수 있는 그룹게임을 통한 교육방법도 있다.

이상과 같은 유아 수학교육의 방법을 근거로 하여 유아 수학교육은 수학적 개념이나 사고를 실제의 문제나 실제의 상황에서 적용할 수 있도록 계획되어야 한다. 그리고 유아들에게 유의미한 학습이 되도록 고려되어야 한다. 즉, 수학교육의 통합적인 접근방법은 무의미한 사실의 축적(예 학습지)을 배제할 수 있고 수많은 정보의 양을 용이하게 다루게 하며 지식을 종합적으로 다룰 수 있게 하여 총체적인 학습을 가능하게 한다.

유아들은 자신의 경험이나 생활과 관련된 상황에서 그리고 분리된 개념이 아닌 전체적인 관련성 속에서 제시될 때 더 잘 이해한다. 개념이나 사실을 분석적인 형태로 제시할 때보다 이야기의 형식으로 제시될 때 더 잘 기억한다.

유아문학을 통하여 수학교육을 지도하는 방법은 유아들이 자연스럽게 수학활동으로 몰입할 수 있는 좋은 방법이다. 즉, 유아의 발달적 특성을 고려하여 생활의 맥락, 전체적 맥락, 통합적 맥락에서 접근하여 문학을 통해 수학을 하는 것이다 (Baroody, 1987; Elkind, 1988; Kamii, 1985; Permutter, 1993; 이경우, 1995; NCTM, 1989).

① 전래동요를 통한 수 이전의 개념과 수 개념을 깊이 이해할 수 있다(Norton, 1991; 이경우, 1995).

유아들은 전래동요를 크게 읽어주면 좋아하고 운을 따라 배우는 것을 좋아한다. 전래동요의 반복되는 운은 쉽게 기억할 수 있으며 듣기 기술, 청각적 분별력, 언어발달에 자극을 준다. 유아들이 이미 알고 있는 것을 기초로 해서 유아의 이해와 관심, 경험에 대한 지식을 포함하고 있는 것을 사용하면 좋다. 패턴, 순서짓기, 문제해결, 수학적인 개념을 위해 활용할 수 있다(예 하나하면 할머니가… 한 시골농가에…).

② 문학도서

질 좋은 문학은 교육에 효과가 있다. 좋은 책은 그 책의 내용에 대한 의미를 금방 알게 하며 읽기 및 개념 발달을 촉진시킨다. 이야기의 구조, 주제, 작가의 스타일을 이해하게 한다. 단 개작에 주의하여야 한다(예 재크와 콩나무, 모자장수, 이상한 나라의 숫자들). 티셔(Tischer)는 수학교육을 위해 사용할 수 있는 도서의 범주를 다음과 같이 제시하고 있다.

- 수학활동의 맥락을 포함한 것
- 이야기에 있는 것에 의존하기보다 다양한 방법으로 사용할 수 있는 것
- 창의적으로 수학적인 경험을 자극하는 것
- 흥미 있는 문제가 이야기 안에 있는 것
- 수학 개념이나 수학적 기술을 위한 준비나 설명이 포함되고 검토(review)하

게 하는 것

③ 총체적 수학

조사활동은 측정과 관련이 되며 기록으로 연결되어야 한다. 따라서 쓰기 활동의 일부가 된다. 조사활동은 수, 과학, 문제해결, 언어, 읽기를 통합한다. 교사중심의 직접적인 수학교육이나 연습지가 아닌 수학이 총체적 수학이다.

카미는 유아가 수학을 이해하고 즐기기 위해서는 유아 자신이 일상생활 속에서 수에 대한 것을 탐색하고 수 게임을 통해 재발견하는 경험이 요구된다고 하였다. 최선의 교수방법은 유아중심이지 교사중심이 아니다. 따라서 능동적인 학습참여를 위한 프로젝트, 그룹과제, 개인과제, 교사와 유아 및 유아 상호 간의 토의를 추천하고 있다.

④ 그룹게임

카미와 드브리스에 의해 제안된 교육방법으로 유아의 자율성과 물리적 지식활동 및 도덕성의 발달을 위해 유용하다. 문학작품의 내용과 인물을 근거로 하여 그룹게임 판을 만들고 규칙을 정하여 활용할 수 있으며 유아의 수 개념 및 서수와 기수 등 수학적 개념 형성에 도움이 된다.

(3) 환경 요인

교실의 분위기는 유아가 자발적으로 사물을 탐색하도록 격려하는 허용적인 분위기를 제공해 주어야 한다. 유아 수학교육을 효율적으로 실시하기 위한 환경을 살펴보면 다음과 같다.

1 환경의 구성

유아가 수학에 대한 자발적인 흥미를 가질 수 있도록 자극하고 유아의 비형식적인 수학을 보완하고 심화시킬 수 있도록 환경을 구비해 주어야 한다. 유아가 스스로 활동이나 자료를 선택하고 정리하는 것이 가능하도록 조직적인 자료를 구비해야 한다. 따라서 수학놀이 영역을 준비해 주어야 한다. 수학놀이 영역은 논리-수학적 사고에 기초한 분류하기, 비교하기, 수 세기, 측정하기, 그래프 활동 및 생활환경 내에서 다양한 기하학적 도형의 탐색과 발견을 유도할 수 있어야 하며 토의와 적용을 가능하게 하는 다양한 활동 자료를 구비해 주어야 한다.

2 활동 자료

유아의 지식 형성은 감각을 통한 관찰과 사물과의 직접적인 상호작용을 통하여 이루어지므로, 수학활동의 자료와 도구의 활용은 수학활동에 중요하다. 활동 자료와 도구는 주변에서 쉽게 구할 수 있거나, 교사가 직접 제작한 것 또는 상품화된 것 등을 활동의 주제에 맞게 제시해 주어야 하며 유아가 사용할 때 위험하지 않아야 한다. 수학적 학습을 도와주는 구체적인 자료는 다루고자 하는 수학적 개념을 잘 나타낼 수 있는 것이어야 한다.

① 물리적 지식활동에 필요한 도구

풍선, 다양한 모양과 크기의 팥 주머니, 훌라후프, 블록, 트램폴린, 나무, 종이, 지우개, 돌, 빨대, 부채, 다양한 모양 · 크기와 재질이 다른 공 종류, 찍찍이와 찍찍이에 붙일 수 있는 다양한 놀잇감, 물놀이 도구, 모래 놀이 도구, 빈 깡통이나 페트병 등

② 측정 도구

길이, 무게, 면적, 부피 등을 측정해 볼 수 있다. 유아들은 자신의 신체를 사용하여 측정하게 되는 데 다양한 측정 도구(손, 발, 나뭇잎, 머리핀, 자, 막대기, 빨대, 다양한 모양의 용기 등)의 구체적인 활용을 통하여 추상적인 측정의 개념이 구체화시켜 이해시킬 수 있다. 측정 도구들은 무엇이 있는지 살펴보고 측정해 본다(나침판, 자, 삼각자, 줄자, 비커, 온도계, 체온계, 체중계, 저울, 시력측정기, 타이머, 모래 시계 등). 예를 들면, 블록의 길이, 블록의 면적(큰 블록에 작은 블록을 놓아 몇 개의 블록이 필요한지를 조사한다)을 측정한다. 인형 옷 만들기(잡지의 인물이나 평면 그림 인형을 재단하여 만든다)나 유아의 몸 둘레를 재려면 블록이 몇 개 필요한지를 측정한다.

③ 일반 도구

자연물들, 셀 수 있는 물건, 글자나 숫자를 쓰고 지울 수 있는 판(board)과 쓰

기 도구, 생일 케이크에 사용하는 다양한 크기와 길이의 초들, 빨래집게와 빨랫줄이나 철사로 만든 옷걸이, 다양한 색의 클립(플라스틱, 철제), 고무밴드, 다양한 모양과 종류의 깡통, 자물쇠와 열쇠, 주방용품, 크림용 병과 병뚜껑, 다양한 모양과 크기의 단추(단춧구멍의 수도 다양한 것), 종이 컵, 풍선, 여러 가지 조개껍질, 나무토막, 빗, 빨대, 몬테소리 교구에서 사용하는 구슬막대 세트, 페그 보드(peg board), 속성 블록 세트 등

④ 미술 도구

가위, 셀로판테이프, OHP 투명비닐종이, 플라스틱 칼과 교사용 칼, 필기류(종이, 공책, 연필, 색연필, 사인펜, 파스텔 등), 종이류(색종이, 색도화지, 한지, 포장지, 골판지, 셀로판지 등), 끈(리본, 털실, 낚싯줄 등), 반죽놀이를 위한 것(찰흙, 지점토, 모양 틀 등), 상자류(우유갑, 요구르트병, 휴지 말이, 종이컵, 라면 그릇 등), 물감 등

⑤ 생물 자료

화석, 여러 종류의 돌, 여러 종류의 가죽 조각, 어항, 물고기, 망, 곤충 집, 동물의 뼈, 다양한 셀 수 있는 과일 종류(포도, 자두, 앵두 등)와 그 씨앗, 여러 종류의 깃털, 조개껍질, 다양한 곡식의 씨앗, 식물들의 열매(완두콩, 땅콩 등), 다양한 크기의 멸치 등

⑥ 사진 및 시청각 자료

신문, 잡지, 백과사전, 정보그림 책, 인터넷, 견학 장소에서 얻은 홍보물, 교사가 직접 수학과 관련된 주제에 대해 찍은 사진, CD-Rom 타이틀, 현장 견학을 갔을 때 다양한 소리를 녹음한 자료나 신체표현을 위한 음악 자료, 실제 견학활동을 슬라이드, 필름 스트립, 비디오 등으로 제작한 것, 상품화된 자료 등

3) 음악을 통한 과학교육

유아 음악교육의 내용은 우리나라 2007년 개정 유치원 교육과정의 표현생활 영역으로 '자연과 생활에서 아름다움 찾아보기', '예술적 표현 즐기기', '감상하

기'로 설명하고 있다. '자연과 생활에서 아름다움 찾아보기'는 유아가 자연과 주변 환경의 소리 · 움직임 · 조형물에 관심을 가지고 목소리 · 신체 · 사물 · 악기로 소리의 예술적 요소를 찾아보는 내용들을 중심으로 구성되어 있다. '예술적 표현 즐기기'는 신체나 리듬 악기 및 도구를 사용하여 음악 · 움직임 · 춤 · 조형활동 · 극 놀이로 표현하며 자신의 생각과 느낌을 예술활동에 참여하여 통합적, 창의적으로 표현하며 즐기는 내용으로 구성되어 있다. 또한 '감상하기'는 자연과 다양한 음악, 춤, 조형물, 극 놀이 등을 듣거나 보고 즐기면서 감상하고 생각과 느낌을 나누며 나와 다른 사람의 예술표현의 차이를 느끼며 전통예술을 즐기는 내용으로 구성되어 있다.

물리적 지식활동의 내용은 사물의 움직임에 대한 활동과 사물의 변화에 대한 활동 및 그 외에 사물의 움직임과 변화의 두 범주 사이에 넣을 수 없는 활동들을 포함하고 있다. 이러한 내용과 관련된 유아 음악 활동은 움직임과 변화 사이에 존재하는 활동의 부분인 소리 메아리 만들기와 미술 · 음악 · 게임 · 스포츠 등에 도움이 되는 활동의 하나인 악기 만들기를 들 수 있다.

따라서 이 장에서는 소리듣기 활동과 악기 만들기 활동의 사전경험과 탐구를 통하여 유아 스스로 지식을 구성할 수 있는 기초 자료를 제공한다. 이러한 음악 활동은 음악영역 내에서의 통합활동, 즉 소리 찾기, 노래 부르기, 음악 감상하기, 음악에 대한 느낌을 신체로 표현하기, 악기로 표현하기, 조형으로 표현하기, 문학적으로 표현하기, 악보로 표현하기 등으로 연계하거나 다른 활동과 통합적으로 실행될 수 있다. 이러한 통합적 활동 속에서도 과학적 탐구와 수학적 탐구를 이끌어 낼 수 있도록 상황에 따른 교사의 지도가 필요하다.

(1) 듣기활동

모든 음악은 소리이며 모든 소리는 떨림에 의해 생성된다. 즉, 떨림은 매우 빠른 흔들림이며 공기를 통하여 모든 방향으로 퍼진다. 라디오나 텔레비전을 틀어놓고 그 위에 손가락을 대어 보면 손가락이 떨리는 것을 느낄 수가 있다. 또한 우리의 목소리로부터 소리를 생성하는 실제 떨림을 노래를 부를 때나 이야기할 때 목에 손가락을 대어 보면 느낄 수 있다. 이렇게 모든 소리는 떨림에 의해 생성되지만, 모든 소리가 다 같지는 않다. 각각의 다른 소리들은 음질, 셈여림, 높낮이, 지속 등으로 다음과 같다(박명숙, 2001; Aliki, 2003).

1 음의 요소

① 음질(timbre)

한 소리를 다른 소리와 구별하는 것이 음질(tonal quality)이다. 예를 들어, 돌들이 서로 부딪치는 소리는 막대기가 서로 부딪치는 소리와 다르며 바이올린은 트롬본의 소리와 다르다.

② 셈여림(loudness)

소리의 음량은 음악에 있어 강약을 의미한다. 예를 들어, 크고 부드러운 소리, 보다 큰소리이거나 보다 부드러운 소리를 들 수 있다. 셈여림은 유아들이 음악을 이해하고 반응하기에 가장 쉬운 음악 개념이다.

③ 음높이(pitch)

음의 높낮이는 떨림의 속도(주파수)와 관계가 있어, 떨림이 빠를수록 음높이가 높으며 떨림이 느릴수록 음높이가 낮아진다. 유아들은 높고 낮은 소리들을 듣고 재생성해 낼 수 있으나 음의 높낮이와 관련된 '높음', '낮음'의 용어를 충분히 이해하지 못한다. 소리의 높고 낮음을 개념으로 이해하기 전에 단어 뜻에서 많은 혼돈이 오기 때문이다. 음의 높낮이는 멜로디와 화성에 대한 이해를 돕는다.

④ 지속(duration)

지속은 소리의 길이를 의미한다. 예를 들면, 길고 짧은 소리, 보다 길거나 보다 짧은 소리를 들 수 있다. 지속의 인식은 박자의 개념, 리듬 패턴, 소절과 오스티나토(ostinato)를 포함하여 리듬에 대한 이해를 돕는다.

⑤ 박자(beat)

박자는 음악의 기초를 형성하는 규칙적인 맥박이다. 어린 유아들을 위해서는 편안한 속도로 움직이게 하여 박자 개념을 형성하도록 한다.

⑥ 악센트(accent)

악센트는 일정한 간격으로 보통은 2박자, 3박자, 또는 4박자에서 일어나는 것으로 어떤 박자를 보다 강하게 강조하는 것이다.

⑦ **리듬 패턴(rhythm pattern)**

리듬 패턴은 단어들이나 노래의 시간에 의하여 만들어진 패턴이다. 악기 연주곡에 있어서는 음들의 길이에 의해 만들어진 패턴으로 다양한 길이의 소리와 쉼에 의하여 이루어진다.

⑧ **작은악절(Phrase)**

음악에 있어 작은악절은 언어에 있어 구와 비슷하다. 노래에서 한 소절은 일반적으로 한 숨으로 노래하는 단어들을 포함하는데, 이는 단어들이 모인 한 소절이다.

2 듣기활동 영역

유아들의 음악적인 발달을 도와주기 위해서는 먼저 듣기를 강조하며 듣기 경험을 증진시키기 위한 환경을 마련해 주는 것이 필요하다. 즉, 악기와 환경에서 들려지는 다양한 소리를 가지고 실험하고 점차적으로 주의 깊게 경청하도록 격려한다. 유아들이 다음과 같이 소리의 근원을 찾고 노래 부르기, 악기 만들기 등을 통하여 소리에 대해서 이해하고 다양한 음악적 경험을 할 수 있도록 격려한다(박명숙, 2004; Robert, 1996).

① **노래 들려주기**

- 태중에서부터 노래를 불러주며 작은 소리로 읊조리기, 영창(찬트), 옹알거리기를 하여 준다.
- 동시, 손 유희, 노래 게임, 자장가와 여러 나라의 노래를 들려준다.

② **녹음된 음악을 들려주기**

- 태중에서부터 악기로 연주된 리듬감 있는 음악을 들려준다.
  예 비발디와 모차르트 음악 등

③ **주변에 있는 소리를 듣기**

- 환경에서 나는 소리에 관심을 갖도록 한다.
  예 바람 소리, 빗소리, 새 소리, 청소기 소리, 자동차 소리, 시냇물 소리, 개 짖는 소리, 벨소리, 개구리 소리, 발자국 소리, 전화소리 등

④ 소리활동 영역 준비하기

- '소리' 탁자나 활동영역을 가정과 유아교육기관 교실에 만들어준다.
- 유아들에게 서로 다른 종류의 소리를 내는 물건을 가지고 오게 하여 보여주도록 격려하며 자유놀이를 위한 소리 자료들을 제공한다.

  예 종이, 나무막대기, 돌, 잎사귀, 솔방울과 조개껍질, 깡통, 다른 모양과 크기가 다른 자료로 된 종, 두드리기 좋게 매달아 놓은 것, 소리판 위에 있는 식탁용 기구, 돌 등

⑤ 듣기 경험에 반응할 수 있는 활동 제시하기(Learning Media, 1993).

- 유아들이 무엇을 들었는지에 대하여 이야기를 나누거나 유아들의 아이디어를 가지고 이야기 만들기
- 유아들이 들은 것이나 음악 이야기 또는 음악의 분위기를 극화활동으로 표현하기
- 음악의 흐름을 자유롭게 그려보기－음악이 연주되고 있는 동안 크레용, 손가락 그림 또는 활성탄(숯덩이)을 이용하여 그려보기
- 음악과 함께 있어야 할 움직임에 대하여 이야기 나누기를 하거나, 이야기를 나눈 순서대로 움직여 보기
- 음악에 있는 리듬 패턴을 알아맞히기－톡톡 치기, 손뼉 치기 또는 발구르기로 패턴을 표현해 보기
- 음악에 있는 멜로디 패턴을 인식하기－음들을 노래하기
- 유아들이 들을 수 있는 악기들을 인식하기
- 연주할 악기를 선택하기－연주되고 있는 악기를 선택하기
- 자신의 음악을 만들기
- 연주자에 의해 연주되는 음악에 대해 이야기 나누기－독창곡, 독주곡, 합창곡, 4중주곡

위에 제시한 유아들의 듣기 경험에 반응할 수 있는 활동에 대한 지도방법은 다음과 같다.

첫째, 편안한 자세를 취하도록 한다.

둘째, 침묵으로 시작한다.

셋째, 유아들에게 눈을 감도록 허락한다.

넷째, 음악에 집중하도록 돕고 듣기 태도의 시범을 보인다.

다섯째, 편안한 자세로 앉고 다른 일을 하지 않는다.

여섯째, 음악곡의 연주시간을 결정할 때, 유아들의 집중시간을 고려한다. 유아들이 흥미를 잃은 것처럼 보이면 멈추었다가 다시 시도한다.

일곱째, 유아들과 함께 움직임, 즉 신체의 일부 또는 전부, 운동기술 또는 비운동기술이 포함된 반응을 기대하고 격려한다.

(2) 악기연주 활동

유아들은 다양한 악기의 소리를 발견하고 모방과 반복을 즐기면서 배운다. 악기연주의 좋은 놀이 경험은 상상력, 협응력, 음악적 이해와 심미감을 발달시킨다. 이에 유아들이 악기연주를 잘 할 수 있도록 악기의 종류와 소리 자원과 활동 영역 및 악기연주 지도방법을 다음과 같이 제시한다.

1 악기의 종류

(김을곤, 1995; Lucie, 2000; Meryl, 1996; Wendy, 2001)

① **타악기(Percussion)**

타악기는 뚜렷하고 일정한 음높이들을 만들어 내지 않는 집단의 악기와 음의 높낮이를 만들어 내는 악기로 서로 다른 연주방법으로 서로 다른 소리를 만든다. 따라서 타악기는 금, 철, 동이나 나무와 같은 튼튼한 재료로 만들어져 부딪치고 흔들고 긁음으로써 소리를 만든다.

㉠ 무음정 타악기(untuned Percussion)

뚜렷하고 일정한 음높이가 없는 음들을 지닌 악기들이다. 매우 다양한 음색은 있으나 음을 연주할 수는 없다.

탬버린(tambourine), 리듬 막대(laves or rhythm sticks), 마라카스(maracas), 트라이앵글(triangle), 귀로(guiro), 드럼(drum), 캐스터네츠(castanets), 벨

(bells), 손가락 심벌즈(finger cymbals), 심벌즈(cymbals), 나무블록(woodblock), 돌과 조가비(stones and shells)

㉡ 유음정 타악기(tuned Percussion)

나무나 쇠붙이 바(bars) 또는 파이프는 음이 있어 연주되는 악기이다.

차임바(chime bars), 실로폰(xylophone), 메탈로폰(metallophone), 글로코슈필(glockenspiel), 벨(bell) 이 있다.

② 현악기 (strings)

악기 줄, 즉 떨림의 줄은 쇠, 플라스틱, 동물 가죽, 실크로 만들어져 있으며 떨리는 줄 자체는 소리를 많이 만들지 못하나 줄로부터 온 떨림이 줄의 양끝을 팽팽하게 하고 줄들을 튕기면 떨림이 온다. 이 떨림이 줄 아래에 있는 열린 빈 몸통으로 전해져 메아리치는 것이다.

첼로나 바이올린과 같은 악기는 말 머리카락이나 나일론으로 만들어진 활(bow)을 가지고 연주하나 만돌린, 기타, 가야금과 같은 현악기는 활 대신에 나무나 플라스틱으로 만든 플랙트럼(plectrum : 현악기의 줄을 튕기는 데 사용하는 용구, 픽/채)으로 연주한다.

현악기에는 시타(sitar), 하프(harp), 전자기타(electric guitar), 첼로(cello), 코토(koto), 기타(guitar), 바이올린(violin), 비올라(viola), 지더(zither), 해금, 가야금, 거문고가 있다

③ 건반악기(keyboards)

건반악기는 각각 다른 소리를 지니고 있는 하얀 건반과 검정 건반을 가지고 있으며 소리를 내기 위해서 각 건반을 누르면 된다. 악기 안에는 각 건반마다 줄이 있어 건반을 누를 때 망치가 줄을 치는 것이다.

건반악기에는 피아노(piano), 오르간(organ), 하프시코드(harpsichord), 신디사이저(synthesizer)가 있다.

④ 목관악기(woodwind and brass)

목관악기는 입술로 악기를 불어서 소리를 만든다. 모든 관악기에는 긴 관이 있으며 관의 길이와 두께에 따라 음높이를 다르게 만들어 내는데, 떨림 관이 길고

넓으면 낮은 소리가 나고 짧고 좁으면 높은 소리가 난다.

목관악기에는 클라리넷(clarinet), 플루트(flute), 바순(bassoon), 오보에(oboe), 리코더(recorder), 펀기(pungi), 색소폰(saxophone), 쉥(sheng), 아코디언(accordion), 쥬르나(zurna), 백파이프(bagpipe)가 있다.

⑤ **금관악기(Brass)**

금관악기는 입술의 떨림이 빠를수록 높은 소리가 나고 반대로 입술을 보다 천천히 떨리게 하면 낮은 소리가 난다. 입술의 가장자리를 당겨 입술 사이로 공기를 안으로 불어 넣는다.

금관악기로는 튜바(tuba), 트럼펫(trumpet), 버글(bugle), 트롬본(trombone), 프렌치 혼(french horn), 코르넷(cornet), 소사폰(sousaphone) 코르 앵글레이스(cor anglais), 유포니움(euphonium)등이 있다.

2 악기연주 활동영역

유아들이 악기연주를 할 수 있도록 돕기 위한 활동영역은 다음과 같다(Noel & Phylis, 1993).

① **기본 자료 탐색하기**

㉠ 악기와 소리의 근원(자료)을 이용할 수 있다.

- 소리의 요소들을 탐색하기 위하여
- 이야기나 드라마에서 소리 효과를 내기 위하여
- 자신의 감정이나 느낌을 표현하고 독창적으로 음악을 창조하기 위하여
- 제시된 구조를 가지고 집단으로 음악을 만들어 내기 위하여
- 리듬, 박자, 리듬 패턴, 그리고 소절에 대한 이해를 재강화시키기 위하여
- 듣고 연주하여 친숙한 멜로디를 새롭게 다시 만들기 위하여
- 노래 반주를 하기 위하여

㉡ 노래를 반주할 때, 유아들은 다음의 것을 이용할 수 있다.

- 악기의 다양한 음질을 위해 선택한 음정이 없는 소리
- 음정이 있는 악기를 가지고 연주할 단음
- 오스타니토로 즉흥연주

신체나 타악기를 반주에 이용할 수 있다. 반주로 타악기를 연주할 때 효과가 있는지 토론하도록 하여 음악에 있어 차이점을 분별하는 능력을 발달시킨다.

② 만든 악기 제공하기

악기는 유아들에게 매우 가치 있는 것으로 소리를 만들어내는 물체와의 신체적인 접촉은 매우 좋은 경험을 부여한다. 다른 소리를 내는 물건, 즉 구입해야 하는 악기와 집에서 만든 악기를 제공해 줄 필요가 있다.

- **자연적인 재료들** : 돌, 자갈, 나무막대기, 조개, 호두껍데기, 통나무들을 제공한다. 이것들은 크고 여린 소리, 빠르고 느린 소리, 길고 짧은 소리들을 실험할 수 있다.
- **폐품들** : 플라스틱 그릇, 쟁반, 병, 쇠붙이 부엌용품, 나무용품, 못 등을 제공한다.
- **만든 악기들** : 모래 종이 긁기, 드럼, 흔들이 등 음정이 없는 악기를 다양하게 만들 수 있으며 음정이 있는 악기를 만들기 위해서는 보다 기술을 요하나 매우 만족스럽게 만들 수 있다.

③ 악기연주 지도하기

유아들이 즉흥연주를 하도록 격려한다. 악기를 실험하거나 연습할 시간을 충분하게 허락하고 교사가 이야기하거나 지시사항을 줄 때 모든 악기들이 소리를 내지 않고 조용히 있기를 기대해야 한다. 쉼(침묵)을 위한 기호를 만들고 유아들이 이에 반응하도록 연습한다.

모든 악기 채는 정확히 볼 수 있도록 악기들의 앞에 놓여 있어야 한다. 집단상황에서 유아들은 반드시 연주 요청을 받았을 때에만 연주하는 것을 배워야 하며 일부 악기들은 개별적인 탐색을 위해 사용되어지기도 한다.

음악시간이 끝날 때에 '노래를 부르면서' 악기를 정리하도록 한다. 또한 악기를 분류하고 구분하는 습관을 형성하기 위하여 악기를 따로따로 혹은 소집단별로 분배하며 악기 보관함에 보관한다. 유아들이 쉽게 옮길 수 있는 악기는 유아들이 옮기도록 하며 필요하다면 함께 옮길 수 있도록 한다.

유아들이 소리를 탐색하고 즉흥적으로 연주하도록 격려하기 위한 지도방법은 다음과 같다(Leaning Media, 1993).

첫째, 소리에 대하여 이야기를 나눈다.

크고 약한 소리, 거칠고 부드러운 소리, 높고 낮은 소리, 길고 짧은 소리, 맑고 둔탁한 소리 등 소리의 질에 대해 실험하여 시범을 보이고 이야기를 나눈다.

둘째, 소리를 만들어본다.

유아들이 다양한 소리를 만들어내도록 격려하며 악기를 다양하게 다루는 적당한 기술을 배우도록 점진적으로 격려한다.

셋째, 소리패턴을 찾아본다.

유아들과 함께 만든 소리에서 패턴을 찾아보도록 하고 패턴을 노래해 주고 서로 다른 악기로 연주하면서 '질문과 답' 의 형태를 지닌 즉흥곡을 연주한다.

넷째, 노래를 부를 때 함께 악기연주를 한다.

유아들이 연주하기 쉬운 타악기를 가지고 연주할 때 다른 유아들은 노래를 부른다.

(3) 음악적 환경 요인

효과적인 음악 활동을 위해 교사는 유아의 능동적인 참여를 유도해야 한다. 능동적인 음악 활동을 위해서 교사는 유아교육기관의 생활주제에 따라 유아의 흥미에 기초하여 호기심을 자극할 수 있고 음악적 경험을 통해 음악적 성장을 증진시킬 수 있는 음악 활동을 유아와 함께 선정하고 준비하여야 한다. 또한 유아가 주변 세계에 대해 관심과 호기심을 갖고 생활과 환경 속에서 음악이 자연스럽게 이루어지도록 환경을 제시하고 조성해 주어야 한다.

음악교육을 위한 환경을 살펴보면 다음과 같다.

① **유아교육기관**

- 음악은 유아교육기관 교육과정의 한 부분으로 유아의 자발적인 동기와 교사의 지원과 격려로 이루어질 수 있다. 즉, 교사들은 즉흥적으로 활동에 단순하게 참여하거나, 특별한 활동을 위해 계획할 수 있는 소집단 음악 활동이

있으며 교사에 의해 이끌어지며 규정된 학습을 해야 하는 계획된 순서로 진행되는 대집단 음악 활동이 있다.

② 가정

- 자장가, 동요 · 동시, 전래동요 및 팝송들은 어머니, 아버지, 조부모 및 다른 가족들에 의해서 유아들에게 쉽게 불리는 노래이다.
- TV, 라디오, 녹음된 음악과 비디오는 유아들의 가정에서 접할 수 있는 음악이다.
- 유아들이 다룰 수 있는 피아노와 다른 여러 악기들이 있다.
- 어른들이나 나이 많은 형제, 자매들이 노래를 부르거나, 춤을 추거나, 악기를 연주할 수 있다.

③ 종교기관

- 종교적으로 유아들에게 가르치는 음악도 영향을 준다. 많은 사람들이 어렸을 때 불렀던 종교노래를 어른이 되어서도 친숙하게 부르고 있다.

④ 차 안

- 많은 부모들과 유아들은 라디오나 카세트 및 CD 장치가 설치되어 있는 차 안에서 시간을 보낼 때 음악 듣기나 노래 부르기를 즐길 수 있는 기회를 갖는다.

⑤ 생일 축하 또는 다른 축제

- '손수건 전달하기' 와 같은 음악게임을 할 때, 생일 축하파티에서 '생일 축하' 곡이 필수적인 것처럼 놀이와 행사에서 음악이 필수적이다.
- 유아들은 가족행사나 지역에서 축제할 때 연주되거나 불리는 노래인 생음악이나 녹음된 음악, 전통음악을 듣는다.

⑥ 개인 레슨

- 유아들을 위한 음악모임들은 개별적으로 혹은 지역사회 집단으로 운영될 수 있다.
- 특수한 방법(야마하와 스쯔기 방법 : the Yamaha and Suzuki methods /와

일리 음악교육 : the Wylie and Musical Parenting Music)으로 진행되는 프로그램에 참여하기도 한다.

- 밴드가 연주하는 음악인 rock 또는 pop을 들을 수 있다. 혹은 다른 문화의 집단, 현악 4중주, 리코더 합주 그리고 오케스트라 등의 음악을 듣는 경험은 매우 가치가 있다.
- 지역사회에 있는 음악가들에게 초청 연주를 부탁할 수 있다.
- 특별한 악기를 연주하는 독주회는 생동감 있는 음악을 경험할 수 있는 기회를 준다.
- 유아들 스스로가 자신의 연주를 부모들에게, 다른 반 친구들에게, 방문자에게 들려줄 수 있다.

Chapter 3

유아의 과학적 탐색을 위한 자연물

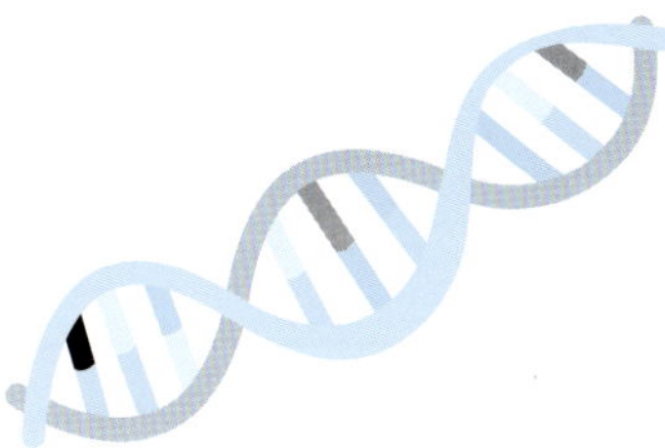

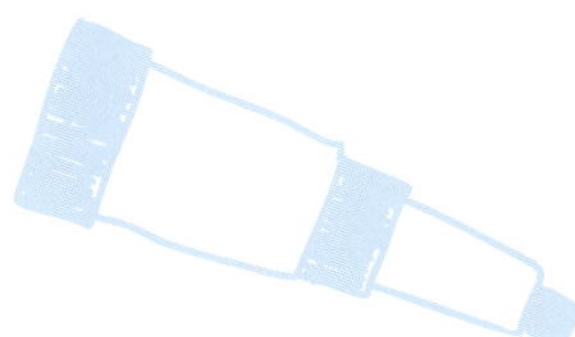

1. 유아의 발달적 특성과 창의적 과학교육
2. 소재의 종류 및 특성

1. 유아의 발달적 특성과 창의적 과학교육

유아는 유아 나름대로 독특하게 이해하고 생각한다. 유아의 특징과 발달단계에 대한 이해는 유아를 위한 교수-학습 내용과 방법에 대한 근거를 제시해 줄 수 있을 것이다. 찰스(Charles)는 유아의 특징을 다음과 같이 요약하여 제시하였다(이경우 · 이정환, 1984).

① 유아는 어른과 다른 지적구조를 가지고 있다.
② 모든 유아는 동일한 순서의 인지발달 단계를 거친다.
③ 모든 유아는 동일한 순서의 발달단계를 거치지만 유아가 각 발달단계를 경험하는 과정과 속도는 유전적 요인과 주어진 환경 및 경험에 따라 각각 다르다.
④ 지능발달에는 유아의 성숙, 경험, 사회적 상호작용, 균형과 같은 네 가지 요소가 상호 영향을 준다.
⑤ 유아의 지적발달 특성은 유아가 학습하는 데에 제한점을 주고 있다.
⑥ 사고(thought)는 설명보다 활동(actions)을 함으로써 성장된다.
⑦ 지식(knowledge)은 유아의 직접적인 활동을 통하여 구성되어지고 이해되어진다.
⑧ 유아는 구체적 경험으로부터 가장 잘 배운다.
⑨ 유아는 지속적인 활동을 하면서 스스로 세계를 탐구하고 의미를 찾는다.
⑩ 지적구조를 재구성하는 것은 유아에게 진정한 학습을 하도록 만든다.

피아제는 인지발달 단계를 감각운동기, 전조작기, 구체적 조작기, 형식적 조작기의 네 단계로 나누고 있다. 유치원 단계에 있는 2~7세의 유아는 전조작기 단계에 속한다. 이 시기의 유아는 구체적 사물과의 상호작용을 통해서 또는 내적으로 동기 유발된 활동을 통해서 주변 세계에 관한 지식을 구성하고 조직하지만 아직 개념적 조작능력이 충분히 발달하지는 않는다. 따라서 전조작기 단계에 있는 유아들은 발달 특징상 학문중심의 형태보다는 생활중심, 활동중심의 구체적인 경험이 가능한 교육이 요구된다.

유아들은 주변의 모든 것이 새롭고 신기한 것뿐이어서 체험하지 못한 것들에 대한 강한 호기심을 보인다. 강한 호기심은 과학지식을 형성하게 만들고 발달시키는 원동력이 되지만 유아의 언어체계와 성인의 설명체계가 다르기 때문에 의사소통이 잘 되지 않는다. 유아들에게 가장 좋은 의사소통은 구체적으로 물체를 조작하고 실험하고 감각적으로 관찰하는 등의 감각운동적 체험을 하는 것이다. 그러므로 오감각을 사용한 직접적인 조작활동은 유아로 하여금 의미 있는 지식을 형성하게 하므로 가능한 한 구체적이고 직접적인 경험을 할 수 있는 실물중심의 자료로 주변에서 쉽게 접할 수 있는 친숙하고 안전한 사물들을 제시하거나 활용하는 것이 필요하다.

유아들은 구체적인 사물을 이용한 활동에서 관찰할 수 있는 내용과 사물의 특성에 관심을 갖는다. 즉, 유아 주변에 존재하는 모든 사물과 현상들을 직접 활동으로 연결시킨다면 유아들은 더 많은 것을 배우게 될 것이다. 따라서 생활 속에서 쉽게 접할 수 있는 사물과의 상호작용으로 인한 다양한 물리적 경험은 사물에 대한 물리적 지식을 얻게 될 뿐 아니라 그 지식을 토대로 사물과 현상을 의미 있게 이해하고 조절하는 사고를 형성할 수 있게 된다. 그러므로 유아가 궁금해 하는 사건과 현상에 대한 정보를 획득하고 의문에 대한 답을 얻게 되면 실생활에 적용할 수 있는 지식도 획득할 뿐 아니라 논리-과학적 사고가 형성될 것이다.

유아들은 자신이 경험한 사물과의 관계를 통합시키면서 유아 스스로 논리적인 관계도 구조화시킨다. 즉, 구체적 조작기의 논리-수학적 사고는 부분적으로 물리적 지식활동으로부터 유도된다. 이러한 활동을 통해 얻어지는 과학적이고 논리적인 개념의 형성은 실제 생활에서 부딪히는 많은 문제들을 해결할 수 있는 창의적 사고의 발달을 가능하게 할 것이다.

과거에는 과학교육이 과학자를 길러내기 위한 교육이었지만 오늘날은 인류의 생존과 공존의 문제를 포함하는 일상생활과 밀접한 과학교육을 강조하면서 그 중요성이 크게 부각되고 있다. 유아를 위한 과학교육은 과학자를 만들기 위한 과학교육을 넘어서 과학시대에 살게 될 모든 이들의 과학적인 사고와 태도를 위한 교육으로 실행되어야 한다(장혜순 · 정은정 · 윤신숙, 2001). 따라서 오늘날의 과학교육은 유아 스스로 보고 듣고 만지고 탐색해 볼 수 있는 기회를 통하여 과학을 생활화하고 과학적인 사고를 할 수 있도록 도와주어 과학적 소양(Science Literacy)을 갖도록 고무해야 한다. 또한 미래 사회에 대비할 수 있는 창의적인 사람을 길러내기 위한 다양한 경험과 창의성을 개발할 수 있도록 탐구중심의 과학교육 활동이 제공되어야 한다.

최근까지 유치원 교육과정은 '21세기의 세계화, 정보화 시대를 주도할 자율적이고 창의적인 한국인 육성' 을 기본 전제로 하고 있으며 창의적인 사람을 육성하는 데에 중점을 두고 있다.

창의성이란 유아들이 주변 생활과 자연현상에 대해 호기심과 흥미를 갖고 사물을 관찰, 탐구하고 서로의 생각을 나누는 협력을 통해 나타난다. 즉, 무언가를 발견하려는 시도와 생각으로부터 기초적인 사고능력이 형성되고 논리-수학적 사고가 발달되며 결과적으로 다양한 경험과 새로운 시도로부터 창의성도 함께 길러진다. 유아들을 창의적으로 지도하려면 풍부하고 다양한 교육의 기회를 갖도록 도와주고 유아 스스로 탐구할 수 있도록 격려해 주어야 한다. 또한 유아의 호기심을 자극하고 자유롭게 질문하고 표현할 수 있는 개방적이고 탐색적인 환경적 배려가 요구된다. 즉, 생활 주변에서 쉽게 접할 수 있는 자연물과 함께 생활 속 주제를 중심으로 구성된 교육활동으로 유아들이 구체적으로 조작하여 직접 경험하게 될 때 탐구의 기초가 형성되며 경험으로부터 얻어진 지식에 새로운 지식들이 더해져 나갈 때 일상생활의 경험들이 개념화된다. 고정관념을 탈피한 자유로운 질문과 토론을 할 수 있는 분위기의 교육환경은 유아의 경험과 상상력의 결합을 통해 유아들로 하여금 창의적 사고의 발달을 촉진시킬 수 있다.

최근 창의적 교육 내용과 방법으로 과학, 응용기술, 공학, 인문사회 및 예술 등 다양한 학문들을 연계해 교육하는 융합교육으로부터 이들 학문 간의 체계적인 개념의 연계와 그로부터 나오는 감성적인 교육이 이루어진다면 매우 효과적인 창의교육이 실현될 것으로 제안하고 있다. 따라서 자연물 소재를 이용한 수학, 과학, 음악 등으로 구성된 교육활동의 제시는 다양한 학문적 접근으로 유아들의 사고의 융통성을 확대시켜 창의성을 증진시킬 수 있다. 또한 생활 속 자연물을 활용한 활동중심의 유아교육은 건전한 신체적, 정신적 성장을 가능케 하며 물질과 인간과의 관계를 바르게 인식하는 건강한 사회를 이루는 데 필요한 시민정신도 함께 함양하게 만든다.

2. 소재의 종류 및 특성

세상은 온갖 물질로 가득 차 있다. 산이나 건물과 같은 커다란 덩어리도 있지만 어떤 것은 너무 작아 우리 눈에 보이지도 않는다. 또한 물질은 뜨겁거나, 차갑게 변할 수 있고 함께 섞일 수도 있으며 섞인 물질을 분리해 낼 수도 있다. 그리고 이렇게 섞인 물질은 원래의 상태로 되돌릴 수도 있지만 그럴 수 없는 경우도 있다.

여기에서는 우리 주위에서 볼 수 있고 사용되고 있는 여러 가지 소재의 종류와 용도 및 특성 등에 대해 소개하고자 한다 (Andrew, 1991; Brian, 2003; Chris, 2000; Claire, 2002; Graham, 1992).

1) 나무

나무란 자연적인 소재로 나무의 줄기나 가지로 목재를 만든다.

(1) 나무의 종류 및 사용

나무는 두 종류로 나눌 수 있다. 연한 나무와 단단한 나무로 나누어 각각 다른 물건에 이용된다.

① 연한 나무

빨리 자라는 소나무나 전나무와 같은 침엽수로 집짓기에 유용하게 사용된다.

② 단단한 나무

천천히 자라는 단풍나무나 떡갈나무와 같은 전엽수로 마루나 가구에 유용하게

사용된다.

(2) 나무소재로 만든 사물

연필, 책, 두꺼운 마분지, 종이, 나무판, 부메랑, 붓, 빗, 악기(기타, 피아노, 바이올린, 첼로 등), 장난감, 시계, 집, 마루, 가구(옷장, 침대, 식탁, 책상, 의자 등), 배(돛단배, 고기잡이 배, 범선, 카누 등), 요리 도구의 손잡이, 벽, 문, 대문, 담

(3) 나무의 특성

① 나무는 강하다.

나무는 강한 소재로 집의 지붕이나 빌딩을 지탱하는 자재와 가구를 만드는 데 용이하다.

② 나무는 좋은 절연체이다.

나무는 좋은 절연체로써 열과 소리를 투과하지 않는다.

③ 나무는 오래 두고 보아도 좋다.

각 나무의 형태는 나무 자체의 색과 나뭇결을 지니고 있어 아름다우며 적당하게 잘 다루면 수 백 년을 두고 보아도 변함이 없다.

④ 나무는 쉽게 탄다.

나무는 쉽게 타는 소재로 요리를 하거나 사람들을 따뜻하게 해 주는 연료로 사용된다. 그러나 나무로 만든 집에 불이 붙는다면 쉽게 타 버릴 수 있어 위험하다.

⑤ 나무는 물에 뜬다.

나무는 물에 뜨기 때문에 돛단배, 범선, 카누, 전투함 등을 만드는 데 원료로 사용된다.

2) 금속

금속은 다양한 종류가 있지만 흔히 철을 금속이라고 표현하기도 한다. 철은 철광을 지니고 있는 특별한 바위나 땅속을 파서 찾아낸다.

(1) 금속의 종류 및 사용

금속은 80개 이상의 종류가 있으며 견고한 금속과 부드러운 금속으로 구분할 수 있다.

① 견고한 금속

견고한 금속은 자르고 모양을 내기에 어려우며 경첩, 기찻길에 사용된다.

② 부드러운 금속

부드러운 금속은 쉽게 구부려지며 귀금속으로 사용된다.

③ 합금 금속

놋쇠(황동)는 구리와 아연의 혼합물로 추를 만드는 데 사용된다.

④ 스테인리스 금속

스테인리스 금속은 강철과 크롬의 혼합물이며 깨끗이 사용하기가 쉽고 병원 기구, 치과용 기구, 수술 도구를 만드는데 사용된다.

(2) 금속 소재로 만든 사물

체온계, 트럼펫, 칼과 포크, 다리미, 시계 틀, 싱크대, 수도꼭지, 오븐, 촛대, 무

기(창, 칼, 도끼, 갑옷, 투구), 도구(톱, 드릴), 금속기계(배, 엔진에 사용), 기차와 기찻길, 가위, 의료 기구, 금속선, 벨트 고리, 지퍼, 단추, 열쇠, 동전, 펜, 빗, 냄비와 솥, 전기제품(전선, 부속품), 조각품, 놀이 기구, 철사, 문, 차 트렁크, 말발굽, 은박지, 음료수 캔, 귀금속(팔찌, 목걸이, 귀걸이, 냉장고, 못, 바늘, 교통기관(오일탱크, 우유탱크, 트럭, 비행기, 자동차), 고압선용 철탑, 로켓, 우주복, 잠수복

(3) 금속의 특성

① 금속은 단단하고 강하다.

금속은 단단하고 강하며 무게를 잘 견딜 수 있어 빌딩, 기계, 자동차를 만드는 원료로 사용된다.

② 금속은 부드럽고 윤이 난다.

금속은 부드럽고 깨끗하게 사용하기 쉬우며 윤이 나게 보인다. 그러나 깨끗이 관리하지 못하면 윤기를 잃어버리고 둔탁해지며 녹이 슬기까지 한다.

③ 금속은 날카로울 수가 있다.

금속은 단단하여 제련과정을 통하여 매끄럽고 날카롭게 변형될 수 있다. 금속은 수천 년 동안 도구와 무기를 만드는 데 이용되어 왔다.

④ 금속은 열과 전기를 전달한다.

금속은 열 또는 전기가 통과하는 전도체이다. 금속은 열과 전기를 모두 전도시키기 때문에 유용한 재료이다.

⑤ 일부 금속은 귀중하다.

금속은 땅과 바위 안에 감추어져 있고, 특히 금, 은, 백금과 같은 일부 금속은 매우 적은 양이 땅속에 들어 있다. 그래서 귀중한 금속으로 여겨지며 특별한 물건을 만드는 데 이용된다.

⑥ 금속은 다른 물질과 섞어 사용하면 견고하다.

금속을 함께 섞어 사용하면 강하게 만들어질 수 있다. 부드럽고 연한 구리에 열을 가해서 주석이라 하는 금속을 함께 섞어 더욱 단단해진 청동을 만들어서 무기와 도구로 이용하며 크롬과 함께 섞어 녹이 슬지 않는 스테인리스강이라 불리는 합금을 만들어내었다.

⑦ 금속은 모양을 만들어내기 쉽다.

공장기계에 의해서 부드러워지거나 녹을 때까지 열을 가해서 다양한 물건을 만들어낸다.

3) 돌

지구의 표면은 바위로 만들어져 있다. 일부 바위들은 천천히 수 백 만년을 거쳐 작은 조각들(돌 파편, 조가비 조각들, 동물 뼈 등)이 축적되어 형성되며 죽은 식물들과 동물들의 잔재가 모여 형성된다.

(1) 돌의 종류 및 사용

① 화산으로부터 오는 바위

지구의 중심이 너무 뜨거워져서 바위가 녹아 마그마라 하는 용암이 된다. 용암이 공기를 만나면 식어서 회색 또는 검정색의 견고한 바위가 된다.

- 속돌 · 부석 · 경석(pumice) : 거친 돌이다.
- 흑요석(Obsidian) : 어두운 유리처럼 보이는 매우 단단한 돌이다.
- 현무암(Basalt) : 또 다른 하나의 화산 바위이다.

② 퇴적암

조개껍질, 조류, 산호들이 떠다니며 형성된 다양한 층의 바위이다. 돌은 보통 집을 짓는 데 쓰인다. 집을 짓기에 적당한 돌은 마블(marble), 석회암(limestone), 화강암(granite)과 사암(sandstone)이다.

③ 슬레이트 · 석판

진흙이 아주 단단해졌을 때 형성된 돌이다. 종이처럼 얇게 나누어졌을 때 지붕으로 사용된다. 과거에는 학교에서 아이들이 연필과 종이 대신에 가는 석판 막대를 가지고 석판 위에 글을 쓴 적이 있었다.

④ 콘크리트

아주 강해서 현대식 빌딩을 짓는 데 주요하게 쓰인다. 진흙, 석회암과 모래를 부서뜨리고 열을 가해 만든 시멘트를 섞어 만든다.

⑤ 모래

바람과 물의 작용에 의해 아주 작은 입자로 부수어진 돌이다.

⑥ 보석

희귀하고 귀중한 돌이다.

(2) 돌로 만든 사물

집, 빌딩, 보석

(3) 돌의 특성

- 돌은 열에 강하다.
- 돌은 단단하고 견고하다.

4) 고무와 풀

고무는 자연적 중합체인 폴리머(polymer)로써 유액(라텍스/latex)은 식물, 특히 고무나무로부터 얻는다.

풀은 사용되기 전에는 액체이며 끈적끈적하다. 그러나 물건을 부착시키기 위해 사용되면 견고해져서 단단해진다.

(1) 고무와 풀의 종류 및 사용

고무와 풀은 물건을 만들기 위하여 소재 자체만으로는 독립적으로 사용되지 않는다. 예를 들어, 고무는 자동차의 다른 부품을 만드는 데 종종 이용되며, 풀은 물건을 서로 붙이는 데 이용된다.

1 고무

① 자연고무

고무는 식물, 특히 고무나무로부터 얻는 '고무 수액(rubber tapping)' 이라는 흰 액체인 유액을 가지고 만든다.

② 합성고무

고무가 자기 모양을 유지하도록 하기 위해서 다른 재료들이 첨가된다. 타이어는 강하게 만들기 위해서 유황과 다른 요소들을 고무에 혼합시켜 만든 것이다.

2 풀

① 자연 풀

많은 동물들과 식물들은 끈끈한 재료를 만들 수 있다. 예를 들어, 암거미나 홍

합, 나무는 끈적끈적한 물질을 만든다.

② 인공 풀

인공 풀에는 두 가지의 용제인 용해제(solvents)와 중합제(polymerisers)가 있다. 중합제 풀에는 애럴다이트(강력 접착제, 절연체용/aradite)와 강력 접착제(super-glue)가 있다. 강력 접착제는 때때로 피부 이식에 사용되기도 한다.

(2) 고무와 풀 소재로 만든 사물

- 고무 : 타이어, 라텍스, 지우개, 고무장갑, 풍선, 공, 고무줄, 장화, 칫솔, 볼펜, 고무팔찌, 고무보트
- 풀 : 용해제, 중합제(애럴다이트, 강력 접착제)

(3) 고무와 풀의 특성

1 고무

- 고무는 탄성이 있어 늘어날 수 있고 다시 원래 상태로 되돌아가는 특성이 있다.
- 고무는 특별한 모양이나 틀에 맞출 수 있다.

2 풀

- 풀은 액체이며 끈적끈적하다.
- 풀은 물건이 함께 부착되도록 견고해지고 단단해진다.

5) 플라스틱

플라스틱은 기름에서 화학성분을 빼내어 만든 것으로 자연적인 재료가 아니며 구부러지게 만들거나 원하는 모양을 만들 수 있는 재료를 말한다.

(1) 플라스틱의 종류 및 사용

수 백 가지의 다른 재료에 플라스틱이라는 명칭이 주어지며 다양하게 활용되어진다. 플라스틱의 종류는 여러 기준으로 나눌 수 있으나 이 책에서는 질감과 재활용을 위한 기준으로 살펴보기로 한다.

1 플라스틱 질감에 따른 기준

플라스틱의 일부는 단단하고 강하나 다른 일부는 찌그러지기 쉽고 부드럽다.

① 단단한 플라스틱

단단하고 튼튼하여 언제나 같은 모양을 유지하고 깨끗이 사용하기가 쉬워 테이블, 탁자, 의자, 휴지통 또는 화분 등의 꽃밭 도구를 만드는 데 이용된다.

② 부드러운 플라스틱

단단한 플라스틱만큼 강하지 못하여 그 모양을 그대로 유지하지 못하며 굴려지기도 하고 작게 접혀지기도 하여 우산이나 가방과 같은 물건을 만드는 데 이용된다.

2 플라스틱 재활용을 위한 기준

플라스틱의 재활용을 보다 쉽게 하기 위해서 '플라스틱 산업 단체 (the Society of the Plastics Industry Inc.)' 에서 분류한 기호를 알아둘 필요가 있다. 이에 따른 분류와 용도를 알아보면 다음과 같다.

① PET/PETE(polyethylene terephthalate)

방수제이고 가스 침투력이 있어 탄산음료수를 넣을 수 있으며 옷감, 음료수병, 케첩 병, 비디오 케이스로 사용된다.

② HDPE(high-density polyethylene)

LDPE보다 견고하며 습기와 물에 아무런 영향을 받지 않고 화학제품에 강하게 견딘다. HDPE는 병뚜껑, 양동이, 플라스틱 우유병, 도마, 부식방지 벽 덮개, 표백제나 세척제 용기로 사용된다.

③ PVC(polyvinyl chloride)

열가소성이 있는 플라스틱으로 열이 가해졌을 때 다른 모양을 만들어내며 강도가 높고 생산비가 저렴하며 줄거나 부풀지 않는 좋은 절연체이다. PVC는 창문과 틀, 레코드, 놀이 성, 배수 파이프, 부엌용 싱크대, 유연성 있는 호스, 비닐 벽지, 랩, 풀, 낚싯대, 플라스틱 천(방수지붕이나 바닥에 사용), 접착제로 사용된다.

④ LDPE(low-density polyethylene)

유연성이 있고 부식되지 않는다. LDPE는 투명한 플라스틱 및 비닐 가방, 쓰레기 비닐, 채소 비닐, 화약제품 용기, 음식 보관용 용기, 습기 방지제, 플라스틱병, 장난감, 고무밴드, 벨트, 고무호스로 사용된다.

⑤ PP(polypropylene)

높은 온도에서 녹으며 유연성이 없고 얼룩이 생기지 않으며 화학용품에 강하여 끓지 않는 뜨거운 액체나 가스를 운반하는 용기로 적합하다. PP는 섬유, 샴푸병, 눌러 짜서 사용하는 용기, 플라스틱 용품, 음식을 담는 플라스틱병, 장난감, 자동차 배터리 케이스, 실외 가구, 도시락 통, 전기 절연체를 만드는 데 사용된다.

⑥ PS(Polystyrene)

딱딱하여 떨어뜨리거나 접으면 깨어지기 쉽다. 또한 스티로폼 같이 가볍다. PS는 1회용 컵, 1회용 접시, 쟁반, 플라스틱 숟가락, 포크, 나이프, CD, 팝콘 폴리스트렌(눈송이 플라스틱)을 만드는 데 사용된다.

⑦ 아크릴 플라스틱(acrylics plastics)

아크릴 플라스틱은 단단하고 투명하여 장식용으로 많이 사용되며 병충해와 불에 강하다. 소금 통, 아크릴 섬유(모의 대체물로 이용, 특히 아기 옷을 만든다.)를 만드는 데 사용된다.

⑧ PMMA(Polymethyl methacrylate)

투명하고 견고하여 햇빛에 오래 두어도 모양이 변하지 않기 때문에 특별한 유리 대체물(전시용 유리), 비행기 유리와 기구 패널로 사용된다.

⑨ Diene Plastics

신축성과 탄력성이 있어 망치 손잡이, 신발 창, 타이어, 고무밴드로 사용된다.

⑩ 복합 플라스틱(complex plastics)

열경화성 플라스틱의 하나로 우수한 절연체이며 견고하고 새로운 모양으로 만들기 쉽고 가벼우며 습기에 강하여 벗겨지지 않는다. 냄비 및 프라이팬 등의 손잡이, 헤어드라이기, 풀 재료, 옷감으로 사용된다.

⑪ 멜라민(melamine)

멜라민은 잘 벗겨지지 않는다. 1회용 컵과 접시, 바닥타일, 화이트보드 등에 사용된다. 멜라민은 플라스틱 중에서 가장 단단하고 내마모성에 우수하고 내충격성이나 내수성, 내약품성, 내연성, 내열성을 갖는다.

⑫ 폴리에스테르(Polyesters)

단단하고 강해 모양이 쉽게 변형되지 않는다. 섬유, 종이, 병을 만드는 데 이용된다.

⑬ 폴리카보네이트(Polycarbonate, PC)

열에도 모양이 변형되지 않는다. 자동차 범퍼, 헬멧, 디스크(compact disk), 견고한 등, 압축 유리, 안면 보호대, 공공건물용 가구(전등), 자동차의 선루프(sunroofs)를 만드는 데 사용된다.

(2) 플라스틱 소재로 만든 사물

옷감, 병뚜껑, 레코드, 비닐 가방, 샴푸병, 1회용 컵, 소금통, 타이어, 헤어드라이기, 자동차 범퍼 등

(3) 플라스틱의 특성

① 플라스틱은 가볍지만 강하다.

플라스틱은 매우 강하나 무겁지 않고 가볍다. 이 점이 매우 유용하게 이용되는 점이다.

② 플라스틱은 깨끗하고 내구적이다.

플라스틱은 가정에서 매우 유용하게 사용되어진다. 관리하기가 쉽고 오래 사용할 수 있다.

③ 플라스틱은 방수 재료이다.

플라스틱은 물이나 다른 액체들이 스며들지 않는 방수 재료로 실외에서 유용하게 사용할 수 있다.

④ 플라스틱은 다양한 모양으로 만들기 쉽다.

플라스틱은 공장에서 다른 기계에 의해서 모양이 찍혀 나온다.

⑤ 플라스틱은 섬유, 실, 옷감을 만들 수 있다.

부드러운 플라스틱은 천을 만드는 데 사용되기도 한다. 이 섬유들은 보관하기 쉽고 오래 사용할 수 있는 여러 종류의 옷감이 된다.

⑥ 플라스틱은 절연제로 사용할 수 있다.

플러그에 사용된 플라스틱은 타는 것을 방지하고 강한 바람에도 잘 견딘다.

⑦ 플라스틱은 가소성이 있다.

어떤 플라스틱은 타기 쉽다. 심하게 탈 뿐만 아니라 금속까지 녹게 하는 연료가 되기도 하고 독성을 내뿜기도 한다.

⑧ 플라스틱은 화학제품에 강하다.

플라스틱은 화학성분에 강해서 많은 화학제품을 플라스틱병에 보관한다.

⑨ 플라스틱은 썩지 않는다.

플라스틱은 썩지 않아 환경오염에 심각한 문제가 되어 전 세계적으로 골칫거리가 되고 있다. 과학자들과 환경보존자들은 이 문제점을 해결하고자 노력하고 있으며 가능한 한 플라스틱의 재활용을 권장하고 있는 실정이다.

6) 유리

유리는 해변의 모래가 주성분이나 공장에서 만들어 낸 재료로 자연적인 소재는 아니다.

(1) 유리의 종류 및 사용

① 거울과 렌즈

거울은 유리판으로 만들어진다. 확대경은 렌즈가 있는 유리이다. 렌즈는 가장자리보다 가운데가 두꺼워서 빛을 굴절시켜 물건들이 실제보다 크게 보인다.

② 빌딩의 유리

창문에 쓰이는 유리를 창유리라고 한다. 창유리는 태양 빛이 빌딩 안으로 들어가도록 하며 빌딩으로부터 열이 바깥으로 나가는 것을 차단하고 바람과 비가 들어오지 않게 한다.

③ 유리로 장식하기

유리는 빛이 반사되거나 유리를 통하여 빛이 지나갈 때 아름답게 보인다. 일부

장신구는 다이아몬드와 같은 값비싼 보석 대신에 유리를 이용하여 장신구나 장식품을 만든다. 색이 있는 유리의 작은 조각들은 패턴을 만들 때 쓰이는데, 이러한 색 유리는 햇빛이 통과할 때 매우 아름답게 보인다.

④ 고기술의 유리

통신 케이블에는 길고 가는 유리섬유가 안에 들어 있다. 이를 광섬유(optical fiber/ 유리섬유의 하나)라 한다. 빛의 섬광은 섬유를 따라 전해져 전화통화를 가능케 한다. 배에 사용되는 유리는 유리나 플라스틱이 가지고 있는 특성보다 더 강한 재료인 유리 보강 플라스틱(glass-reinforced plastic)으로 만들어진다.

(2) 유리소재로 만든 사물

꽃병, 물병, 컵, 볼, 식자재 병, 창문, 문, 거울, 소방관 옷, 확대경, 장신구(귀걸이, 목걸이, 팔찌 등), 장식품, 오일램프, 전구, 신호등, 바람막이 유리(자동차), 선글라스, 안경, 자동차 거울, 자동차 전조등

(3) 유리의 특성

① 유리는 깨진다.

유리로 된 물건들은 떨어지거나 부딪쳤을 때 조각으로 부서지며 깨어진 조각들은 날카로운 모서리를 가지고 있다.

② 유리를 통하여 볼 수 있다.

모든 유리는 빛을 통과한다. 어떤 유리는 투명하여 유리를 통하여 볼 수 있다. 그러나 어떤 유리는 빛은 통과되지만 불투명하여 유리를 통하여 직접 볼 수 없다. 목욕실 창문은 불투명하여 안을 들여다 볼 수 없다.

③ 유리는 열과 화학성분에 강하다.

유리는 열이 가해졌을 때 타지 않는다. 소방대원들은 불로부터 자신들을 보호하기 위하여 유리섬유로 만들어진 옷을 입는다. 매우 뜨거울 때 유리는 액체로 변한다.

④ 유리는 방수가 되어 녹이 슬지 않는다.

⑤ 유리는 전기가 통하지 않는다.

⑥ 유리는 자석에 끌리지 않는다.

7) 종이

종이는 나무를 잘라서 1mm보다 작은 수백만의 섬유소인 나무 펄프로 만든다.

(1) 종이의 종류 및 사용

종이는 다음 세 종류의 나무로 만들어진다.

① 연한 나무

전나무, 소나무와 같은 침엽수로 짧은 섬유를 지니고 있으며 부드러우나 강하지 못하다.

② 단단한 나무

떡갈나무, 벚나무, 단풍나무와 같은 전엽수로 긴 섬유를 가지고 있으며 강하고 매우 거칠다.

③ 혼합

대부분의 종이는 연한 나무와 단단한 나무를 섞어 사용한다.

(2) 종이 소재로 만든 사물

휴지, 상자, 신문, 잡지, 책, 하드보드지, 책 겉장, 공책, 달력, 쿠킹롤, 놀잇감, 종이가방, 봉투, 포장지, 우표

- **특별 종이 :** 사진, 지폐, 종이 컵, 계란상자, 우유갑, 포스터, 셀로판지, 청소기 필터

(3) 종이의 특성

- 종이는 자라기 쉬운 나무로 만들어져 가격이 싸다.
- 종이는 부드럽게 혹은 강하게 만들 수 있다.
  젖은 종이 섬유는 부드럽고 쉽게 떨어지지만 함께 엉켜서 마르게 되면 강한 성질로 변하게 된다.
- 종이는 물감이 들며 코팅을 하면 방수가 될 수 있다.
- 종이는 가벼우며 자르거나 접기가 용이해서 사용하기 좋다.
- 종이는 재활용이 가능하다.

8) 씨앗

식물은 대부분 다양한 열매와 씨앗을 만들고 그 씨앗은 다시 새로운 식물체를 탄생시킨다. 씨앗은 모든 식물의 근본으로 식물의 종류에 따라 그 형태가 다양하다.

(1) 씨앗의 종류 및 사용

씨앗의 종류에는 과일의 열매 속에 생성되는 씨앗과 꽃잎 속에 있는 씨앗, 열매 자체가 씨앗이 되는 것들이 있다.

① 열매 속 씨앗

올리브, 오이, 호박(단호박), 포도, 배, 사과, 석류, 완두콩, 참외, 살구, 복숭아, 자두, 잣 등의 씨앗은 열매 속에 있는 씨앗들이다.

② 꽃잎 속 씨앗

해바라기, 나팔꽃, 분꽃 등의 씨앗은 꽃잎 속에 있다.

③ 열매 자체가 씨앗

옥수수, 쌀, 보리, 수수, 깨, 무화과, 땅콩, 호두, 오디, 잔디의 씨앗은 열매 자체가 씨앗이다.

(2) 씨앗으로 만든 사물

포도씨유, 옥수수유, 해바라기씨유, 두유, 바디오일, 살구씨 스크럽, 호두껍질

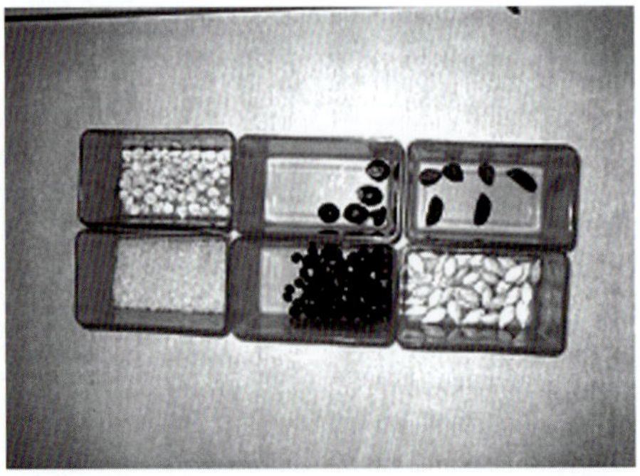

로 만든 스크럽, 보리 건빵, 쌀 강정, 팝콘, 콩가루, 오디잼, 잡곡밥, 약밥, 견과류, 건포도, 블루베리

(3) 씨앗의 특성

씨앗은 대체로 단단하고 견고하며 모양, 크기, 색깔, 촉감이 다양하다.

① 씨앗은 속씨 식물과 겉씨 식물에 따라 각 씨앗의 모양이 다양하다.

강낭콩 씨앗과 봉선화(봉숭아) 씨앗은 둥글고 수세미 씨앗은 표주박 모양으로 납작하다. 옥수수 씨앗은 윗부분이 둥글고 옆쪽은 약간 모가 나 있으며 볍씨는 길쭉하고 통통하다. 고추씨앗의 모양은 납작하고 둥글다.

② 씨앗의 크기가 다양하다.

강낭콩과 봉선화(봉숭아) 씨앗의 크기는 아주 크고 아주 작다. 수세미 씨앗의 크기는 큰 편이고 옥수수 씨앗의 크기는 중간 크기이다. 볍씨와 고추씨앗의 크기는 작은 편이다.

③ 씨앗의 색깔이 다양하다.

강낭콩의 색깔은 검붉고 봉선화(봉숭아) 씨앗과 수세미 씨앗의 색깔은 검은색이다. 볍씨와 고추씨앗의 색깔은 각각 노란색과 연한 노란색이다. 반면에 옥수수 씨앗의 색깔은 노란색, 붉은색, 자주색 등으로 다양하다.

④ 씨앗의 촉감이 다양하다.

강낭콩과 옥수수 씨앗의 촉감은 표면이 매끄러우나 봉선화(봉숭아) 씨앗, 볍씨와 수세미 씨앗의 촉감은 표면이 거칠거칠하다. 고추씨앗의 촉감은 매끄러운 듯하나 약간 거칠다.

9) 나뭇잎

나뭇잎은 다양한 잎의 모양을 하고 있는 나무의 구성 요소이다.

(1) 나뭇잎의 종류 및 사용

나뭇잎은 다양한 모양의 크기와 색깔을 가지고 있다. 나뭇잎은 침엽수와 활엽수로 분류할 수도 있고 색으로도 분류할 수 있다. 대부분의 나뭇잎들은 녹색을 나타내나 예외적으로 단풍나무의 개량종인 공작단풍, 홍단풍과 같은 나무는 계절과 관계없이 붉은색을 띠고 있다.

① 손형

사람의 손 모양으로 다섯 가지의 잎사귀들이 모여진 것처럼 모양을 이루며 단풍잎과 같은 나뭇잎에서 발견된다.

② 부채꼴형

나뭇잎의 모양이 부채를 펼쳐놓은 것 같은 모양을 하고 있으며 야자수가 여기에 포함될 수 있다.

③ 타원형

타원형의 잎 모양을 가지고 있는 나무로는 고무나무를 들 수 있다.

④ 원형

잎사귀의 모양이 동그랗게 보여 물 위에 동동 떠 있는 듯한 원형 모양의 연꽃잎이 이에 해당한다.

⑤ 심장형

나팔꽃의 잎은 하트 모양을 표상하여 심장형이라고 분류할 수 있다.

⑥ 침형

주로 소나무와 같은 모양의 침엽수에서 발견되며 바늘처럼 가늘고 긴 모양으로 이루어져 있다.

(2) 나뭇잎으로 만든 사물

부채, 소쿠리, 장신구, 말린 꽃잎과 나뭇잎을 이용한 디자인 장식품

(3) 나뭇잎의 특성

나뭇잎 속에는 엽록소, 안토시안, 크산토필 등 여러 색소가 있다. 나뭇잎을 통해 얻게 되는 광합성은 엽록체라는 효소에 의해 이루어진다. 엽록체는 사람이나 동물처럼 추운 날씨에는 활동이 줄어들거나 정지될 수도 있다. 즉, 엽록체는 추운 겨울에는 광합성을 하지 못한다.

① 낮에는 햇빛을 사용한 광합성으로 산소를 만들어 낼 수 있다.

② 나무는 겨울에 생존을 위해 나뭇잎을 떨어뜨린다.

나뭇잎은 광합성을 하지는 않지만 살기 위해서는 잎도 꾸준히 물의 공급이 필요하다. 떨어진 나뭇잎들은 나무 밑에서 썩어 퇴비가 되고 다음 해에 더 잘 자랄 수 있게 된다. 나뭇잎에 있는 물들이 얼어 부피가 커진다면 나뭇잎이 생존할 수 없다.

③ 나뭇잎이 초록색으로 보이는 것은 엽록소의 양이 가장 많이 있기 때문이다.

온도에 민감한 엽록소는 가을이 되면 사라지게 된다. 단풍이 들었다는 것은 엽록소가 자취를 감추면서 안토시안, 크산토필 등의 색소 때문에 울긋불긋한 색깔이 나왔다는 것을 의미한다.

④ 가을철이 되면 나무는 월동준비를 위하여 나뭇잎을 떨어뜨린다.

나뭇잎이 떨어지는 원인은 나뭇잎과 가지 사이에 떨켜층이 형성되기 때문이다. 떨켜층이 형성되기 시작하면 나뭇잎은 뿌리에서 충분한 물을 공급받지 못한다. 그러나 잎에서는 계속 햇빛을 받아 광합성을 하여 이때 생성된 양분은 떨켜층 때문에 줄기로 이동하지 못하고 잎 속에 남게 된다. 이로 인하여 잎 속의 산도가 증가되어 엽록소는 파괴되고 엽록소 때문에 보이지 않던 카로틴(Carotene), 크산토필(Xanthophyll)과 같은 색소가 나타나고 안토시아닌(Anthocyanin)이 생성되어 나뭇잎의 색이 붉게 혹은 노랗게 보이는 것이다.

⑤ 나뭇잎에는 엽록소가 있다.

녹색식물의 잎 속에 들어 있는 화합물로 클로로필이라고도 한다. 엽록소는 엽록체의 그라나(grana) 속에 함유되어 있다. 엽록소에는 a, b, c, d, e와 박테리오 클로로필 a와 b 등 여러 가지가 알려져 있다. 엽록소는 녹색식물의 엽록체 속에서 빛에너지를 흡수하여 이산화탄소를 유기화합물인 탄수화물로 동화시키는 데 쓰인다.

⑥ 나뭇잎 속에 있는 안토시안이란 물질은 식물의 꽃 · 과실 · 잎 등에 나타나는 수용성 색소로 화청소라고도 한다.

색소 배당체인 안토시아닌과 아글리콘(非糖部)인 안토시아니딘 두 가지를 말한다. 적색 · 청색 · 보라색 꽃이나 봄의 새눈, 가을의 단풍 등은 이 색소 때문인데, 단풍은 가을의 저온과 강한 자외선에 의하여 잎의 세포 속 엽록체의 작용이 쇠퇴해서 엽록소가 분해하기 시작하여 안토시안이 나오기 때문이다.

⑦ 어린잎이나 줄기는 처음에 일시적으로 붉은색을 보이다 잎이나 줄기가 성장하면서 붉은색이 없어진다.

어린잎이나 줄기의 엽록소를 만드는 세포내의 구조가 완성되지 않았기 때문에 이런 현상이 나타난다. 어린잎들은 줄기로부터 당이 계속 보내져 오면서 안토시안을 형성하게 된다. 안토시안은 자외선을 잘 흡수하는 성질을 갖고 있으나 안토시안을 많이 가진 조직은 표피뿐이다. 따라서 연약한 어린잎이나 줄기가 빨갛게 됨으로써 자외선의 해를 피하는 것이다. 잎이 성숙함에 따라 안토시안은 분해되어 소실되며 엽록소에 의해 녹색으로 변하게 된다.

⑧ 나뭇잎 속에 크산토필이란 물질이 들어 있다.

식물의 잎사귀, 꽃, 과실 등의 녹색부에 엽록소(chlorophyll), 카로틴(carotene)과 같이 존재하는 카로티노이드계의 옥시카로티노이드(oxycarotenoid) 색소로 노란색을 나타낸다.

10) 물

물은 자연적인 소재로 우리 주변에 다량으로 존재한다. 상온에서 색과 맛 그리고 냄새가 없는 투명한 액체인 물이지만 0℃ 이하에서는 고체인 얼음이 되고 100℃ 이상의 온도에서는 기체인 수증기로 존재한다.

(1) 물의 종류 및 사용

천연으로 존재하는 물은 바닷물, 강물, 지하수, 우물, 빗물, 눈, 얼음, 수증기 등으로 도처에 존재한다.

① 빗물

지구상의 물은 태양열을 흡수해 증발되고 모여진 수증기는 구름이 되었다가 빗물이 되어 지표면으로 다시 돌아온다. 비교적 순수한 물이다.

② 강물

지표면에 내린 빗물의 일부는 모여서 강을 이룬다.

③ 지하수

지구 내부의 흙이나 바위 속에 스며 있거나 지하수 상태로도 존재한다.

④ 바닷물

비가 되어 육지로 돌아온 물이 바다로 흘러갈 때까지 다양한 성분들을 녹이므로 바닷물은 미네랄 및 각종 물질이 풍부하며 그 중 소금 성분을 많이 포함하고 있어 짠맛을 낸다.

(2) 물 소재로 만든 사물

분수, 인공폭포, 얼음조각, 어항 속의 물, 수력발전

(3) 물의 특성

① 물은 담는 용기에 따라 모양이 달라진다.

물은 액체로 부피는 일정하지만 모양이 일정하지 않아 담는 그릇을 이용하여 다양한 모양으로 만들 수 있다. 또한 상온에서 물은 흐르는 성질이 있다.

② 물은 얼 때 부피가 커지고 물 위에 얼음이 뜬다.

물의 밀도는 1이지만 고체인 얼음이 되면 밀도가 1보다 작아져 얼음이 물 위에 뜨게 된다.

③ 물방울은 둥그런 모양을 한다.

물 분자들 간에 잡아당기는 힘이 표면에서는 균형을 이루지 못해 표면장력이 커지므로 물은 둥글어지고 작아진다. 나뭇잎 끝에 매달린 물방울은 이 때문에 둥근 모양이 된다.

④ 물은 고체의 물질을 녹일 수 있다.

물은 극성을 띠고 있어 소금, 설탕과 같은 물질을 잘 녹인다.

⑤ 물은 사람에게 꼭 필요하다.

사람의 몸은 약 70%가 물로 이루어져있기 때문에 사람뿐 아니라 생명이 있는 모든 것에 없어서는 안 되는 물질이다. 우리 몸에 있는 물은 기온차이를 극소화시켜 효과적인 체온조절을 가능케 한다.

⑥ 물은 지구의 급격한 온도변화를 방지한다.

물은 비열이 매우 크다. 지구가 뜨겁지 않도록 태양열을 소비시켜 주어 생물이 활동할 수 있는 기온을 유지하게 한다.

⑦ 물은 순환한다.

지구상에 존재하는 바닷물, 강물 등은 태양열을 흡수하여 수증기가 되어 대기 중에 확산되었다가 응축되고 모여서 구름이나 안개가 되고 다시 비 · 눈 · 우박 등이 되어 지표면에 내린 다음 모여서 하천이 되어 바다로 흘러간다. 이것을 물의 순환이라고 한다.

⑧ 물이 순환되면서 흙이나 바위를 멀리 운반한다.

큰 비가 내려 강이 범람하고 산을 깎고 깊은 골짜기를 만들면서 흙이나 바위를 멀리 운반시킨다. 또한 단단한 바위를 침식시킨다.

⑨ 물은 기계를 움직이게도 한다.

물을 끓여 증기로 만들거나 수력발전으로 전기를 만들어 기차나 기계를 움직이게도 한다.

11) 흙

흙은 토양(土壤)이라고도 하며 땅을 구성하는 물질이다. 흙은 오랜 기간 침식과 풍화를 거쳐 바위가 부스러져 생긴 무기물 가루와 동식물의 유해에서 생긴 유기물이 섞여 이루어진 물질이다.

(1) 흙의 종류 및 사용

흙의 구성 물질은 그 크기에 따라 구분되어 자갈, 모래, 진흙으로 나뉘며 성분에 따라 여러 종류로도 나뉜다.

① 양토

모래와 진흙이 적당한 비율로 섞여 있는 흙으로 논흙이나 밭흙으로 가장 적당한 흙이다.

② 진흙

찰흙이 70% 이상 함유된 찰지고 단단한 흙이다. 물이 잘 빠지지 않고 딱딱하게 굳어져 통기성이 나빠서 식물이 잘 자라지 않는다.

③ 황토

빨간색의 찰흙을 말하며 철분이 많고 비료분이 전혀 없으며 찰진 것이 특징이다.

④ 개흙

물속에 오랫동안 가라앉은 흙을 말하며 그 입자가 작아서 물이 잘 빠지지 않는다.

⑤ 부엽토

낙엽이 쌓여서 부식된 것을 말하며 유기질 거름분이 많고 부드럽고 가볍다.

⑥ 배양토

토양의 성분을 개량하기 위하여 여러 종류의 흙을 섞어서 만든 것으로 화분이나 꽃밭에 사용한다.

(2) 흙으로 만든 사물

도자기, 흙벽돌, 흙집, 머드화장품, 타일, 화분 가꾸기, 찰흙, 황토방, 모래성

(3) 흙의 특성

① 흙은 농작물 재배의 기본 수단이다.

흙 속에는 공기와 물이 함께 존재한다. 흙은 식물이 뿌리를 내리고 양분과 수분을 흡수하여 생장할 수 있게 해 준다.

② 흙은 산림녹화의 기본적인 요소이다.

삼림을 이용하여 사람들은 휴양과 오락지를 개발한다.

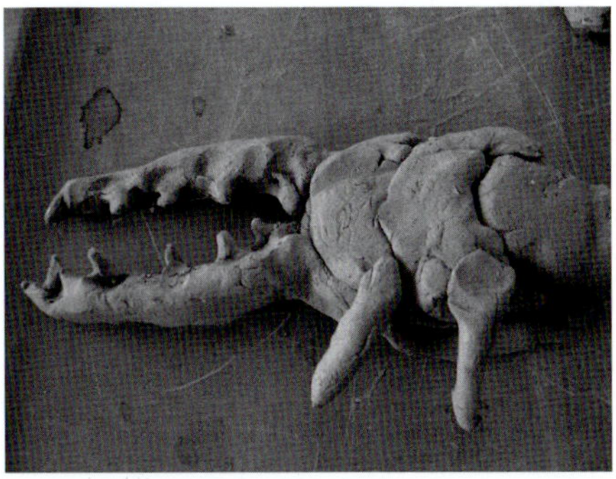

③ 흙은 건물, 고속도로 등의 건설에 필요한 요소이다.

④ 흙은 생명현상의 근원이 된다.

지표상에 존재하는 모든 생물들의 근본적인 토대가 된다. 인간의 의 ·식 ·주 생활에 필수적이다.

12) 가죽

돼지, 송아지, 양, 악어, 도마뱀, 상어 또는 염소 등의 동물 가죽을 매만져서 부드럽게 만든 것이다.

(1) 가죽의 종류 및 사용

가죽으로 구두장이는 신을 만들고 마구 제조업자는 고삐, 마구, 안장 등을 만든다. 장갑 제조업자는 가죽 장갑을 만들고 책 제본업자는 아름다운 책을 덮는 가죽 표지를 만든다.

(2) 가죽소재로 만든 사물

의복, 장화, 가방, 지갑, 책 표지, 말안장, 말발굽, 마구

(3) 가죽의 특성

- 가죽은 질기나 단단하지 않고 방수가 된다.
- 가죽은 숨을 쉰다.
- 가죽은 다른 색깔로 염색할 수 있다.

Chapter 4

자연물을 이용한 통합적 교육과정

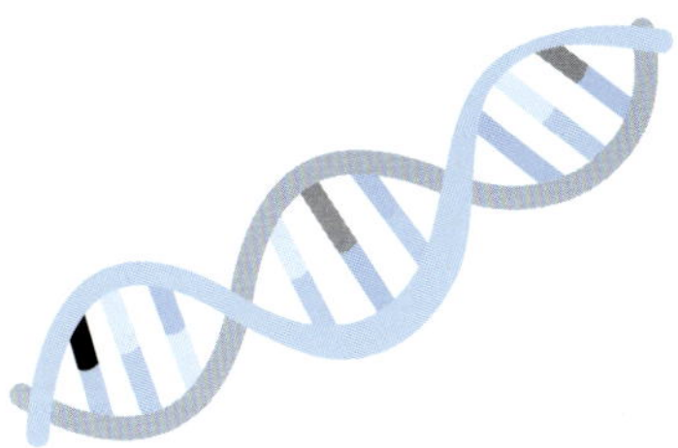

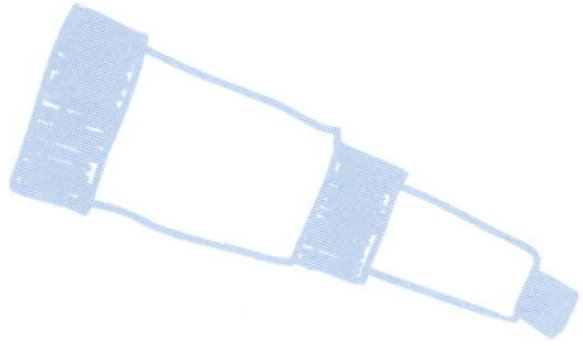

1. 자연물 소재중심의 물리적 지식활동을 통한 통합적 접근방법
2. ‘빨대’를 사용한 통합적 접근방법의 사례
3. ‘씨앗’을 사용한 통합적 접근방법의 사례

1. 자연물 소재중심의 물리적 지식활동을 통한 통합적 접근방법

한 주제를 중심으로 여러 교과영역을 통합적으로 계획하여 교육하는 통합적 접근법은 모든 교과영역이 균형을 이루는 교과과정을 구성할 수 있으며 주제와 개념을 교과별이 아닌 영역별 활동에 따라 다루어 주어 유아들이 흥미를 갖고 자연스럽게 학습할 수 있다. 사물을 가지고 움직임과 변화를 관찰하는 활동을 통해 지식을 구성해 가는 물리적 지식활동은 물리적 지식만을 다루는 것이 아니라 요리, 미술, 음악, 게임 등 다양한 영역에서 다룰 수 있기에 논리-수학적 지식을 구성하는 데 도움을 주며 활동에 따라 사회적 지식을 함께 구성하여 모든 발달의 양상을 통합시킬 수 있다.

유아 주변의 모든 사물은 물질로 이루어져 있기에 돌, 나무, 물, 씨앗, 흙 등과 같은 자연물 그 자체가 탐구의 대상이 된다. 유아들은 탐색하려는 욕구가 강하기 때문에 주변에서 쉽게 접할 수 있는 사물로 활동한다면 유아 주도적인 자발적 참여가 이루어질 수 있다. 유아들은 구체적인 사물을 갖고 자신이 직접 경험한 활동에 대해 특별한 관심을 갖기 때문에 지식 형성과 사고의 기초를 이루므로, 우리 주변에서 쉽게 접할 수 있는 자연물 소재의 활용은 매우 효과적이다. 소재를 중심으로 다양한 영역에서 물리적 지식활동을 통한 통합된 접근방법으로 활동할 때 폭넓은 지식을 구성하고 이것을 바탕으로 실제 생활의 문제해결 능력을 키우게 될 것이다.

사물의 다양한 속성과 특성 등에 대한 지식의 구성을 위해 자연물 소재를 중심으로 요리활동, 미술 활동, 게임활동, 과학활동, 음악 활동, 수학활동, 언어활동 등 여러 영역과의 통합된 접근방법으로 계획하고 실행할 수 있다(그림 2). 다음 절에서 각각 '빨대'와 '씨앗' 중심의 물리적 지식활동을 통한 통합적 교육방법을 제시하고 있다.

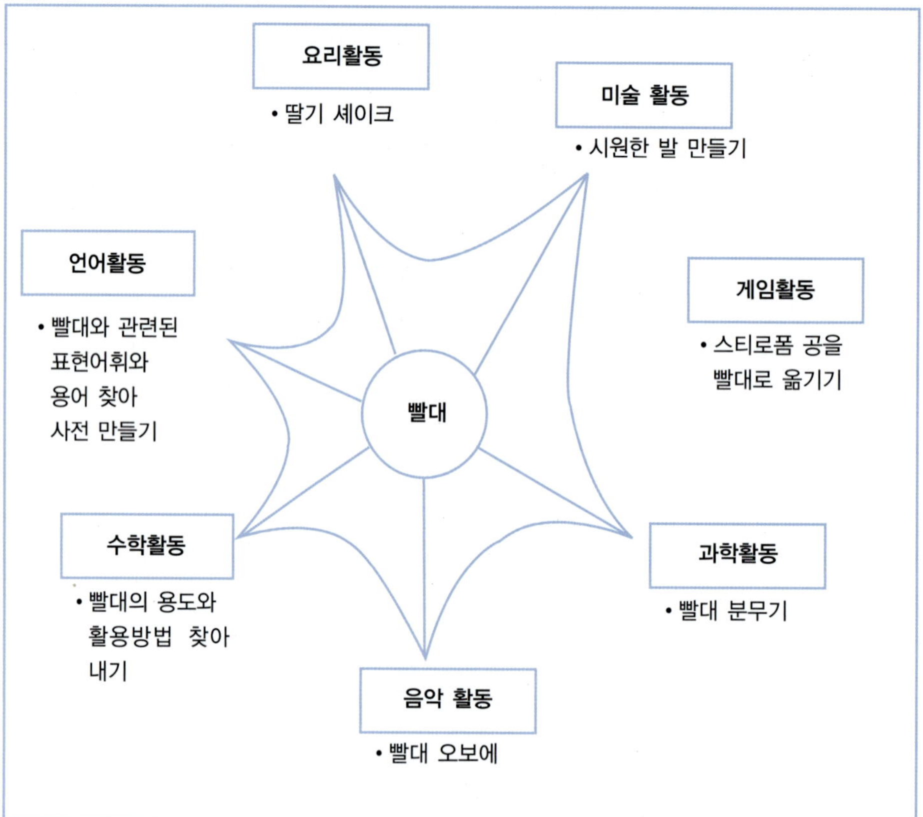

[그림 2] 소재 '빨대'를 사용한 통합적 교육계획안

2. '빨대'를 사용한 통합적 접근방법의 사례

1) 요리활동

활 동 명 딸기 셰이크

활동목표 ① 거품 형성과정을 알아본다.

② 압력(힘)의 차이를 빨대로 느껴본다.

활동과정

① 딸기를 조심스럽게 다루면서 깨끗이 씻는다.

② 딸기를 체에 받쳐 물기를 뺀다.

③ 꼭지를 따고 큰 것은 반으로 자른다.
④ 믹서에 준비한 딸기와 약간의 우유를 넣고 건더기가 전혀 없게 잘 간다.
⑤ 나머지 우유를 마저 넣고 부드러운 거품이 생길 때까지 잘 섞어준다.
⑥ 설탕을 넣어 맛을 낸다.
⑦ 생크림은 거품기를 사용하여 거품을 낸다.
⑧ 거품이 충분히 나면 설탕 1큰술을 넣고 섞어준다.
⑨ 예쁜 유리잔에 셰이크를 담고 생크림을 위에 얹는다.
⑩ 빨대를 꽂아 장식한다.

물리적 지식

- 우유를 빠른 속도로 저어주면 거품이 생긴다.
- 셰이크의 양이 많으면 유리컵 밑바닥에 가해지는 압력이 커진다.
- 셰이크가 많으면 압력이 세져, 빨대 안으로 많은 양의 셰이크를 밀어 올려 보내 주므로 쉽게 올라온다.
- 믹서를 사용하여 물질의 겉모습이 바뀔 수 있음을 알게 된다.
- 분홍색의 딸기즙과 흰 우유가 섞이면 연분홍색의 딸기 셰이크가 만들어진다.
- 딸기의 모양을 관찰할 수 있다.

2) 미술 활동

활 동 명 시원한 발 만들기

활동목표 ① 구멍이 있는 물질들(마카로니, 빨대 등)을 실로 연결할 수 있다.
② 연결된 모양을 이용하여 발을 만들 수 있다.

활동과정

① 마카로니나 밀짚 혹은 빨대를 적절한 크기와 길이로 잘라놓는다.
② 일정한 패턴에 따라 연결하는 순서를 정한다.
③ 실을 이용하여 연결한다.

④ 연결한 발은 길이를 동일하게 하거나 혹은 길게 하거나 짧게 하여 규칙적인 모양으로 연결할 수 있다.
⑤ 특이하게 모양을 만들 수 있다.
⑥ 발의 사용 목적이 어떻게 다양할 수 있는지 이야기해 본다.

물리적 지식

- 다양한 질감의 재료를 활용하여 여러 가지 모양의 물건을 만들 수 있다.
- 물질의 촉감과 가위로 자를 때의 질긴 정도 등 물질의 특성을 알게 된다.
- 밀짚으로 만든 발이 플라스틱으로 만든 발보다 시원함을 경험할 수 있다.
- 좌우 빨대의 개수나 크기를 조정하여 발의 균형을 맞춘다.
- 발의 공간 사이로 바람이 통하여 시원함을 느끼게 하며 발의 용도를 알게 된다.

3) 게임활동

활 동 명 스티로폼 공을 빨대로 옮기기

활동목표 공기를 빨아들이면 힘이 된다는 것을 알 수 있다.

활동과정

① 한 상자에는 스티로폼 공을 각각 10개씩 넣고 다른 상자 하나는 옆에 놓는다.
② 각 팀의 선두주자가 빨대를 가지고 출발선에 선다.
③ 신호에 따라 스티로폼 공이 들어 있는 상자로 달려가 스티로폼 공에 빨대를 대고 입으로 공기를 빨아들여 빨대에 공을 붙인다.
④ 공에 손을 대지 않고 빨대에 붙은 공을 옆의 빈 상자로 옮긴 후 다시 출발선으로 되돌아온다.
⑤ 계속해서 다음 유아도 같은 방법으로 스티로폼 공을 옮긴다.
⑥ 마지막 유아까지 같은 방법으로 계속했을 때 먼저 들어온 유아의 팀이 이기게 된다.

물리적 지식

- 빨대로 공기를 빨아들이면 사물을 움직일 수 있는 힘이 된다.
- 공기는 무색, 무취이나 바람이 되어 느낄 수 있다.

4) 과학활동

활 동 명 빨대 분무기

활동목표 안개는 작은 물방울로 이루어져 있음을 알 수 있다.

활동과정

① 컵에 물을 담아 놓는다.
② 빨대 중간을 칼로 반쯤 잘라 90도 각도로 꺾어준다.
③ 빨대는 바닥에 닿지 않도록 컵에 수직으로 담근다.
④ 꺾인 빨대의 수평으로 있는 빨대를 힘차게 불어본다.
⑤ 90도로 꺾인 부분에서 물이 어떻게 될지 관찰해 본다.
⑥ 빨대 분무기를 밖으로 들고 나가 해를 등지고 불어본다.
⑦ 안개와 함께 무엇이 보이는지 이야기해 본다.

물리적 지식

- 입김을 세게 불면 공기의 흐름이 빨라져 저기압이 되고 그밖의 지역은 상대적으로 고기압이 된다.
  베르누이의 원리 : 기체나 액체의 속력이 높을수록 압력이 낮아진다.
- 햇빛은 빨주노초파남보의 무지갯빛이 모여 무색 투명하게 보이는 것이다.
- 분무기의 물방울은 햇빛을 일곱 가지 색으로 분리하는 프리즘 같은 역할을 한다.

5) 음악 활동

활 동 명 빨대 오보에

활동목표 ① 빨대를 가지고 오보에 악기를 만들어보고 소리 만들기를 시도해 본다.
② 공기를 내뱉으면 힘이 된다는 것을 알 수 있다.
③ 빨대의 길이에 따라서 소리가 다름을 알 수 있다.

활동과정

① 빨대 한쪽 끝을 납작하게 한다.
② 납작하게 한 부분의 윗면을 1.5cm 정도 잘라낸다.
③ 빨대 오보에를 연주하기 위해 입안에 빨대 끝을 아랫입술에 대고 아주 세게 분다.
④ 빨대를 점점 짧게 자르면서 불어본다.
⑤ 길이가 다른 빨대 오보에를 연주할 때에 나는 서로 다른 소리에 대해 이야기를 나눈다.

물리적 지식

- 공기를 내뱉으면 소리가 힘이 된다.
- 빨대 사이로 공기가 지날 때 소리를 만들어낸다.
- 빨대의 길이에 따라 서로 다른 소리를 만들어낸다.

6) 수학활동

활 동 명 빨대의 용도와 활용방법 찾아내기

활동목표 빨대의 용도를 이해하고 창의적으로 활용할 수 있다.

활동과정

① 다양한 굵기와 투명하지만 색깔이 다른 빨대나 호스를 준비한 후 어떤 활동을 할 수 있을지 유아들의 생각을 자극한다.

② 빨대나 호스를 적당한 크기로 자른 후 서로 연결할 수 있는 방법을 고안하도록 격려한다.

③ 빨대나 호스를 이용하여 어떤 모양을 만들 수 있는지 생각해 보도록 격려한다.

물리적 지식

- 빨대를 통과할 수 있는 물질에 대해 안다.
- 빨대를 통과할 수 있는 바람의 힘은 액체나 가루를 옮길 수 있다.
- 빨대는 굵기가 다른 경우 서로 조립하여 연결시킬 수 있다.

7) 언어활동

활 동 명 빨대와 관련된 표현어휘와 용어 찾아 사전 만들기

활동목표 빨대를 활용하며 사용할 수 있는 어휘를 발견하고 의미에 맞게 사용할 수 있다.

활동과정

① 빨대를 사용할 때 사용하는 용어를 생각해 본다.

② 빨아들인다, 통과한다, 분다, 흐트러뜨린다 등의 단어를 사용하여 과학적, 수학적 어휘로 표현해 본다.

③ 길다, 가늘다, 굵다, 빠르게, 천천히 등의 어휘사전을 만든다.

④ 색이나 모양에 따라 분류해 본다.

⑤ 우리 주변에서 빨대와 유사한 일을 할 수 있는 사물을 찾아서 이름을 알아본다.

물리적 지식

- 빨대를 통과하는 물질은 빨거나 부는 힘에 따라 속도가 달라진다.

3. '씨앗'을 사용한 통합적 접근방법의 사례

1) 요리활동

활 동 명 삼색콩 조림

활동목표 ① 마른 콩을 물에 불리면 그 크기가 커지는 것을 알 수 있다.
② 불은 콩을 간장에 졸이면 크기가 다시 작아지는 것을 알 수 있다.

활동과정

① 강낭콩, 흰콩을 각각 깨끗이 씻어 2~3배의 물을 부어 하룻밤 정도 불린 후 체에 건져 놓는다.
② 완두도 씻어 건져 놓는다.
③ 토마토는 깨끗이 씻어 꼭지를 떼고 밤알 크기 정도로 썬다.
④ 양파도 손질하여 콩과 같은 크기로 썬다.
⑤ 냄비에 강낭콩, 흰콩, 완두콩을 담고 물이 잠기도록 넉넉히 부은 후 설탕을 넣어 끓인다.
⑥ 물이 반으로 줄고 콩이 대강 익었을 때 준비된 토마토와 양파를 넣고 소금으로 간하여 콩이 완전히 익을 때까지 약한 불에서 서서히 졸인다.

물리적 지식

- 강낭콩, 흰콩이 물을 흡수하여 점점 그 크기가 커지는 과정(모세관 현상)을 살펴본다.
- 크기가 커진 콩이 설탕과 간장을 넣고 졸이면 수분이 빠지면서 다시 크기가 변하는 삼투현상을 관찰하게 된다.

2) 미술 활동

활 동 명 씨앗 모자이크

활동목표 ① 씨앗을 사용하여 다양한 모양을 만드는 구성활동을 할 수 있다.
② 씨앗의 모양, 크기, 색 등이 다양함을 알 수 있다.

활동과정

① 먼저 두꺼운 도화지 위에 만들고 싶은 형태를 그리거나 혹은 그냥 마음 속으로 생각한 형태대로 씨앗을 풀로 붙인다.
② 붙인 씨앗에 연결하여 그리고 싶은 그림이나 모양을 크레용이나 물감으로 그린다.
③ 잘 말린 후 씨앗의 자연스러운 색을 그대로 사용하거나 씨앗에 색칠을 한다.
④ 만들어진 작품을 보고 유아들과 함께 감상하고 느낌을 이야기해 본다.

물리적 지식

- 대부분의 식물은 가을에 씨앗이 열리는 것을 알게 된다.
- 다양한 씨앗의 모양, 크기, 색 등의 특성을 비교할 수 있다.
- 잘 붙지 않는 씨앗과 잘 붙는 씨앗이 있음을 알게 된다.

3) 게임활동

활 동 명 눈 가리고 씨앗 이름 알아맞히기

활동목표 눈을 가린 채 촉각을 통해 씨앗을 구분할 수 있다.

활동과정

① 상자 안에 준비한 씨앗들을 넣고 검은 천으로 덮어 놓는다.
② 유아는 눈가리개로 눈을 가린다.
③ 상자의 검은 천 속으로 손을 넣고 씨앗을 꺼낸 후 이름을 알아맞힌다.
④ 알아맞힌 유아의 팀은 스티커를 얻게 된다.

⑤ 모둠 판에 스티커를 붙이고 스티커를 많이 붙인 팀이 이기게 된다.

물리적 지식

- 씨앗의 크기, 모양, 감촉 등이 다름을 알게 된다.
- 씨앗의 특징에 따라 촉각으로 씨앗을 구분할 수 있다.

4) 과학활동

활 동 명 소리 병

활동목표 씨앗의 종류에 따라 소리가 다르다는 것을 알 수 있다.

활동과정

① 12개의 필름 통을 준비하고 2개의 필름 통에 쌀, 2개의 필름 통에 콩, 2개의 필름 통에 옥수수 등 각각의 씨앗을 2개의 필름 통에 1/5 정도 넣어 준비한다.
② 필름 통의 겉면에 아라비아 숫자를 써서 붙인다.
③ 씨앗의 이름이 적힌 스티커를 필름 통 바닥에 붙인다.
④ 유아들이 선택한 번호의 필름 통을 흔들어 보고 소리를 익힌다.
⑤ 어떤 씨앗의 소리인지 이름을 확인해 본다.
⑥ 필름 통을 섞어 놓은 후 하나를 선택하여 소리를 들어본다.
⑦ 다른 필름 통을 흔들어서 같은 소리가 나는 필름 통을 찾아 짝을 이루어 본다.
⑧ 소리의 짝을 찾지 못한 다른 필름 통으로 활동을 계속한다.

물리적 지식

- 씨앗의 종류에 따라 부딪쳐 나는 소리가 다르다.
- 필름 통 속에 들어 있는 씨앗의 특징과 이름을 알게 된다.
- 소리를 듣는 기관이 귀임을 알게 된다.

5) 음악 활동

활 동 명 호두 딱딱이

활동목표 ① 호두를 이용하여 악기를 만든다.

② 호두의 크기에 따라 소리의 높낮이가 다르다는 것을 알 수 있다.

활동과정

① 엄지, 중지 손가락에 맞는 고무줄을 호두 끝에 접착제로 붙여 말린다.

② 호두 딱딱이를 엄지, 중지 손가락에 끼우고 호두끼리 부딪쳐 '딱, 딱' 소리를 낸다.

③ 호두 딱딱이로 강하고 약하게, 길고 짧게 다양한 변화를 주며 소리를 탐색한다.

④ 다른 소재로 만든 딱딱이와의 차이에 대해 생각해 본다.

물리적 지식

- 호두가 작을수록 높은 소리가 나고 클수록 낮은 소리가 난다.

6) 수학활동

활 동 명 씨앗을 활용한 활동

활동목표 ① 씨앗은 여러 가지 형태로 된 껍질 속에서 나온다.

② 씨앗을 사용하여 다양한 모양을 만들어 구성할 수 있다.

활동과정

① 각각의 투명 플라스틱 통속에 씨앗을 종류에 따라 분류하여 넣은 것을 보고 자유롭게 씨앗에 대하여 모양과 크기 및 색깔 등을 이야기해 본다.

② 가장 큰 씨앗의 순서대로 통을 놓아보게 한다.

③ 가장 작은 씨앗의 순서대로 놓아본다.

④ 씨앗의 모양으로 원래의 과일이나 곡식을 추측해 보게 한 다음 그 차이점을 이야기해 본다.

⑤ 씨앗과 원래의 과일이나 껍질들을 놓아보고 서로 짝짓기를 해 본다.
⑥ 같은 크기의 용기에 담은 씨앗의 무게를 달아 비교해 보게 한 다음 가장 가벼운 것부터 무거운 것의 순서대로 놓아본다.
⑦ 크기가 같은 작은 용기에 들어갈 수 있는 각 종류의 씨앗 수를 세어보게 한다.

물리적 지식

- 다양한 씨앗의 모양과 크기 및 색의 특성에 따라 분류할 수 있다.
- 크기와 무게는 다를 수 있다.
- 같은 부피의 씨앗이라도 그 무게는 다르다.

7) 언어활동

활 동 명 『꽃씨나라 난쟁이의 선물』을 읽고 씨앗과 꽃 이름 짝짓기

활동목표 식물의 이름, 꽃 모양, 씨앗을 짝지을 수 있다.

활동과정

① 유아들에게 『꽃씨나라 난쟁이의 선물』 책을 읽어준다.
② 가을에 모아둔 꽃씨 또는 책에 나오는 씨앗과 꽃의 그림을 준비해 두었다가 책을 읽을 때 함께 소개한다.
③ 준비한 여러 장의 사진은 오리고 실물의 씨앗은 카드 종이에 붙인다.
④ A4 흰 종이에 식물의 이름을 쓰고 해당되는 씨앗과 꽃의 사진 또는 그림 카드를 붙여 완성한다.
⑤ 꽃이 피는 식물의 성장과정 그림 카드를 융판에 붙이며 이야기를 나눈다.
⑥ '씨앗' 노래를 부르며 마무리한다.

물리적 지식

- 봄이 되면 꽃이 핀다는 것을 알게 된다.
- 씨앗에서부터 꽃이 피기까지 식물의 성장과정을 알게 된다.
- 식물에 따라 씨앗의 모양과 꽃이 다름을 알게 된다.

Chapter 5

자연물 소재를 중심으로 한 과학활동의 실제

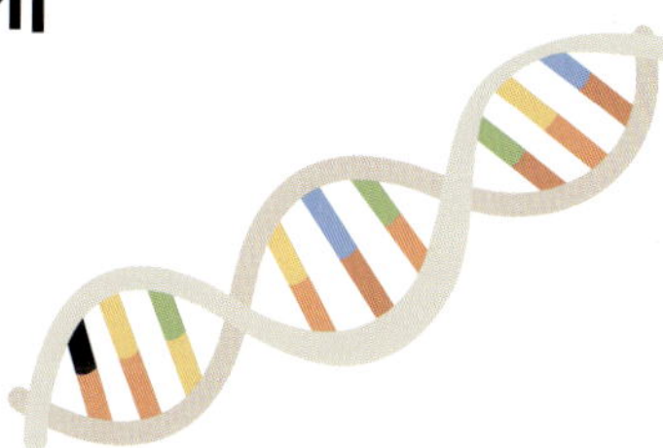

1. 나무
2. 금속
3. 돌
4. 고무
5. 플라스틱
6. 유리
7. 종이
8. 씨앗
9. 나뭇잎
10. 물
11. 흙

1. 나무

높이 쌓기 놀이

활동목표 ① 나무의 질감과 성질을 알게 된다.
② 균형을 이루도록 나뭇조각을 쌓을 수 있다.

대상연령 만 4~5세

준 비 물 다양한 모양과 크기의 나무블록

물리적 지식

① 나무의 질감을 알게 된다.
② 나무는 쉽게 깨지지 않음을 알게 된다.
③ 나뭇조각으로 균형을 이루도록 쌓을 수 있다.

활동방법

① 나무블록으로 무엇을 할 수 있을지 이야기를 나누고 나무블록의 모양, 성질 등에 대해 탐색한다.
② 블록을 세우는 방법에 대해 이야기한다.
③ 유아들이 자유롭게 모양을 만들며 나무블록을 높이 쌓도록 10분 동안 시간을 준다.
④ 유아들이 만든 높은 탑 모양에 이름을 붙인다.
⑤ 조각 1개를 빼낼 때 어떻게 될지 이야기를 나눈 후 조각 1개를 빼내 본다.
⑥ 나무블록 대신 높이 쌓아 올릴 수 있는 것이 무엇인지에 대해서도 이야기를 나눈다.

상호작용

나무블록을 쌓고 있는 사진을 보고 블록의 모양에 대해 이야기 나눈다.

교사 : 아빠와 친구가 무엇을 하고 있니?

① '높이 쌓기 놀이' 준비물

② 블록의 모양과 쌓을 높이에 대해 알아보기

유아 : 쌓기 놀이를 하고 있어요.

교사 : 선생님이 준비한 블록이 있는데, 이건 어떤 블록이니?

유아 : 나무블록이요.

교사 : 나무블록의 모양이 어떤 모양이니?

유아 : 동그란 모양…

교사 : 이 블록은 어떤 모양이니?

유아 : 네모예요. 꼭 문 같아요.

교사 : 이건 어떤 모양이니?

유아 : 동그란 모양이에요.

교사 : 이 블록들을 어떻게 세우면 무너지지 않고 높이 쌓을 수 있을까?

유아 : 하나하나 천천히 쌓아요.

약속을 정하고 10분 동안 자유롭게 블록을 높이 쌓아본다.

교사 : 그러면 지금부터 너희들이 블록을 높이 쌓을 수 있게 시간을 10분 줄 거야.

그런데 이 놀이를 할 때 우리는 어떤 약속을 해야 할까?

유아 : 친구가 쌓고 있는 블록을 가져가서 쌓지 않아요.

교사 : 그리고~~

유아 : 친구가 속상하게 한다고 블록으로 친구를 때리지 않아요.

교사 : 그래 맞아, 놀잇감으로 친구를 때리면 안 되겠지!

③ 블록을 높이 쌓기

④ 블록의 모양을 관찰하며 높이 쌓기

너희들이 정한 약속을 잘 기억하면서 10분 동안 블록을 높이 쌓아보자!

유아 : 네.

교사 : 이건 뭐라고 생각하고 쌓았니?

유아 : 빌딩이요.~~

교사 : 이건 뭐니?

유아 : 집이예요.

교사 : 너희들이 만든 블록에 이름을 붙여보았는데, 높이 쌓은 이 블록 중 1개를 뺀다면 어떻게 될까?

유아 : 무너지지 않아요.

교사 : 무너지지 않는다고 생각한 친구는 어떻게 하면 1개를 빼고도 무너지지 않을까?

유아 : 여기 가운데 있는 것만 뺐어요.

교사 : 그러면 무너지지 않을까?

교사 : 그럼, 너희들이 쌓아놓은 블록 중에서 1개만 직접 빼보렴. 어떻게 되었니?

유아 : 안 무너졌는데.

교사 : 가장 위의 것을 빼지 말고 가운데 있는 것을 1개만 빼보자. 어떻게 되었니?

유아 : 제건 무너져버렸어요.

교사 : 무너진 친구는 어디에 있는 블록을 뺐니?

유아 : 제일 끝에 있는 이걸 뺐는데 무너졌어요.

교사 : 그래, 너희들이 높이 쌓은 나무블록들이 왜 무너지는 걸까?

유아 : 하나를 빼서요.

교사 : 하나를 빼면 높이 쌓은 블록이 어떻게 되었니?

유아 : 한쪽으로 무너져버려요.

교사 : 그렇구나. ◇◇것의 블록도 어느 한쪽으로 기울거나 치우쳤니?

유아 : 네, 기울어져서 무너졌어요.

교사 : 이렇게 어느 한쪽으로 기울거나 치우진 상태를 균형이 맞지 않는다고 한단다.
◇◇것은 기울어졌으니 뭐라고 얘기해야 하니?

유아 : 균형이 맞지 않다고요.

교사 : 그래, 균형이 맞지 않아서 한쪽으로 기울어졌구나.

높이 쌓기 놀이한 것에 대해 평가한다.

교사 : 어때 블록을 높이 쌓아보는 놀이가 재미있었니?

유아 : 네. 무너지는 것도 재미있었어요.

교사 : 그랬구나. 무너진 블록은 왜 무너졌는데?

유아 : 블록 1개를 빼서 한쪽으로 기울어져서요.

교사 : 그래, 블록 1개를 빼니 균형이 맞지 않아서 무너져버렸지!

유아 : 네. 무너졌어요.

교사 : 다음에는 균형을 맞추어 더 높은 탑을 만들어보도록 하자.

활동 후 평가

- 유아들이 나무블록을 더 높이 쌓으려 할수록 블록이 무너지므로 간격을 두고 활동을 진행해야 할 것 같다.
- 이 활동을 전개할 때 앉은 키 이상으로 쌓지 않는다는 것을 한번 더 강조한다.

고요한 빨래집게

활동목표 빨래집게가 주는 소리의 변화를 알아본다.

대상연령 만 4세

준 비 물 큰 고무줄, 빈 깡통 2개, 골판지(2.5cm×2.5cm), 빨래집게

물리적 지식

① 물체의 마찰은 소리를 만든다.

② 소리는 진동으로 만들어진다.

③ 빨래집게의 무게는 마분지의 떨림을 제한시킨다.

활동방법

① 재료를 탐색하며 어떤 소리를 만들어 낼 수 있을지에 대해서 이야기를 나눈다.

② 고무줄을 캔의 위에서 아래로 팽팽하게 끼운다.

③ 고무줄 아래에 골판지를 뚜껑과 90° 되는 각도로 놓는다.

④ 고무줄을 튕기면서 만들어지는 소리를 들어본다.

⑤ 빨래집게로 마분지를 집는다.

⑥ 고무줄을 튕기면서 어떻게 소리가 달라지는가에 대해 이야기를 나눈다.

⑦ 빨래집게가 소리에 주는 영향에 대해 이야기를 나눈다.

상호작용

재료를 탐색하며 재료들을 사용하여 어떤 소리를 만들어낼 수 있을지 생각해 본다.

교사 : 선생님 앞에 여러 가지 물건들이 있는데, 이 물건들을 본적 있나요?

유아 : 엄마가 옷을 널 때 빨래집게를 사용해요. 음료수를 먹고 분리수거를 한 적이 있어요.

교사 : 그래요, 선생님 앞에 놓여 있는 물건들은 우리가 집이나 어린이집에서 자주 볼 수 있는 것들이에요. 그럼 이제 앞으로 나와서 물건들을 한번 살펴보도록 할까요!

① 물체의 마찰 만들어보기

② 마찰을 만들고 소리 탐색하기

유아 : 네. 〈앞으로 나와 만져본다〉

교사 : 어떤 소리가 들리나요?

유아 : 아무 소리도 들리지 않아요.

교사 : 그럼, 이 물건들에서 어떻게 하면 소리가 나게 할 수 있을까요?

유아 : 두드려 봐요. 찢어 봐요.

교사 : 그래요, 소리가 나게 할 수 있는 방법들은 여러 가지가 있군요.

물체의 마찰을 만들어보고 마찰을 통해 만들어지는 소리를 탐색해 본다.

교사 : 깡통과 고무줄을 어떻게 하면 소리를 만들어 낼 수 있을까요?

유아 : 깡통은 두드려 보는데, 고무줄은 잘 모르겠어요.

교사 : 고무줄은 어떻게 하면 소리가 날까요?

유아 : 당겼다가 놓으면 소리가 나요.

교사 : 선생님은 고무줄로 깡통을 두드려도 소리가 날 것 같아요.
한번 ◎◎가 해 볼까요?

유아 : 네. 〈깡통을 세워두고 깡통을 향해 고무줄을 당겼다 놓아 깡통을 쓰러뜨린다〉

교사 : 어떤가요?

유아 : 재미있어요. 근데 좀 어렵고 힘들어요.

교사 : 그럼, 어떻게 하면 좀 더 쉽게 소리를 낼 수 있을까요?

유아 : 깡통에 고무줄을 끼워 봐요.

③ 소리의 진동을 느껴보기

④ 종이를 빨래집게로 집기

교사 : 그래요, 깡통에 고무줄을 끼워서 당겨도 소리가 날 수 있겠네요.

유아 : 네! 〈고무줄을 깡통 위에 씌워 튕겨본다〉

교사 : 어떤가요?

유아 : 소리가 나요. 아까보다 잘돼요. 그런데 고무줄을 움직이는 건 힘들어요.

교사 : 그럼, 어떻게 하면 좀 더 쉽게 소리를 낼 수 있을까?

유아 : 테이프로 이렇게 길~게 붙여요.

교사 : 그럼, 한번 만들어봐요.

유아 : 네. 〈교사와 함께 만들어본다〉

교사 : 다 만들었어요. 이제 당겨볼까요?

유아 : 네. 〈당긴다〉

교사 : 어떤 소리가 날까요?

유아 : '퉁' 하는 소리가 날 것 같아요.

교사 : 어떤 소리가 나는지 소리를 들어보세요.

유아 : 〈고무줄을 놓는다〉 '통' 소리가 나요.

소리의 진동을 느껴보고 빨래집게가 소리에 주는 영향을 알아본다.

교사 : 고무줄과 깡통이 만나 소리가 났던 것처럼 모든 소리는 물건들이 서로 부딪칠 때 만들어져요.

유아 : 아~

교사 : 깡통에 끼운 고무줄 밑에 종이를 붙이면 물건들이 부딪칠 때에 나는 소

⑤ 소리의 변화 탐색하기

⑥ 느낀 점 이야기 나누기

리를 만져볼 수 있어요.

유아 : 빨리 해 보고 싶어요!

교사 : 먼저 깡통에 끼워진 고무줄 아래에 종이를 넣어 세워보세요.

유아 : 네! 〈교사와 함께 만든다〉

교사 : 그럼, 소리를 만들어볼 친구와 소리를 들어볼 친구 이렇게 두 명의 친구가 필요해요. ㅇㅇ와 ★★가 나와서 한번 해 보도록 해요.

유아 : 〈한 명의 유아는 고무줄을 튕겨 소리를 만들어보고 다른 한 명의 유아는 종이에 손을 대고 소리를 느껴본다〉 선생님, 종이가 움직여요!

교사 : 종이에서 느껴지는 떨림이 소리를 만들어내는 거예요.

유아 : 〈계속해서 하며〉 재미있어요!

교사 : 그럼, 빨래집게가 종이를 집으면 어떻게 될까요?

유아 : 집게도 같이 떨릴 것 같아요.

교사 : 〈빨래집게로 종이를 집으며〉
종이에서 느껴지는 떨림이 어떻게 변하는지, 아니면 ㅇㅇ가 생각한 것처럼 집게도 같이 떨릴지 느껴보세요.

유아 : 종이가 안 움직여요!

교사 : 소리는 어떻게 나는 것 같은가요?

유아 : 소리도 안 나는 것 같아요.

교사 : 집게로 종이를 집으니 종이의 떨림과 캔의 소리가 함께 사라졌네요.

유아 : 네, 신기해요!

활동하면서 알게 된 점과 느낀 점에 대해 이야기를 나눈다.

교사 : 깡통과 고무줄로 소리를 만들어보고 종이를 통해서 소리가 주는 떨림을 느껴보았어요. 종이가 떨릴 때 느낌이 어땠나요?

유아 : 재미있었어요.

교사 : 어떻게 떨리는 것 같았나요?

유아 : 위아래로 떨렸어요.

교사 : 종이에서 나는 떨림은 우리가 깡통과 고무줄로 소리를 만들기 위한 것이었어요. 소리는 물건들이 서로 부딪칠 때 만들어지는데, 부딪칠 때 소리를 만드는 악기는 어떤 것이 있을까요?

유아 : 핸드벨이요. 마라카스요.

교사 : 핸드벨이나 마라카스도 물건과 물건이 부딪쳐서 만들어지는 소리네요. 그럼 빨래집게로 종이를 집었을 때에는 어떻게 되었나요?

유아 : 떨리지 않았어요. 소리도 안나요.

교사 : 왜 종이의 떨림과 소리가 함께 사라졌을까요?

유아 : 소리는 떨림으로 만들어지니까요!

교사 : 네, 떨리는 것과 소리가 함께 없어진 것을 보니 떨림과 소리가 함께 하는 것 같아요.

유아 : 네.

교사 : 그럼, 소리가 사라지게 하는 것은 무엇인지, 또 다른 소리들을 어떻게 사라지게 할 수 있을지 생각해 보도록 해요.

활동 후 평가

- 고무줄을 튕겨 내는 소리가 깡통과 고무줄이 만나 생기는 울림이라는 점은 쉽게 이해하였다.
- 고무줄이 쉽게 움직일 수 있게 고무줄을 깡통 윗부분에 고정시킬 자리를 양쪽으로 잡아주거나 홈이 파진 다른 물체를 사용하여 고무줄을 고정시킬 수 있도록 하면 유아들이 활동하기에 더 편하다.

2. 금속

부엌용품의 용도 구별하고 짝짓기

활동목표 부엌용품의 종류와 용도를 알 수 있다.

대상연령 만 4세

준 비 물 크고 작은 숟가락, 냄비뚜껑, 냄비, 젓가락 혹은 포크, 패턴그림 카드

물리적 지식

① 냄비 뚜껑과 맞는 냄비의 짝을 찾아낼 수 있다.

② 냄비와 젓가락은 서로 부딪히면서 소리를 다양하게 만들어낼 수 있다.

③ 냄비 부위에 따라 두드리는 숟가락에 따라 소리가 다르게 날 수 있다.

④ 부딪혀서 나는 소리는 두드리는 힘의 세기에 따라 소리의 강도가 다양하게 날 수 있다.

활동방법

① 먼저 냄비의 모양과 숟가락 및 냄비뚜껑의 모양과 용도에 대해 이야기한다.

② 사물을 담을 수 있는 부분과 집을 수 있는 부분 등에 대해 생각해 보게 한다.

③ 냄비의 크기가 다른 것과 담을 수 있는 내용물의 양에 대해 이야기해 본 다음 크기의 순서대로 넓고 편편한 공간 위에서 서열화 활동을 해 본다.

④ 냄비의 높이대로 혹은 수저의 크기대로 또는 포크의 크기대로 서열화 활동을 해 본다.

⑤ 패턴활동을 위해 각 부엌용품을 그림으로 그린 후 그림대로 부엌용품을 놓아본다.

⑥ 부엌용품의 모양을 단순화시킨 도형으로 찾아내는 활동을 게임처럼 해 본다.

⑦ 수학적 어휘를 사용하여 각각의 부엌용품을 표현해 보게 한다. 예를 들면, '이 냄비는 저 냄비보다 작다. 이 냄비의 높이는 더 높다 혹은 더 깊게 만들었다' 는 등의 표현을 해 보게 한다.

① 냄비와 냄비뚜껑 및 숟가락의 모양과 용도에 대해 이야기해 보기

② 수저의 크기대로 서열화 해 보기

⑧ 소리의 크기에 대해서도 표현해 보게 한다.

상호작용

유아들과 함께 냄비의 모양, 숟가락 및 냄비뚜껑의 모양과 용도에 대해 이야기한다.

교사 : 선생님이 무엇을 가져왔는지 보세요. 이것은 무엇이니?

유아 : 냄비요. 우리 집 부엌에 있어요.

유아 : 역할영역에 있는 냄비예요.

교사 : 그래, 냄비예요. 냄비는 무엇을 할 때 사용하는 것이죠?

유아 : 무엇을 넣어서 끓여요. 국 끓일 때 써요. 찌개요.

교사 : 그래요. 음식을 만들 때, 특히, 국이나 찌개를 끓일 때 사용하죠. 그럼 이것은 무엇일까요?

유아 : 뚜껑이요.

교사 : 그래요. 냄비뚜껑이에요. 뚜껑이 무슨 모양이지요?

유아 : 동그라미요.

교사 : 그래요. 모두 동그랗게 생겼지요. 그런데 뚜껑이 다 맞지가 않아요. 그럼 어떤 것이 맞는 뚜껑인지 찾아볼까요?

유아 : 〈뚜껑을 냄비에 덮어서 찾는다〉

③ 부엌용품을 그림으로 그린 후 그 그림대로 패턴에 맞추어 부엌용품을 놓아보기

④ 수학적 어휘를 사용하여 각각의 부엌용품을 표현해 보고 각 부엌용품들이 만들어 낼 수 있는 소리의 크기를 표현해 보기

교사 : 잘 찾았어요. 그럼 이번에는 선생님이 다른 것을 보여줄 거예요.
이것은 무엇이지요?

유아 : 숟가락이요.

교사 : 숟가락은 언제 사용하죠?

유아 : 밥 먹을 때요. 간식 먹을 때요. 아이스크림 먹을 때요.

교사 : 그래요. 우리가 음식을 먹을 때 사용해요. 그럼 우리가 어디를 잡고 사용하죠?

유아 : 여기, 손잡이요.

교사 : 그렇죠. 그럼, 냄비하고 숟가락 중 어디에 음식을 담고 어디를 잡을 수 있는지 볼까요?

유아 : 냄비 양쪽에 손잡이가 있어요.

교사 : 그럼 냄비 크기가 조금씩 다른데 크기가 다르면 안에 넣을 수 있는 음식량은 어떻게 달라질까?

유아 : 큰 것이 많아요.

교사 : 그럼 우리 바닥에다가 크기대로 놓아볼까요?
여기에 있는 숟가락이랑 포크도 같이 해 보아요.

교사 : 우리 다함께 볼까요? 보니까 정말 길이가 짧은 것에서 긴 순서대로 놓았

지요? 그럼 이 포크는 맨 뒤에 있는 포크보다 길이가 어떻다고 할 수 있죠?

유아 : 짧아요. 작아요.

교사 : 길이니까 '짧다' 라고 해야겠죠. 그럼 '이 포크는 맨 뒤에 있는 포크보다 짧다' 라고 이야기해 볼까요?

유아 : 이 포크는 맨 뒤에 있는 포크보다 짧다.

교사 : 〈맨 뒤에 있는 포크를 가리키며〉 그럼 반대로 이 포크는 어떨까요? 〈맨 앞에 있는 포크를 가리키며〉 이 포크보다 어떨까요?

유아 : 길어요.

교사 : 그럼 이번에는 이 냄비와 숟가락을 이용해서 소리를 내볼 거예요. 어떻게 하면 소리가 날까요?

유아 : 숟가락으로 두드려요.

교사 : 그럼 두드려볼까요? 어떤 소리가 나요?

유아 : 땡 소리가 나요.

교사 : 이번에는 좀 더 세게 두드려볼까요? 소리가 어떻게 다른 것 같아요?

유아 : 커요.

교사 : 그럼 이번에는 손잡이 부분을 두드려볼까요? 소리가 어때요?

유아 : 달라요.

교사 : 이번에는 숟가락을 반대로 잡고 두드려봐요. 소리가 어때요?

유아 : 어! 달라요.

교사 : 그럼 우리 다음에는 젓가락으로도 소리를 내보도록 해 봐요.

활동 후 평가

- 숟가락과 포크의 크기를 변별할 때 쟁반을 놓고 하였더니 작은 차이도 쉽게 구분할 수 있어 편했다.
- 활동이 소리와 관계되므로 활동하기 전에 다른 소음을 방지하기 위해 창문을 닫는 등의 사전 준비를 하는 것이 좋다.

다양한 병뚜껑으로 짝 찾기

활동목표 한 가지나 두 가지 이상의 속성에 따라 분류할 수 있다.

대상연령 만 5세

준 비 물 다양한 모양과 크기 및 색깔을 가지고 있는 병이나 용기 및 병뚜껑, 털실이나 끈으로 벤다이어그램을 할 수 있도록 준비한다.

물리적 지식

① 병뚜껑은 나선형 장치가 되어 있어서 돌려서 사용하는 것과 두드려서 사용하는 방법이 있다.

② 압축하여 병뚜껑을 만든 후 작은 손잡이를 돌려서 뚜껑과 본체를 분리할 수 있음을 안다.

③ 어떤 뚜껑은 병따개를 사용하여 병과 뚜껑을 분리할 수 있다.

활동방법

① 색깔, 모양, 크기가 다른 병뚜껑을 잘 살펴보고 어떤 병의 뚜껑인지 이야기해 본다.

② 한 가지 속성에 따라 서로 모아보도록 안내한다.

③ 두 가지 속성을 적용하여 분류해 보도록 안내한다.

④ 예를 들면, 크기가 크고 색이 같은 것을 찾아서 모아보도록 지도한다.

⑤ 여러 가지 방법으로 같은 속성끼리 모아볼 수 있도록 지도한다.

⑥ 벤다이어그램의 원 속에 넣어서 분류하고 복합분류도 해 본다.

⑦ 병의 본체와 뚜껑을 서로 짝지어보게 한다.

⑧ 같은 원리로 만든 뚜껑을 서로 찾아보도록 한다.

상호작용

그림의 문제상황을 해결할 수 있는 방법을 생각해 본다.

교사 : 〈융판에 그림을 붙이며〉

○○는 소풍을 가기 전날, 집에서 엄마와 함께 소풍갈 준비를 했어. 가방에 김밥, 과자, 음료수를 넣고 소풍을 갔어.

유아 : 와~ 재밌겠다. 나도 소풍갈 때 김밥 싸갔어요.

교사 : 그래, 드디어 점심시간이 되어서 김밥을 먹는 데 목이 막혔어. 그래서 음료수를 마시려고 하는 데 음료수의 뚜껑이 열리지 않는 거야. 왜 그럴까?

유아 : 뚜껑이 단단하게 잠겨 있어서요.

교사 : 그렇지만 아주 힘이 센 친구들이 도와줘도 열리지 않았는 걸.

유아 : 뚜껑을 어떻게 여는지 몰랐나 봐요.

교사 : 그래, ○○의 음료수 병뚜껑은 ○○와 친구들이 어떻게 열어야 하는지 모르고 있었는지도 모르겠다.

유아 : 네, 열기 어려운 뚜껑이 있어요.

색깔과 모양, 크기가 다른 병뚜껑을 탐색해 보며 다양한 병뚜껑의 종류를 알아본다.

교사 : ○○의 음료수야. ○○와 친구들은 이 음료수 병을 위로 잡아당겨서 열려고 했어. 너희들이 열어볼래?

유아 : 네!

〈돌려서 연다〉 열었어요!

교사 : 우와! 어떻게 열었니?

유아 : 이렇게 돌려서요.

교사 : 그렇구나! 이렇게 돌려서 열면 쉽게 열 수 있는데, 위로 잡아당겨서 열려고 해서 뚜껑이 열리지 않았구나!

유아 : 네, 그럼 열리지 않아요.

교사 : 그래, 뚜껑은 여러 가지 종류가 있는데, 한 가지 방법으로만 열려고 해서 뚜껑을 열기가 어려웠나봐.

유아 : 네.

교사 : 선생님이 여러 개의 병뚜껑들을 모아봤는데, 어디서 본 적이 있니?

유아1 : 네, 이건 콜라 뚜껑이고 이건 포도 주스 뚜껑이에요.

① 뚜껑의 크기, 모양 등 탐색하고 뚜껑과 관련된 경험 이야기하기

② 한 가지 속성(여는 방법)에 따라 분류하기

유아2 : 이건 딸기 주스 뚜껑이고 이건 사이다 뚜껑이에요.

교사 : 크기는 어떻게 다르니?

유아 : 주스 뚜껑이 제일 크고 콜라 뚜껑이 제일 작아요.

교사 : 책상 위에 올려놓았을 때 길이(깊이)는 어떻게 다르니?

유아 : 음... 사이다 뚜껑이 제일 높고 콜라 뚜껑이 제일 낮아요.

교사 : 그럼 색깔은 어떠니?

유아 : 다 달라요.

교사 : 그럼 뚜껑에서 어떤 냄새가 나니?

유아 : 콜라 뚜껑에서는 콜라 냄새가 나고 딸기 주스 뚜껑에서는 딸기 냄새가 나요.

교사 : 그렇구나. 뚜껑들의 크기와 높이, 색깔, 냄새가 다 다르구나.

병뚜껑을 한 가지 속성에 따라 분류해 본 후 두 가지 속성에 따라 분류해 본다.

교사 : 그럼 여기 있는 뚜껑들을 정리하려고 하는데, ○○가 마셨던 음료수 병처럼 돌려서 여는 뚜껑과 그렇지 않은 뚜껑들로 나누어서 모아 정리하면 어떨까?

유아 : 네!

교사 : 돌려서 여는 뚜껑이라는 건 어떻게 알 수 있을까?

유아 : 뚜껑을 돌려서 열리면 돌려서 여는 뚜껑이에요.

③ 원 안에서 음료수 뚜껑 분류하기

④ 냄새 탐색을 통해 뚜껑의 짝 찾아보고 뚜껑을 여는 여러 가지 방법에 대해 이야기 나누기

교사 : 하지만 병 없이 뚜껑만 있을 때는 어떻게 하지?

유아 : 〈뚜껑들을 살펴본다〉
음… 안에 모양이 달라요.

교사 : 어떻게 다르니?

유아 : 뭐가 튀어나와 있어요.

교사 : 그래, 그럼 이제 돌려서 여는 뚜껑과 그렇지 않은 뚜껑들로 나눌 수 있겠구나.

유아 : 〈돌려서 여는 뚜껑과 그렇지 않은 뚜껑으로 분류한다〉
네! 다 나눴어요!

교사 : 그래~ 잘 나누었다! 그럼 돌려서 여는 뚜껑 중에 음료수 뚜껑만 따로 모아볼까?

유아 : 〈돌려서 여는 뚜껑 그룹을 가리키며〉
여기에서요?

교사 : 그래, 돌려서 여는 뚜껑이면서 음료수 뚜껑인 것을 찾아보자.

유아 : 〈냄새를 맡아보거나 뚜껑의 윗부분을 살펴보며 찾는다〉
네. 여기 있어요.

교사 : 냄새를 맡아서 음료수 뚜껑을 찾을 수 있구나!!
그럼 이번엔 돌려서 열리지 않는 나머지 뚜껑들 중에서 음료수 뚜껑을

찾아보자.

유아 : 네, 냄새 맡아서 찾아볼래요.

교사 : 그래, 좋은 생각 같구나. 돌려서 여는 것은 아니지만 돌려서 여는 뚜껑 중에서 음료수 뚜껑을 찾았던 것처럼 똑같이 음료수 뚜껑을 찾는 것이니까 똑같은 방법으로 찾을 수 있겠다.

유아 : 〈냄새를 맡아보며 찾는다〉 여기 있어요.

교사 : 돌려서 여는 뚜껑과 그렇지 않은 뚜껑으로 나누어 정리하는 것을 도와줘서 고맙다.

유아 : 음료수 뚜껑도요.

교사 : 그래, 돌려서 여는 뚜껑과 그렇지 않은 뚜껑으로 나눈 다음에는 돌려서 여는 뚜껑이면서 음료수 뚜껑인 것과 음료수 뚜껑이 아닌 것으로 나누어 보았고, 또 돌려서 여는 뚜껑이 아니면서 음료수 뚜껑인 것과 음료수 뚜껑이 아닌 것으로 나누어 보았어.

〈원 2개를 책상에 올려놓는다〉

그럼, 여기에 알맞은 뚜껑들을 정리해 볼까?

유아 : 어떻게요?

교사 : 돌려서 여는 뚜껑과 그렇지 않은 뚜껑을 알맞은 원 안에 넣어보자.

유아 : 넣었어요.

교사 : 그 다음에 어떻게 나누어 보았니?

유아 : 음료수 뚜껑을 찾았어요.

교사 : 그래, 돌려서 여는 뚜껑 중에서 음료수 뚜껑인 것, 돌려서 열지 않는 뚜껑 중에 음료수 뚜껑인 것을 찾아보았지. 그럼 이 두 가지는 어떤 점이 같을까?

유아 : 음료수예요.

교사 : 그래, 여는 방법은 다르지만 음료수 뚜껑인 점에서는 같았어.

〈벤다이어그램에 '음료수 뚜껑' 을 붙인다〉

병의 본체와 뚜껑을 서로 대응시켜 보고 병을 뚜껑으로 닫아본다.

교사 : 그럼 이제 뚜껑들로 병을 다시 막아보자.

유아 : 네!

교사 : 돌려서 여는 뚜껑들은 어떻게 해야 할까?

유아 : 돌려서 닫아요. 〈뚜껑을 닫는다〉

교사 : 닫는 방향과 여는 방향이 어떻게 다르니?

유아 : 반대로 돌려야 돼요.

교사 : 그럼 돌려서 열리지 않는 다른 뚜껑들도 닫아보자.

유아 : 〈닫는다〉 닫았어요!

교사 : 닫는 방향과 여는 방향이 어떻게 다르니?

유아 : 반대로 돌려야 돼요.

교사 : 그래, 여는 방법은 여러 가지이지만 어떤 뚜껑이든 여는 방향과 닫는 방향이 서로 반대인 것 같구나.

알게 된 점, 느낀 점에 대해 이야기 나눈다.

교사 : 그럼 ◇◇는 음료수를 마시기 위해서는 어떻게 해야 할까?

유아 : 돌려서 열어야 해요.

교사 : 그래, 그럼 ◇◇가 음료수 뚜껑을 열지 못 했던 건 왜일까?

유아 : 돌려서 열어야 되는데, 위로 열려고 했어요.

교사 : 그래, 뚜껑은 여러 가지 방법으로 열고 닫도록 되어 있어서 그렇구나.

유아 : 네!

교사 : 오늘 뚜껑을 여는 방법에 따라 나누어 보았는데, 어땠니?

유아 : 재미있었어요!

교사 : 어려운 점은 없었니?

유아 : 동그라미 안에 놓는 게 조금 어려웠어요.

교사 : 뚜껑의 여는 방법에 따라 나누는 것뿐만 아니라 안에 어떤 것이 들어 있는지 음료수와 음료수가 아닌 것으로도 나누어 보느라 어려웠구나.

활동 후 평가

- 친숙한 소재여서인지 유아들이 흥미를 많이 느끼는 것 같았다.
- 병과 뚜껑을 분리시키고 다시 닫는 것은 쉽게 했지만 뚜껑만 따로 놓고 돌려서 여는 것과 그렇지 않은 것에 대해 나누는 것은 어려워하여 뚜껑들의 생김새를 관찰하고 특징을 찾아내는 데 시간이 걸렸다.
- 경험해 보지 못한 뚜껑들은 쉽게 음료수와 그렇지 않은 것으로 나누기 어려워하여 냄새를 맡아보며 나누었다.
- 벤다이어그램의 교집합은 유아들의 수준을 고려하여 돌려서 여는 뚜껑과 그렇지 않은 것으로 여는 방식은 다르지만 음료수인 점에서 같다는 점(한 가지 속성)에 초점을 맞추어 찾아보았다.

오목거울 볼록거울

활동목표 거울이 평평할 때, 오목할 때, 볼록할 때 사물의 모습이 다르게 보인다는 것을 알 수 있다.

대상연령 만 4~5세

준 비 물 거울, 한 번도 사용하지 않은 숟가락, 많이 사용한 숟가락, 연필, 도화지, 크레파스, 주전자 뚜껑, 냄비뚜껑, 은박지

물리적 지식

① 거울은 빛을 반사시켜 사물을 비추어 볼 수 있다.
② 오목거울에서는 물체의 상이 거꾸로, 작게 보인다.
③ 볼록거울에서는 물체의 상이 평면거울과 같이 바로 보이지만 배경이 넓게, 선명하게 보인다.
④ 표면은 윤이 나고 매끄러운 사물이 물체의 모습을 잘 비춘다.

활동방법

① 거울이나 요술거울에 대해 유아들과 이야기를 나눈다.
② 은박지, 냄비뚜껑, 새 숟가락 등의 물체에 유아 자신을 비추어 보고 잘 보이는 것과 보이지 않는 것에 대해 이야기해 본다.
③ 일반 거울에 연필 또는 유아 자신을 비추어 보고 모습을 그려본다.
④ 숟가락의 볼록한 면과 오목한 면에 똑같이 연필 또는 유아 자신을 비추어 보고 모습을 그려본다.
⑤ 거울, 오목한 면의 숟가락, 볼록한 면의 숟가락에 비춰진 모습의 차이에 대해 유아들과 이야기를 나눈다.

상호작용

거울에 대해 이야기를 나누고 요술거울을 본 경험이 있는지 이야기 나눈다.

교사 : 우리가 아침에 옷을 입고 나설 때, 머리를 빗을 때 보는 것은 무엇일까요?

① 숟가락의 오목한 부분으로 자기 얼굴 보기

② 구겨진 은박지로 자기 얼굴 보기

유아 : 거울이요.

교사 : 거울을 본적 있어요?－거울을 본 경험에 대해 이야기 나눈다.

교사 : 그런데 혹시 어떤 거울을 보면 우리가 아주 뚱뚱하게 뚱뚱씨로 보이는 거울이 있고 어떤 거울은 날씬한 빼빼씨로 보이는 거울이 있는 데 본적 있나요?

유아 : 네. 엄마랑 어디 갔을 때 어떤 거울에서 우리가 아주 크게 보였어요.

유아 : 어떤 거울은 아주 난장이처럼 보이게 해요.

요술거울의 원리를 생각해 본다.

교사 : 왜 그렇게 보일까요? 같은 거울인데?

유아 : 아~~ 우리가 뚱뚱하게 보이는 거울은 넓은 네모로 생긴 거울이고요. 우리가 날씬하게 보이는 거울은 긴 네모로 생긴 거울이에요.

교사 : 그럼 거울의 생김새에 따라 우리가 다르게 보이는 걸까요?

유아 : 네. 세모 모양 거울에서는 세모로 보일 거예요.

거울 이외에 우리가 몸을 비춰볼 수 있는 물건들을 찾아보고 소개한다.

교사 : 우리가 거울이 없을 때 얼굴을 비추어 보려면 어떻게 하면 좋을까요?

유아 : 유리창에 비춰보면 보여요. 장난감 거울에 비춰보면 돼요.

③ 냄비뚜껑으로 자기 얼굴 보기

④ 숟가락에 보인 자기 얼굴 그리기

숟가락의 볼록한 면과 오목한 면에 유아들의 얼굴을 직접 비춰보게 한다.

유아 : 볼록한 부분은 우리가 똑바로 보여요. 오목한 부분은 우리가 거꾸로 보여요.

교사 : 다른 재료들도 직접 얼굴을 비춰볼까요?

교사 : 직접 보이는 대로 활동지에 그림을 그려보세요.

어떤 재료에서 얼굴이 더 잘 비치는지 이야기 나눈다.

활동 후 평가

- 오목한 거울과 볼록한 거울에서 물체가 어떻게 보이는지 경험을 통해 쉽게 알았으나 그 원리에 대한 이해는 어려워했다.
- 유아의 얼굴을 비출 때 냄비뚜껑과 숟가락이 새 것인 것과 사용하던 것의 차이를 유아들이 쉽게 알아내었다.
- 상이 거꾸로 보이는 것은 잘 비교가 되었지만 넓게 보이는 정도의 차이는 느끼기 어려웠다.

유아들이 활동한 활동지 : 7세 여아, 6세 남아

도구	거울	볼록한 숟가락 부분	냄비뚜껑 밖	주전자 뚜껑 밖
어떻게 보이나요				
도구	은박지	오목한 숟가락 부분	냄비뚜껑 안	주전자 뚜껑 안
어떻게 보이나요		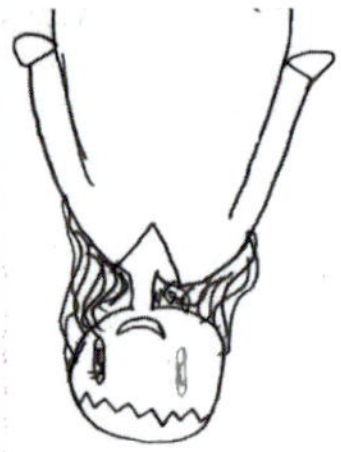		
도구	거울	볼록한 숟가락 부분	냄비뚜껑 밖	주전자 뚜껑 밖
어떻게 보이나요				
도구	은박지	오목한 숟가락 부분	냄비뚜껑 안	주전자 뚜껑 안
어떻게 보이나요		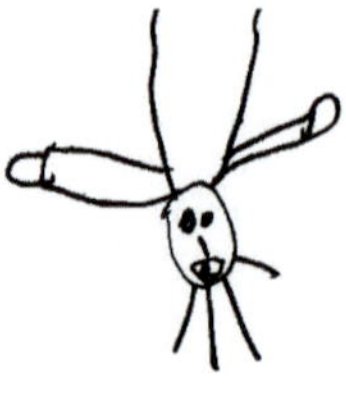		

탬버린을 만들자

활동목표 플라스틱은 부딪혀도 쉽게 깨지지 않음을 알 수 있다.

대상연령 만 3세

준 비 물 부직포(길이 15cm×넓이 3cm, 길이 10cm×넓이 3cm), 페트병 뚜껑, 송곳, 털실, 바늘, 찍찍이, 접착제(글루건)

물리적 지식

① 물체끼리 부딪치면 소리를 만들며 악기가 될 수 있다.

② 운동하고 있는 물체는 그 운동상태를 그대로 유지하려는 성질, 즉 관성을 가지고 있는데, 페트병 뚜껑에 연결된 실이 손목과 함께 움직이다가 손목의 움직임이 멈추어도 관성 때문에 페트병 뚜껑은 더 움직이다 멈추게 된다.

③ 플라스틱은 부딪혀도 쉽게 깨지지 않는다.

활동방법

① 준비되어 있는 물건들을 살펴보고 무엇을 할 수 있을지 이야기한다.

② 페트병 뚜껑의 가운데에 송곳으로 구멍을 뚫어 놓는다.

③ 털실을 15cm 길이로 잘라 놓는다.

④ 병뚜껑 구멍에 털실을 끼우고 빠지지 않게 매듭을 만든다.

⑤ 길이 15cm×넓이 3cm 부직포에 털실을 끼운 병뚜껑을 바늘을 이용하여 꿰맨다.

⑥ 부직포에 찍찍이를 붙여 유아의 팔목에 걸 수 있도록 한다.

⑦ 매듭이 지어진 털실이 빠져나가지 않도록 매듭지어진 부분에 접착제를 사용하여 길이 10cm×넓이 3cm의 부직포를 붙인다.

⑧ 유아들이 만든 악기를 흔들어보고 탬버린 대신 이용해 본다.

상호작용

준비되어 있는 물건들을 살펴보고 무엇을 할 수 있을지 이야기한다.

교사 : 무엇이 있니?

유아 : 뚜껑이요.

교사 : 그래, 페트병 뚜껑이야. 페트병 뚜껑이 어떻게 되어 있니?

유아 : 뚜껑에 구멍이 있어요.

교사 : 또 무엇이 준비되어 있는지 볼까?

유아 : 실이 있어요.

교사 : 그래, 털실이야. 구멍이 뚫려 있는 페트병 뚜껑과 털실로 무엇을 할 수 있을까?

유아 : 구멍에 실을 넣으면 좋겠어요.

교사 : 그래, 구멍에다가 털실을 넣어보자. 그런데 털실이 구멍에서 빠지지 않게 하려면 어떻게 하는 것이 좋을까?

유아 : 테이프를 붙여요.

교사 : 그래, 그런 방법도 있겠구나. 털실을 묶어서 빠져나오지 못하게 하는 건 어떨까? 누가 실을 한번 구멍에 끼워볼까?

유아 : 제가 할래요.

교사 : 그래, ㅇㅇ가 한번 해 보자. 구멍이 크지 않으니까 여기 있는 바늘을 이용해서 천천히 잘 넣어보자. 그런데 바늘 끝이 어떠니?

유아 : 뾰족해요. 위험해요.

교사 : 그래, 뾰족하고 찔릴 수도 있기 때문에 선생님이 도와줄게요. 그리고 실을 묶는 것도 선생님이 조금 도와줄게요.

유아 : 〈줄을 잡고 흔들며〉 놀이 기구 같아요.

교사 : 그래, 정말 그런 것 같구나. 실을 달으니 흔들 수도 있구나.
그런데 여러 개의 털실에 매달린 페트병 뚜껑을 어떻게 하면 좋을까?

유아 : 놀이할 때 썼으면 좋겠어요.

교사 : 그런 생각을 했구나. 그런데 여기에는 또 무엇이 있니?

① 페트병 뚜껑에 실 끼우기

② 실에 매달린 페트병 뚜껑 흔들어보기

유아 : 띠가 있어요.

교사 : 그래, 기다란 부직포 띠가 있어. 무슨 색이니?

유아 : 빨강색이요.

교사 : 그래 이 기다란 빨강 띠와 실이 달린 페트병 뚜껑 4개로 무얼 하면 좋을까?

유아 : 빨강 띠로 뚜껑을 예쁘게 꾸며요.

교사 : 꾸며보면 좋을 것 같아? 그렇구나. 너희들이 놀이를 할 때 사용하면 좋을 것 같다고 이야기했지. 그래서 여기 있는 재료들을 가지고 놀이할 때 사용할 수 있는 악기를 만들 거야.

유아 : 무슨 악기요?

교사 : 탬버린

유아 : 와~ 어떻게요? 나도 하고 싶어요.

만드는 방법을 소개한다.

교사 : 너희들 평소 때 선생님이 가지고 다니는 이 탬버린은 어떤 소리가 나니?

유아 : 척척척, 쨍쨍쨍 소리가 나요. 쾅쾅쾅 소리가 나요.

교사 : 어떻게 해서 소리가 나는 걸까?

유아 : 손바닥으로 치니까요. 흔들었으니까요.

교사 : 그러면 우리가 가지고 있는 재료들로는 탬버린을 어떻게 만들 수 있을까? 어떻게 만들면 소리가 나는 탬버린을 만들 수 있을까?

유아 : 뚜껑을 잡고 '탕탕탕' 쳐요.

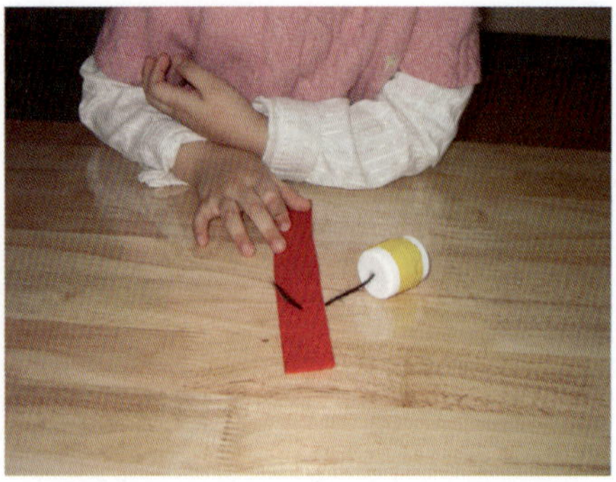

③ 실을 연결한 페트병 뚜껑을 부직포 띠에 연결하기

④ 부직포 띠에 다른 부직포 덧대기

교사 : 페트병 뚜껑을 잡고 탬버린처럼 '탕탕' 치면 될 것 같다고 생각했구나. 실이 달린 페트병 뚜껑들을 여기 있는 기다란 띠에 달아서 흔들어보는 것은 어떨까? 그런데 실이 달린 페트병 뚜껑들을 어떻게 띠에다 달지?

유아 : 테이프로 붙여요. 접착제로 붙여요.

교사 : 그래, 그런 방법들이 있구나. 그런데 여기에 선생님이 구멍을 뚫을 수 있는 도구를 하나 가지고 왔는데 한번 볼래?

유아 : 뾰족한 바늘같이 생겼다.

교사 : 그래, 바늘 같지? 그런데 바늘보다는 조금 두껍고 크지? 바로 구멍을 뚫을 때 사용하는 송곳이라고 해. 이 송곳으로 긴 띠에 구멍을 뚫어볼까? 누가 한번 해 볼까?

유아 : 내가 한번 해 볼래요.

교사 : 그래, 선생님과 조심해서 한번 뚫어볼까? 구멍이 몇 개 생겼는지 볼까? 〈함께 세어보기〉 하나, 둘, 셋, 넷

유아 : 4개

교사 : 그래, 4개의 구멍이 생겼네. 이 구멍에다가 뚜껑이 매달려 있는 털실을 끼워볼까? 선생님이 조금 도와줄게요.

유아 : 어려워요. 잘 안 들어가요.

교사 : 그래 조금 힘들었지? 그런데 다 넣고 나서 이 실을 어떻게 하면 안 빠질까?

⑤ 부직포 위에 찍찍이 붙이기

⑥ 완성된 악기를 손목에 달고 흔들어 보기

유아 : 아까처럼 묶어봐요.

교사 : 그래, 그럼 한번 선생님이 한번 묶어볼게.
〈다 달고 나서 들어 올려 보여준다〉 어떻게 되었니?

유아 : 우와~! 다리가 4개 달린 것 같아요.

교사 : 그래, 다리가 4개 달린 것 같기도 하구나. 이번에 흔들어볼까?

유아 : 뚜껑이 자기 마음대로 움직여요.

교사 : 그래, 막 움직이네.

유아 : 쾅~ 부딪힌다.

교사 : 그래, 부딪히니까 어떤 소리가 나니?

유아 : 쾅~ 소리가 나요.

교사 : 그렇구나. 조금 더 재미있게 만들기 위해서 이 띠를 손목에 끼울 수 있도록 팔찌처럼 만들어보는 것은 어떨까?

유아 : 좋아요. 팔찌요?

교사 : 팔찌처럼 끼웠다 뺐다 하기 위해서는 어떻게 하면 좋지?
〈찍찍이를 보여준다〉 선생님이 생각을 하다가 이런 것을 가져왔어요.

유아 : 아, 그거 붙일 때 하는 거예요. 동화 들을 때 있던 거다. 우리 얼굴 붙일 때도 썼어요.

교사 : 너희들이 아주 잘 기억하고 있네. 이것은 한쪽은 까끌까끌하고 한쪽은 부드러워서 2개가 만나면 쫙 붙는 찍찍이야. 이것을 이 빨간 띠에 붙여

볼까? 누가 한번 선생님과 함께 붙여보겠니?

유아 : 내가 해 볼래요.

교사 : 그래, ○○가 한번 해 보겠니? 함께 붙여보자. 이제 더 튼튼하게 만들기 위해서 조금 더 작은 빨간 띠를 위에다가 붙여볼게요. 이 빨간 부직포 띠를 붙이기 위해서는 글루건을 이용할거야. 뜨거울 수 있으니까 조심하자.

완성된 탬버린을 손목에 끼우고 돌려본 후 이야기를 나눈다.

교사 : 자, 이제 다 된 것 같아. 한번 손목에 끼워볼까?

유아 : 팔찌 같다. 예쁘다.

교사 : 그래 정말 멋진 팔찌가 되었네. 이제 페트병 뚜껑 탬버린을 소리 내어볼까? 별이 반짝반짝 하는 것처럼 손목을 돌려보자. 어떻게 되었니?

유아 : 흔들어져요. 소리가 나요.

교사 : 어떤 소리가 나니?

유아 : 딱딱 소리가 나요.

교사 : 그렇구나. 딱딱 소리가 났어? 왜 이런 소리가 났을까?

유아 : 뚜껑이 이렇게 왔다 갔다 하니까 그렇죠. 흔드니까요.

교사 : 그래, 흔드니까 부딪쳐서 따닥따닥 소리가 나네. 이번에는 천천히 반짝반짝 하다가 선생님이 '그만' 하면 멈춰보는 거야. 자, 반짝반짝~ 반짝반짝~ 계속 반짝반짝~ 그만! 어, 그만인데~

유아 : 나는 멈췄는데… 뚜껑은 조금 있다가 멈췄어요. 봐요.

교사 : 그래, 너희들은 금방 멈췄는데, 뚜껑은 조금 움직였네.
뚜껑은 계속 움직이려는데 너희들이 멈추어서 조금 더 움직이려고 했나봐.

노래 '개구리'에 맞추어 탬버린을 흔들어본 후 느낀 점을 이야기한다.

교사 : 이제 너희들과 함께 만든 페트병 뚜껑 탬버린으로 연주를 해 볼까?

유아 : 내가 한번 해 볼래요.

교사 : 그래, ○○가 나와서 악기연주를 해 볼까? 나머지 어린이들은 노래를 불

러줄 수 있겠니?

유아 : 네.

교사 : 너희들이 만든 탬버린으로 악기연주를 해 보니 어땠니?

유아 : 좋았어요.

교사 : 무엇이 좋았니?

유아 : 막 흔드는 거요.

활동 후 평가

- 털실의 길이가 너무 길면 실이 엉켜 불편하다.
- 매듭을 지어도 실이 빠질 수 있으므로 매듭진 부분을 접착제로 마감하고 부직포를 덧대는 것이 좋다.
- 유아들이 이 악기를 매우 흥미로워하였고 악기연주를 하며 즐거워하였다.

징글 막대

활동목표 재활용품을 이용하여 징글 막대를 만들고 걷기 활동에 이용한다.

대상연령 만 4세

준 비 물 긴 막대, 양철 병뚜껑들, 작은 못과 망치, 악보 '군인 놀이'

물리적 지식

① 병뚜껑의 다양한 모양, 크기 등의 특성을 비교할 수 있다.
② 다양한 병뚜껑에 따라 바닥에 내리치는 소리가 다르다는 것을 안다.

활동방법

① 재료를 탐색하고 막대를 이용하여 소리 나는 악기 만들기를 이야기한다.
② 병뚜껑에 끼어 있는 코르크나 플라스틱을 제거한다.
③ 양철 병뚜껑들을 깨끗이 씻어 말린다.
④ 각 병뚜껑 가운데에 구멍을 낸다.
⑤ 병뚜껑을 긴 막대에 대고 작은 못으로 박는다.
⑥ 긴 막대 위에 수평으로 나무를 연결하고 여러 가지 종이나 열쇠 등을 매단다. 초승달 모양을 단단한 종이로 만들어 붙이고 소리 나는 작은 것들을 매달아도 좋다.
⑦ 완성된 징글 막대를 가지고 어떻게 소리를 낼 것인지 이야기 나눈다.
⑧ 서서 징글 막대를 마루에 대고 리듬감 있게 '툭툭' 치면서 흔들어본다.
⑨ 행진음악 '군인 놀이'에 맞추어 징글 막대를 치면서 걸어본다.

상호작용

준비되어 있는 재료들을 살펴본다.

교사 : 무엇이 준비되어 있는지 살펴볼까?
유아 : 병뚜껑이요.
교사 : 어떤 모양이니?

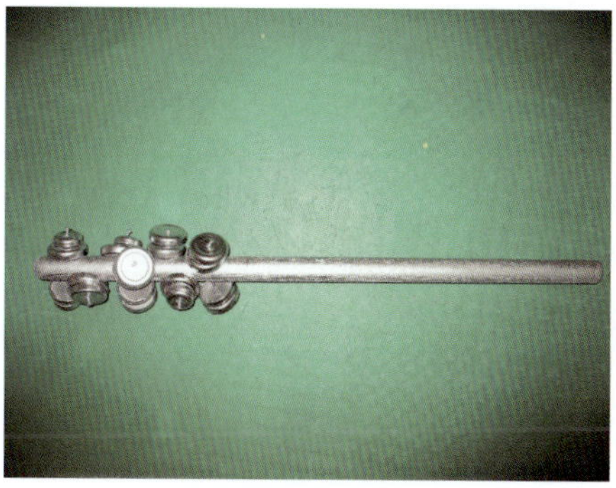

① 완성된 징글 막대

유아 : 동그랗게 생겼어요. 그런데 색깔이 달라요. 이건 작아요.
모양이 달라요. 이건 주스병 뚜껑이다.

교사 : 이것은 무엇일까?

유아 : 막대요.

교사 : 이것으로 무엇을 만들 수 있을까?

유아 : 음... 〈유아들이 한참을 생각했으나 조금 어려워함〉

- 긴 막대를 이용하여 소리 나는 악기 만들기를 이야기한다.

교사 : 어떻게 만들 수 있을까?

유아 : 병뚜껑을 부딪쳐서 소리 내요.
〈병뚜껑 2개를 부딪쳐서 소리를 내어봄〉

교사 : 그럼, 막대는 어떻게 쓰면 될까?

유아 : 막대로 손잡이를 만들어요.

교사 : 선생님이 준비해 온 구멍 뚫린 병뚜껑을 긴 막대에 대고 작은 못으로 박아줄게.

- 징글 막대를 만든 다음 완성된 징글 막대를 유아들이 탐색하여 본다.

- 완성된 징글 막대를 가지고 어떻게 소리를 낼 것인지 이야기 나눈다.

교사 : 징글 막대는 어떻게 소리를 낼까?

유아 : 두드려요.

② 앉아서 징글 막대를 탐색하기

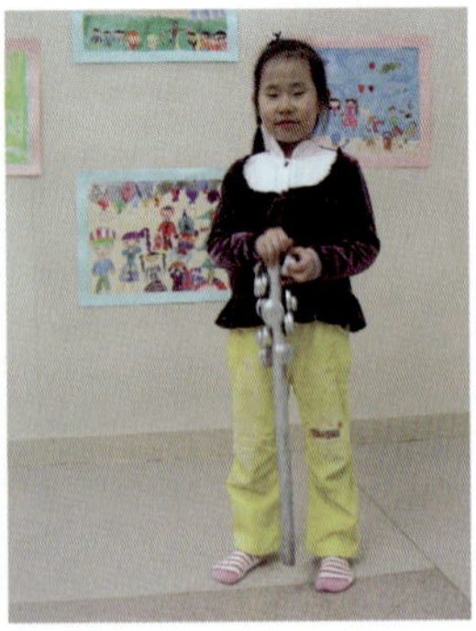

③ 서서 징글 막대를 탐색하기

유아 : 징글 막대를 쳐봐요.

유아 : 흔들어요. 마라카스처럼 흔들어보아요.

유아 : 막대가 크니까 돌려봐요.

교사 : 앉아서 징글 막대를 쳐 보았는데 일어나서 해 보는 것은 어떨까?

유아 : 좋아요.

유아 : 내가 군인아저씨가 된 것 같아요.

교사 : 그럼, 우리 군인아저씨처럼 걸어가면서 징글 막대로 연주해 볼까?

행진음악 '군인놀이'에 맞추어 징글 막대로 연주한다.

활동 후 평가

- 터키 군인들이 행진을 할 때 씩씩하게 걷도록 용기를 주는 데 이용하였다고 한다.
- 막대에 여러 가지 종 또는 열쇠 등 소리 나는 작은 것들을 매달아도 좋다.
- 못과 망치를 사용해야 하므로 유아들에게 안전에 유의해야 함을 이야기하고 교사가 제작하는 것을 돕는다.
- 유아들이 손으로 잡는 부위에 다치지 않도록 유의해야 한다.

군인놀이

박명숙 작사
박명숙 작곡

3. 돌

크레이터 만들기

활동목표 충격으로 만들어진 운석구멍을 만들어보고 그것의 크기와 깊이의 차이를 안다.

대상연령 만 5세

준 비 물 모래, 밀가루, 크고 깊은 사각용기, 자, 대 · 중 · 소의 돌, 1.5m 줄자, 의자, OHP필름, 신문지

물리적 지식

① 돌의 크기가 클 때 크레이터의 크기와 깊이가 커진다.
② 돌이 무거울수록 크레이터의 크기와 깊이가 커진다.
③ 높은 곳에서 떨어지는 돌의 속도가 더 크므로 크레이터의 크기와 깊이가 커진다.
④ 돌은 무겁고 차가운 질감, 다양한 색으로 되어 있다.

활동방법

① 지구나 달에 있는 크레이터의 그림을 보면서 크레이터가 어떻게 만들어질지 유아들과 이야기하면서 준비한 재료를 탐색한다.
② 신문지를 바닥에 깔고 그 중앙에 사각용기를 놓는다.
③ 용기에 모래를 8cm 높이로 채운 후 평평하게 만든다.
④ 모래 위에 얇게 밀가루를 뿌려 놓는다.
⑤ 의자를 용기 가까이에 놓는다.
⑥ 줄자로 높이가 30cm 되는 곳과 1.5m되는 곳을 표시해 놓는다.
⑦ 30cm 높이에서 작은 돌을 떨어뜨린 후 생긴 크레이터의 깊이와 크기를 자로 재본다.
⑧ 1.5m 높이에서 같은 활동을 해 본다.

⑨ 다른 크기와 무게를 갖는 돌로 같은 활동을 해 보고 유아들과 이야기를 나눈다.

상호작용

달을 본 경험과 달나라 여행을 간다면 달의 모습이 어떻게 다를지 상상해 본다.

교사 : 밤이 되었어요. 밤하늘의 달은 어떻게 보이니?

유아 : 둥근달이요. 반달이요. 초승달이요. 아니, 찌그러진 동그라미요.

교사 : 그래, 달은 동그랗다가, 또 점점 변하면서 찌그러진 동그라미, 반달 이렇게 다른 모습들을 가지고 있구나. 그것은 달에서 멀리 떨어진 모습을 보았을 때이고 만약 우주선을 타고 달나라에 가서 달을 본다면 달은 어떤 모습일까?

유아 : …

교사 : 〈달 크레이터 흔적의 사진을 보여주며〉
사진 속 달의 모습은 너희들이 생각한 것과 어떻게 다르니?

유아 : 폭발한 것 같아요. 구멍이 뚫려 있어요. 무엇으로 판 것 같아요.

교사 : 그렇구나. 이 구멍은 어떻게 해서 생겼을까?
〈크기가 다른 크레이터 흔적이 있는 사진을 보며〉 또 다른 사진을 볼까?

유아 : 둥근달에 구멍이 뚫려 있을 것 같아요.

교사 : 돌멩이를 뺀 모습 같아요.

교사 : 그래 달에는 작고 큰 돌멩이를 뺀 것처럼 구멍이 있대. 이것의 이름은 조금 어려운 말로 '크레이터' 라고 한단다. 함께 말해 볼까?

유아 : 〈다 함께〉 크레이터

교사 : 그렇다면 크레이터는 어떻게 만들어진 것인지 알아보자.

준비된 재료를 탐색해 본다.

교사 : 앞에 어떤 것들이 준비되어 있니?

유아 : 모래, 밀가루, 용기, 자, 돌, 의자, 신문지, OHP 필름, 줄자

① 달 표면에 있는 크레이터 사진을 보며 이야기 나누기

② 크레이터가 만들어지는 과정을 추측하여 크레이터 만들어보기

크레이터가 어떻게 만들어질지 유아들과 함께 추측해 본다.

〈크레이터 흔적을 만들어보기 위해 유아가 생각한 것을 시범 보인다〉

교사 : 그렇다면 이것으로 달의 흔적인 '크레이터'를 어떻게 만들어볼 수 있을까?

유아 : 〈모래 위에 돌멩이를 올리고〉 그 위에 모래를 쌓아요.

교사 : ○○는 그렇게 생각하는구나. "저는 ○○와 생각이 달라요"하는 친구 있니?

유아 : 〈돌을 꾹 누르고 돌멩이를 뺌〉

교사 : ◇◇는 돌멩이를 눌러다가 모래에서 돌멩이를 빼었더니, 크레이터 같은 구멍이 생기는구나.

유아 : 좋은 생각이다.

교사 : 그래, 너희들 생각이 참 재미있구나. 그렇다면 크레이터가 어떻게 만들어지는지 그 순서를 알아볼까? 너희들 생각과 어떻게 다른지 살펴보자.

모래판에 돌을 떨어뜨리며 관찰을 한다.

교사 : 만약에 이 돌멩이가 우주를 계속 돌아다니면 돌은 어떻게 될 거 같니?

유아 : 떨어져요.

교사 : 그래, 그렇게 돌멩이가 떨어지는 것처럼 여기 모래판 위에 돌멩이를 떨어뜨려 볼까? 떨어질 때 밀가루가 있는 모래판은 어떻게 될 거 같니?

③ 큰 돌을 떨어뜨려 크레이터를 만들기

④ 큰 돌이 떨어진 자리를 관찰하기

유아 : 구멍이 날 것 같아요.

교사 : 왜 구멍이 날 것이라고 생각하니?

유아 : 놀이터에서 놀이할 때 물건을 떨어뜨리면 구멍이 생겨요.

교사 : 그래, 좋은 생각이구나. 구멍이 떨어진 자리가 어떻게 변할지 떨어뜨려 볼까? 〈떨어뜨린 후〉 떨어뜨리는 순간 너희들은 무엇을 볼 수 있었니?

유아 : 밀가루가 바깥으로 조금 날아간 것 같아요.

유아 : 돌이 찍힌 곳은 다른 색으로 변했을 것 같아요.

교사 : 그래, 밀가루가 날아가는 모습도 보았구나. 그리고 떨어진 자리가 모래와 밀가루가 섞여서 다른 색으로 변했을 것 같다고 하는구나. 정말 그럴까?

유아 : 〈유아가 돌을 들어 흔적을 살펴본다〉

교사 : 돌이 떨어진 자리가 어떻게 변했니?

유아 : 색이 변했어요. 모래와 밀가루가 섞였어요.

교사 : 그래, 너희들 생각처럼 떨어진 자리에 구멍이 나 있고 색도 모래와 밀가루가 섞인 곳이 있구나.

돌의 크기를 달리하여 크레이터 만들기를 해 본다.

교사 : 그러면 떨어진 자리에 돌의 흔적을 이것(OHP 필름지)으로 그려볼까?

유아 : 〈OHP 필름지를 이용하여 흔적을 따라 그린다〉

⑤ 큰 돌이 떨어진 흔적에 OHP 필름을 대고 그리기

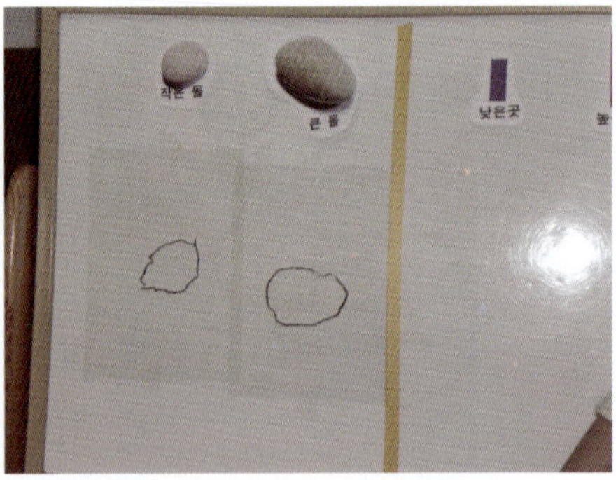

⑥ 큰 돌과 작은 돌에 의해 만들어진 흔적(크레이터)의 크기 비교하기

교사 : 지금 그린 돌의 흔적은 큰 돌이니? 작은 돌이니?

유아 : 〈작은 돌 그래프에 OHP그림을 붙인다〉 작은 돌이에요.

교사 : 이번에는 큰 돌을 던지면 어떻게 될까?

유아 : 돌이 떨어지면서 밀가루가 멀리 날아갈 것 같아요.

유아 : 〈유아의 생각에 따라 직접 시범을 보인다〉
밀가루가 아주 멀리 퍼졌어요. 모래와 밀가루가 섞였어요.

유아 : 〈돌의 흔적을 그려낼 때〉 와~ 많이 크다.

교사 : 큰 돌을 던졌을 때와 작은 돌을 던졌을 때 어떻게 다른지 한번 생각해 볼까?

유아 : 큰 돌을 던진 자리가 더 커요.

유아 : 큰 돌이 떨어질 때 밀가루가 더 멀리 날아갔어요.

교사 : 그래, 잘 관찰했구나. 큰 돌이 떨어졌을 때, 밀가루가 더 멀리 날아갔고 떨어진 자리도 훨씬 컸던 것 같아. 그렇다면 이번에는 돌을 높은 곳과 낮은 곳에서 떨어뜨리고 돌의 흔적을 관찰해 보자. 무엇을 관찰할 수 있을까?

위치를 표시한 자리를 탐색하고 돌을 높은 곳과 낮은 곳에서 던져 본다.

교사 : 앞에 색 테이프를 붙여놓았구나. 빨강색과 파랑색이 어떻게 다르니?

유아 : 빨강색이 높고 파랑색이 낮아요.

교사 : 그렇다면 높이를 다르게 해서 던진다면 어디에서 던진 돌의 흔적이 더 클 것 같니?

유아 : 더 높이요.

교사 : 왜 그렇게 생각하니?

유아 : 높은 곳에서 던졌을 때 힘이 더 셀 것 같아요.

교사 : 너희들 생각과 같은지 돌을 높은 곳에서 던져볼까? 어떻게 되었니?

유아 : 구멍이 커질 것 같아요.

유아 : 모래가 다 튀어 나가요.

교사 : 그래, 높은 곳에서 던졌을 때 밀가루가 멀리 튀었고 구멍도 더 크게 그려졌구나.

활동한 소감을 이야기해 본다.

교사 : 오늘 무엇에 대해 알아보았니?

유아 : 크레이터

교사 : 그래, 오늘 크레이터가 만들어지는 방법에 대해 알아보았지. 무엇을 알 수 있었니?

유아 : 큰 돌일 때와 작은 돌일 때 해 보았더니 달랐어요.

교사 : 그래, 돌이 큰 것도 있고 작은 것도 있는데, 돌의 흔적이 달랐지. 또 돌이 멀리서, 가까이서 날아올 때 달라지는 모습도 관찰해 보았지? 활동에서 재미있었던 것은 무엇이었니?

유아 : 돌이 떨어질 때 밀가루 튀는 모습이 재미있었어요.

달 크레이터에 관한 이야기를 하며 마무리한다.

교사 : 우주 속에는 돌과 같은 많은 유성이 있어. 이 유성들이 달에 떨어질 때 생기는 흔적이 크레이터라고 한단다. 또 흔적은 유성의 크기에 따라서, 그리고 멀리서 가까이서 날아오는 것이 있어서 크레이터 크기도 다르단다. 그러면 크레이터에 대해 더 알아보고 싶은 것이 있다면 책이나 컴퓨터에서 더 찾아보기로 하자.

활동 후 평가

- 모래판 위의 밀가루 양을 충분히 하면 돌이 떨어질 때 날아가는 모습이 좀 더 잘 보였을 것 같다.
- 활동을 통해 돌의 크기와 무게에 따라 모래판의 패인 흔적을 관찰하며 나름대로의 생각을 이야기하였더니 활동이 더 풍부해진 것 같았다. 스스로 돌 아래 패인 흔적까지도 추측하여 말하며 아이들의 다양한 사고를 들어보는 기회가 된 것 같다.
- 유아들은 속도에 대한 차이를 느끼기 어려웠으나, 흔적의 크기와 깊이를 비교할 때 돌의 크기와 무게가 현저하게 차이나는 것을 준비한다면 아이들의 개념화에 도움이 되는 것 같다.

돌 종

활동목표 ① 돌을 이용하여 종을 만든다.
② 공기가 있는 곳에서는 소리가 전달된다는 것을 안다.
③ 돌에서도 소리가 나는 것을 안다.

대상연령 만 4~5세

준 비 물 크기가 다른 작은 돌(구멍이 뚫린 돌), 팔찌, 털실, 악보 '작은 은구슬'

물리적 지식

① 돌을 흔들면 서로 부딪쳐 소리를 낸다는 것을 안다.
② 공기가 있는 곳에서는 소리가 전달된다는 것을 안다.

활동방법

① 수집한 돌을 만져보고 느낌이 어떤지 이야기한다.
② 구멍 뚫린 돌에 가는 종이끈을 적당한 길이로 묶는다.
③ 쇠 팔찌를 은박지로 돌려 덮는다.
④ 끈에 끼운 돌을 쇠 팔찌에 매단다.
⑤ 돌을 매단 쇠 팔찌 양쪽에 손잡이가 될 끈을 매단다.
⑥ 양손으로 끈을 잡고 박자에 맞추어 바람에 흔들리듯 흔들어본다.
⑦ '작은 은구슬' 에 맞추어 악기를 연주한다.

상호작용

노래를 부른다.

교사 : 너희들 '돌과 물' 이라는 노래를 알고 있니?

유아 : 네. 아니요. 몰라요.

교사 : 알고 있는 친구도 있고 모르는 친구도 있구나. 그럼 선생님이 노래를 들려 줄게. 들어보자.

유아 : 아, 들어봤어요.

교사 : 함께 불러보자.
이 노래에서 돌멩이 다음으로 작은 돌은 무엇이니?
유아 : 돌멩이요.

돌멩이에 대해 알아본다.

교사 : 돌멩이는 어떻게 생겼니?
유아 : 동그래요. 아니야 뾰족하기도 해.
교사 : 선생님이 돌멩이를 준비했어. 너희가 생각했던 돌멩이와 같니?
유아 : 돌멩이에 구멍이 있어요.
교사 : 왜 구멍이 생긴 걸까?
유아 : 누가 구멍을 냈어요. 물에 스쳐서 구멍이 났어요.
교사 : 이 돌은 다른 나라의 바닷가에서 주워온 돌인데 ◎◎가 얘기한대로 물에 오랫동안 스쳐서 구멍이 났대.
유아 : 돌멩이에 구멍이 나서 신기해요
교사 : 돌멩이를 만져보자. 돌멩이로 소리를 만들 수 있을까?
유아 : 이렇게 2개를 부딪치면서 소리가 나요.
교사 : 그렇구나. 또 다른 방법은 없니?
유아 : 한 손에 몇 개를 갖고 이렇게 손을 움직이면 소리가 나요.
교사 : 그렇구나. 한 손에 여러 개 잡고 소리를 낼 수 있구나.
선생님이 여기 다른 재료도 준비했어.
유아 : 팔찌와 털실이에요.
교사 : 털실도 만져보자. 느낌이 어떠니?
유아 : 집게손가락으로 만지면 부드러운데, 전체를 만지면 까실까실 해요.

약속을 정한다.

교사 : 그럼, 돌멩이로 만들 때 어떤 약속을 해야 하니?
유아 : 돌을 던지지 않아요. 털실을 필요한 만큼 잘라서 만들어요.

① 돌에 실 끼우기

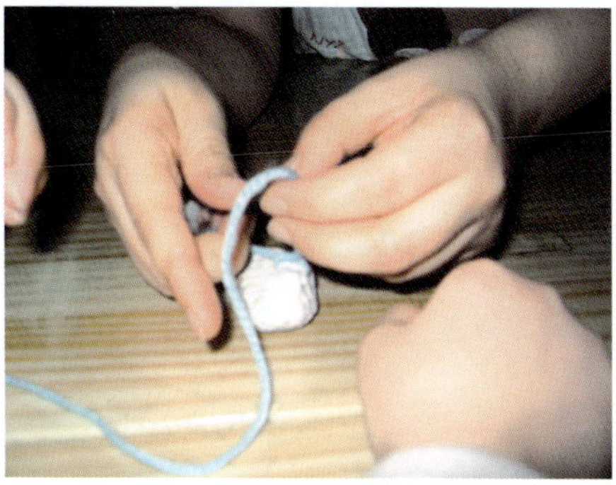

② 매듭짓기

만드는 방법에 대해 이야기 나눈다.

교사 : 그래, 이런 재료들로 소리가 나는 악기를 만들어보고 싶은데 어떻게 만들 수 있을까?

유아 : 돌구멍에 털실을 넣고요. 팔찌에 털실을 감아요.

교사 : 그럼, 너희에게 생각한대로 그렇게 만들 수 있는지 한번 해 보자. 먼저 돌의 구멍에 털실을 끼워보자

유아 : 잘 끼워지지 않아요.

교사 : 돌에 있는 구멍 2개가 가까이 있는지 찾아보자. 그곳에 털실을 넣으면 어떻게 되는지 해 보자.

유아 : 잘 들어가요.

교사 : 털실이 빠지지 않으려면 어떻게 해야 하니?

유아 : 안 풀어지게 묶어요.

교사 : 그래, 매듭을 지워야 하는데 선생님이 도와줄게요.

유아 : 이제는 실이 안 빠져요.

교사 : 털실을 감아보자.

유아 : 털실이 돌 때문에 자꾸 풀려요.

교사 : 왜 풀릴까?

유아 : 돌이 무거워서요.

교사 : 그래, 돌이 무거워서 털실이 자꾸 풀리는구나. 그럼 털실을 어떻게 감아

③ 팔찌에 실 감기

④ 실 감기

야 할까?

유아 : 계속 감아요.

교사 : 선생님이 어떻게 감을지 생각해 보았는데 팔찌에 돌 1개를 넣고 다음에는 계속 왼쪽 방향으로 3~4번 정도 감아보자.
그리고 다시 다른 돌의 구멍에 털실을 넣고 또 여러 번 감아보자.

유아 : 제가 해 볼래요.

교사 : 그래, 너희 앞에 있는 재료들로 만들어보자.

유아 : 다 감았어요.

교사 : 다 만든 친구는 팔찌를 흔들어보자.

유아 : 소리가 나요.

교사 : 어디서 소리가 나니?

유아 : 돌멩이끼리 부딪쳐서 소리가 나요.

교사 : 어떤 소리가 들리니?

유아 : '톡톡톡' 하는 소리가 나는 것 같아요.

교사 : 그렇구나. 우리 그럼 노래에 맞춰 흔들어볼까!

유아 : 네.

교사 : 우리가 시작할 때 '작은 은구슬' 이라는 노래를 불렀었지! 우리 그 노래에 맞춰서 흔들어보자.

유아 : 흔드니까 재미있어요.

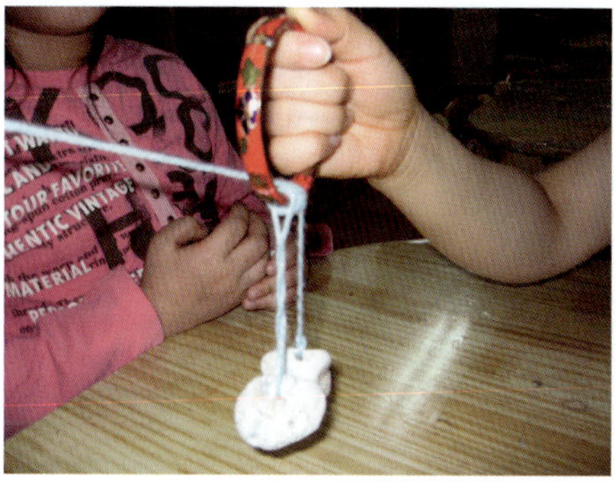

⑤ 팔찌에 돌멩이 달고 실 감기

⑥ 돌 종 완성, 연주하기

자꾸 돌끼리 부딪쳐서 위로 올라와요.

교사 : 그래, 이렇게 팔찌의 위를 잡고 흔들어보자.

유아 : 소리가 더 잘나요.

돌 종을 만들고 연주해 본 느낌에 대해 평가한다.

교사 : 너희가 돌로 악기를 만들어 흔들어보니 어땠니?

유아 : 재미있었어요.

돌에 구멍난 것이 신기했어요.

그런데 털실이 잘 안 들어갔어요.

교사 : 그래, 흔들어서 돌에서 소리가 나니 재미있었지. 만드는 과정 중에 털실이 잘 들어가지 않아서 힘들기도 했구나.

다음에는 털실 대신 어떤 것을 돌에 넣으면 좋을까?

유아 : 얇은 끈을 넣어서 감아봐요.

교사 : 그래, 다음에는 실이 아닌 끈을 감아서 돌멩이가 서로 부딪치는 소리를 들어보자.

활동 후 평가

- 돌끼리 부딪치면서 나는 소리를 들어보는 놀이를 하는 과정에서 돌에 끼우는 실을 길게 했더니 유아들은 흔들면 돌이 위로 올라가면서 손을 칠 것 같다고 얘기했다. 다음에는 돌 구멍에 끼우는 실의 길이를 좀 더 짧게 해서 만

들어야 할 것 같다.

- 구멍 뚫린 돌을 찾기가 어려우면 병뚜껑, 나무주걱, 작은 조개껍질, 플라스틱 조각이나 열쇠 등을 이용하여 만든다.

작은 은구슬

박명숙 작사
박명숙 작곡

4. 고무

고무로 만든 사물 찾아보기

활동목표 ① 고무로 만든 사물을 우리 주변에서 찾아본다.
② 고무로 만든 물건들의 특성을 알고 고무의 속성을 찾을 수 있다.

대상연령 만 5세

준 비 물 고무장갑, 고무줄로 만든 링(ring), 지우개, 볼펜, 그래프를 만들 수 있는 큰 마분지, 고무 달린 연필, 뚜껑 달린 머그잔, 아기 고무신, 고무로 밑바닥이 코팅(coating)되어 있는 덧신이나 양말, 칫솔

물리적 지식

① 고무는 잘 미끄러지지 않고 접촉면과 밀착되는 성질이 있다.
② 어떤 고무는 연필로 그린 낙서나 그림 등을 지울 수 있다.
③ 고무는 지울 때 뭉쳐서 떨어지는 특성이 있다.
④ 고무는 사물을 표면에 붙게 하며 뭉치는 성질이 있다.

활동방법

① 고무와 다른 사물과의 관계 속에서 고무의 특성과 사용을 위한 필요성을 알 수 있도록 유아들과 함께 고무의 속성에 대해 이야기해 본다.
② 우리 주변에서 고무를 활용한 물건들을 살펴보고 그 이름과 종류를 알아본다.
③ 종류에 따라 사물의 용도와 특성에 따라 분류할 수 있다.
④ 조사한 사물을 분류하여 결과를 그래프로 그리고 어느 용도에 가장 많이 사용되었는지 알아본다.

상호작용

준비된 물건들을 탐색해 보고 공통점을 찾아본다.

교사 : 앞에 무엇들이 있니?

유아 : 고무장갑, 연필, 컵, 칫솔

교사 : 그래, 여러 가지 물건들이 많은데, 이것들이 어떤 특성을 가졌는지 살펴보자.

유아 : 〈고무장갑을 만지며〉
그릇을 닦을 때 사용하는 장갑이에요. 잡아당기면 늘어나요.

교사 : 그래 고무장갑은 늘어나는구나. 그렇다면 연필은 어떨까?

유아 : 연필로는 쓸 수 있어요. 어, 뒤에 지우개가 달렸네.
〈연필로 쓰고 지운다〉 지우개로 지울 수 있어요.

교사 : 〈물건을 하나씩 탐색해 보며〉
그렇다면 여기 이 물건들을 살펴보면서 똑같은 점을 찾아볼 수 있었니?

유아 : 〈칫솔 손잡이 고무를 만지며〉
여기 이것처럼 부드러운 느낌이 있어요. 고무장갑도 그렇구요. 연필도 고무줄도

유아 : 그런데 딱딱하기도 해. 컵(또는 컵의 고무)은 딱딱해.

유아 : 지울 수 있을 것 같아요.

교사 : 그래? 지우개는 지울 수 있겠지만 다른 물건들도 지울 수 있을까?

유아 : 지워보아요.
〈지우개, 고무 달린 지우개, 고무장갑, 칫솔 등 고무가 달린 부분을 이용해 지워본다〉

사물의 용도와 특성에 따라 분류해 본다.

교사 : 그렇다면 이 물건들이 담겨진 그림 카드를 준비했단다. 누가 나와서 카드를 붙여주겠니?

유아 : 〈앞에 나와서 카드를 붙여본다〉

교사 : 친구가 그림 카드를 붙여주었는데, 이 그림 카드를 보면서 너희들은 같

① 고무로 만든 사물(고무장갑) 탐색하기

② 고무로 만든 사물 그림 카드 붙여보기

은 점을 발견할 수 있었니? 어떻게 같은지 그림 카드끼리 모아볼까?

유아 : 〈카드를 붙이며〉

교사 : 어떻게 나누어본 것이니?

유아 : 지울 수 있는 것과 지울 수 없는 것을 찾아보았어요.

교사 : 그렇구나. 그렇다면 ○○가 지울 수 있는 것을 모아 보았는데, 너희들은 더 발견한 것이 있니?

유아 : 〈칫솔 카드를 붙이며〉 칫솔도 지워져요.

교사 : 그렇구나. 지우개만큼은 잘 지워지지 않았지만 칫솔의 고무도 조금은 지울 수 있었어. 잘 발견했구나. 그렇다면 이번에는 다른 같은 점을 찾아볼까?

유아 : 〈카드를 붙이며〉

교사 : 어떻게 나누어보았니?

유아 : 음… 고무가 딱딱한 것과 부드러운 것을 찾아보았어요. 모두 부드러운 것 같은데, 컵은 딱딱했어요.

교사 : 딱딱하고 부드러운 고무로 찾아보았구나. 더 찾아볼 것이 있겠니?

유아 : 〈칫솔도 붙이며〉 만져보니까 칫솔의 고무도 딱딱해요.

교사 : 〈칫솔을 만져보며〉

그래, 만져보니 컵이 더 딱딱하지만 칫솔의 고무도 딱딱하구나.

〈가루가 나오는 것과 나오지 않은 것도 분류해 본다〉

③ 지울 수 있는 것과 없는 것 그리고 딱딱한 것과 부드러운 것 분류하기

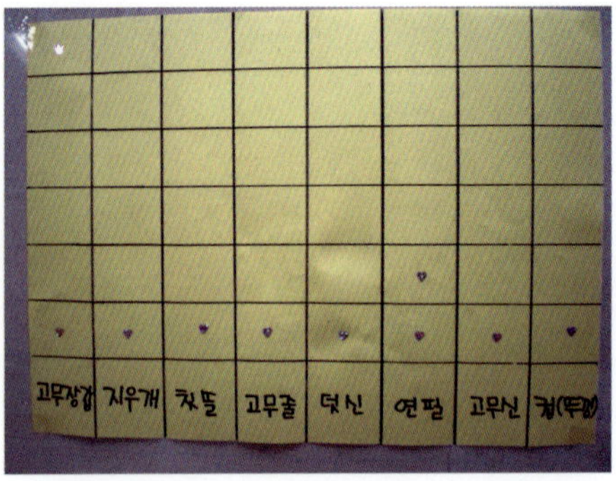

④ 사용 빈도수 그래프로 나타낸 후 활동 평가하기

조사한 사물을 분류하여 결과를 그래프로 그려서 어느 용도에 가장 많이 사용되었는지 알아본다.

교사 : 그렇다면 이 물건들 중에서 일상에서 가장 많이 사용하는 것은 무엇일까? 앞에서 스티커로 붙여보겠니?

유아 : 〈스티커를 붙이며〉 글자를 쓸 때 연필을 많이 사용해요.

교사 : 그래, ○○는 연필을 많이 사용하는구나. 또 누가 나와서 붙여보겠니?

유아 : 〈스티커를 붙이며〉 덧신이요. 저는 덧신을 신고 다녀요.

교사 : 그래, ○○는 덧신을 신고 다니니까 많이 사용하는 물건이 되겠구나. 〈사물의 빈도수를 그래프로 나타내어본다〉

활동을 평가해 본다.

교사 : 오늘 활동을 통해서 무엇을 알 수 있었니?

유아 : 우리 주변에 고무를 사용한 물건이 많다는 것을 알았어요.

교사 : 그렇구나. 찾아보면 고무를 사용한 물건이 더 많을 수도 있단다. 주변에서 더 찾아보아도 좋을 것 같아. 또 어떤 생각을 하게 되었니?

유아 : 같은 점을 찾을 때 고무가 부드러운 것과 딱딱한 것이 있다는 것을 알았어요.

교사 : 그래, 고무는 딱딱하기도 하고 부드러운 것도 있었어. 그렇다면 같은 고

무인데 어떻게 해서 부드럽게 하고 딱딱하게 하는 것일까?

다음 활동에서 고무가 왜 부드럽고 딱딱한지 찾아보기로 하자.

활동 후 평가

- 고무를 사용한 사물 탐색하기 단계에서 교사가 생각한 것보다 유아들은 좀 더 다양한 각도에서 탐색하게 되는 것 같다. 칫솔의 고무로 지워보겠다는 생각처럼 일상적인 용도 외에도 유아들의 생각은 좀 더 발산적으로 사고하는 것 같다. 이러한 생각들을 지지해 주는 교사의 태도가 유아의 창의적인 생각을 지원할 수 있다고 여겨진다.
- 고무의 특성 분류에서 '부드럽다 딱딱하다'의 개념이 컵의 고무는 딱딱한 느낌이 들지만 지우개의 고무와 고무장갑의 고무가 비슷할 수도 있으며 다를 수 있다는 생각을 가지게 되는 것 같다.
- 사물을 사용하는 용도로만 탐색하는 것이 아니라 유아들이 생각한 그대로를 탐색하는 시간은 유아들에게 가장 즐거웠던 것 같다.

공과 관련된 스포츠의 종류 및 운동선수를 알아본다.

활동목표 공의 다양한 종류 및 용도를 알고 비교할 수 있다.

대상연령 만 4~5세

준 비 물 다양한 크기, 모양, 색깔에 따른 공들을 준비하고 스포츠와 관련된 그림 카드, 운동복 및 신발 등을 그림 카드로 준비한다. 숫자 카드

물리적 지식

① 공은 그 모양과 크기에 따라 각각 튀어 오르는 정도,방향 및 용도가 다르다.

② 공의 물에 뜨는 성질을 관찰할 수 있다.

③ 공의 재질과 모양과 크기에 따라 용도가 다양하다.

활동방법

① 다양한 공들을 보여주고 어떤 성질이 있는지 관찰한 후 실험해 본다.

② 각각 공의 이름을 알아보고 어떤 종류의 스포츠에 사용될 수 있는지 이야기 해 본다.

상호작용

수수께끼를 통해 유아의 주의집중을 돕는다.

교사 : 선생님이 이야기하는 것이 무엇인지 잘 들어보자.

나는요, 동그란 모양이에요, 나는요 작은 것도 있고 큰 것도 있어요,

사람들은 나를 좋아해요, 나를 발로 차기도 하고 손으로 던지기도 하고

굴리기도 해요, 나는 무엇일까요?

유아 : 공이요?!

교사 : ㅇㅇ가 공이라고 했는데, 어디 한번 볼까?

유아들과 함께 준비물을 탐색한다.

교사 : 앞에 어떤 것들이 준비되어 있니?

유아 : 공이요. 축구공이요. 농구공이요.

① 골프공, 테니스공, 축구공, 농구공을 관찰하기

② 그림을 보며 무슨 그림인지 이야기 나누고 공의 특성을 탐색하기

교사 : 여러 종류의 공이 있어.
〈농구공을 보여주며〉 이 공은 무슨 공일까?

유아 : 농구공이요.
〈각각의 공을 살펴보며 무슨 공인지 이야기해 본다〉

교사 : 농구공, 축구공, 골프공, 테니스공이 있는데, 이 공들로 무엇을 해 볼 수 있을까?

유아 : 축구를 해요. 공을 던져요. 공을 튀겨요. 공을 굴려요~

교사 : 공을 가지고 다양하게 활동을 할 수 있는데, 오늘은 공을 튀겨도 보고, 물에 담가둬 보고 공의 크기도 비교해 볼 거야.

약속을 정한다.

교사 : 이렇게 활동하기 위해서는 우리가 몇 가지 약속을 해야 할 것 같아.
어떤 약속이 필요할까?

유아 : 공으로 친구를 때리지 않아요.
공을 서로 갖겠다고 싸우지 않아요.

교사 : 그렇구나. 우리 약속을 지키며 활동하자.

활동을 한다.

교사 : 공의 이름을 알아보았는데, 공이 서로 어떻게 생겼어?
우리 공을 자세히 볼까?

③ 공의 튀어 오르는 정도를 실험해 보기

④ 물에 떠 있는 공을 관찰하기

유아 : 크기가 달라요

교사 : 그래, 공의 크기가 서로 다르구나. 어떻게 다르지?

유아 : 농구공은 크고 골프공은 작아요.~

교사 : 그렇구나. 그럼 우리 공의 크기가 가장 작은 것부터 순서대로 놓아볼까?

유아 : 〈공이 작은 순서대로 놓아본다〉
골프공, 테니스공, 축구공, 농구공이요

교사 : 골프공이 가장 작고 그 다음은 테니스공이 작고 그 다음은 축구공, 농구공이 제일 크구나. 또 어떤 것이 다를까?

유아 : 이름이 달라요.~

교사 : 맞아. 아까 알아본 것처럼 공들의 이름이 달라요. 또 무엇이 다를까?

유아 : 공의 색깔이 달라요.

교사 : 그렇구나. 공들의 색깔도 서로 다르구나. 우리 이번엔 공들을 한번 만져볼까?
느낌이 어때?

유아 : 골프공은요 딱딱하고 화장지처럼 올록볼록해요. 테니스공은 털실 같은 느낌이에요.

교사 : 그렇구나. 너희가 느낀 것처럼 선생님도 그래. 그럼, 축구공의 느낌은 어떠니?

유아 : 부드러워요.

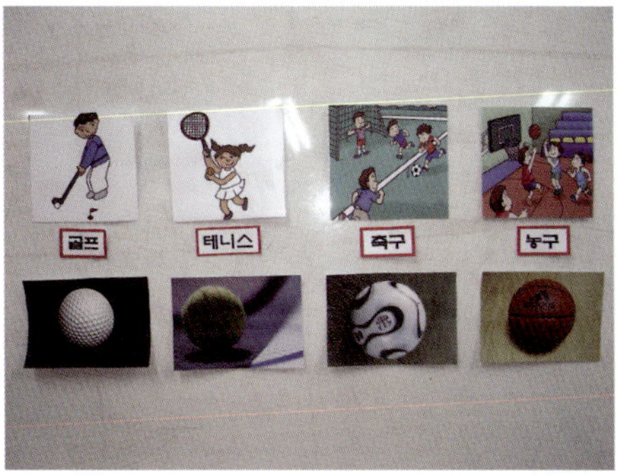

⑤ 공과 스포츠를 짝짓기

⑥ 활동을 평가하기

교사 : 그렇구나. 농구공의 느낌은 어떠니?

유아 : 부드럽지가 않고 까칠해요.

교사 : 4개의 공이 모두 느낌이 다르네. 각각의 공들을 땅에 튀기면 어떨까? 모두 똑같이 튀어 오를까?

유아 : 아니요.~ 농구공이 가장 잘 튀어 오를 것 같아요.

교사 : ○○가 농구공이 가장 잘 튀어 오를 것 같다고 했는데, 우리 한번 실험해 볼까?

유아 : 네. 〈○○가 농구공을 실험해 본다〉

교사 : 농구공이 어디까지 올라왔니?

유아 : 여기요.

교사 : 그래, ○○의 농구공은 여기까지 튀어 올랐어. 그럼 축구공은 어디까지 튀어 오를까?

유아 : 여기요.

교사 : 그럼, 축구공도 실험해 보자.
〈축구공, 테니스공, 골프공의 튀어 오르는 정도를 실험해 본다〉

교사 : 농구공, 축구공, 테니스공, 골프공 모두 실험해 보았는데, 어느 공이 가장 높이 튀어 올랐니?

유아 : 농구공이요.~

교사 : 그래, 너희들이 본 것처럼 농구공이 좀 더 높이 튀어 올랐어요.

이번에는 이 공들을 물에 넣어볼 거야. 물속에 들어가면 공이 어떻게 될까?

유아 : 물에 가라앉아요. 물에 떠요.

교사 : ○○는 물에 가라앉을 것 같고, ○○는 물에 뜰 것 같다고 했는데, 어디 한번 실험해 볼까?

유아 : 네.

〈4개의 공을 물속에 넣은 후 관찰한다〉

교사 : 다들 보았니? 공이 어떻게 되었어?

유아 : 공이 물에 가라앉았어요. 공이 물 위에 떠 있어요.

교사 : 그래, 물 위에 떠 있는 공도 있고 가라앉은 공도 있네. 물 위에 떠 있는 공은 어떤 공이었니?

유아 : 농구공이요. 축구공이요. 테니스공이요.

교사 : 그래, 그럼 물에 가라앉은 공은?

유아 : 골프공이요.

교사 : 잘 관찰하였구나. 농구공, 축구공, 테니스공은 물 위에 떠 있지만 골프공은 가라앉았어. 물속에 있는 공을 튀기면 어떨까?

유아 : 안 튀어 오를 것 같아요.

교사 : 누가 한번 해 볼까?

유아 : 저요, 저요.

교사 : ◇◇와 ○○가 한번 해 보자.

유아 : 공이 안 튀어 올라요.

교사 : 그래, 땅 위에서는 잘 튀어 오르던 공이 물에서는 안 튀어 오르는구나. 우리가 공에 대해서 알아보았는데, 그럼 이 공들을 어떻게 사용하는지 알고 있니?

유아 : 축구공은 축구할 때 사용해요. 발로 차기도 하고 머리로 치기도 해요.

교사 : 그렇구나. 농구공은 어떻게 사용할까?

유아 : 농구공은 농구할 때요. 손으로 땅에 튕겨요. 던져서 골을 넣어요.

교사 : 테니스공은 어떻게 사용할까?

유아 : 던져요. 잘 모르겠어요.

교사 : 테니스공은 테니스라는 스포츠를 할 때 사용해. 팀을 나눠 라켓으로 공을 서로 치고받는 운동이야.

유아 : 아~ TV에서 본적 있어요.

교사 : 그럼, 골프공은 어떻게 사용할까?

유아 : 막대기로 골프공을 구멍에 넣어요.

교사 : ◇◇가 잘 말해 주었는데, 막대기는 골프채라고 부른단다.
너희들이 공을 어떻게 사용하는지 잘 말해 주었는데, 선생님이 여기 여러 가지 운동하고 있는 그림 카드와 공 그림과 글자 카드를 가지고 왔단다. 우리 그림에 맞는 공과 이름을 찾아볼까?

유아 : 네.
〈유아들이 나와서 융판에 스포츠와 관련된 공 그림과 이름을 찾아서 붙여본다〉

교사 : 모두 잘 붙여주었어.

공을 가지고 활동한 것에 대해 평가한다.

교사 : 오늘 공을 가지고 무엇을 해 보았지?

유아 : 크기를 비교했어요. 바닥에 튕겨 보았어요. 물에 넣었어요. 공을 어떻게 사용하는지 배웠어요.

교사 : 맞아. 우리가 공을 가지고 여러 가지 활동을 해 보았는데 어떤 점이 재미있었니?

유아 : 공을 바닥에 튕긴 거요.

교사 : 그래, 공을 바닥에 튕겼더니 공마다 튀어 오르는 정도가 달랐지.

유아 : 네.

교사 : 어려운 점은 없었니?

유아 : 물에 있는 공을 튕기고 싶었는 데 그게 어려웠어요.

교사 : 그랬구나.

공은 대근육 영역에서 제시해 주실테니 자유선택 활동시간에 놀이해 보도록 하자.

활동 후 평가

- 각각의 공을 서로 다른 유아들이 바닥에 튕겼더니 공을 튕긴 세기가 서로 달랐던 것 같다. 한 명의 유아가 4개의 공을 튕겨서 비교했으면 좀 더 정확하게 비교가 되었을 것 같다.

멀리 튕기기 놀이

활동목표 고무의 탄성을 알게 된다.

대상연령 만 4~5세

준 비 물 단단한 재질의 직사각형 상자 또는 틀, 플라스틱 병뚜껑, 구슬, 넓은 고무밴드, 접착제, 미술 활동 도구

물리적 지식

① 고무는 부드럽고 늘어나며 말랑말랑 하다.
② 고무는 늘어났다가 원래의 상태로 되돌아가는 탄성의 성질이 있다.
③ 고무를 세게 잡아당기면 탄성에 의해 물체를 멀리 보낼 수 있다.

활동방법

① 옛날 놀이 기구 중 하나인 새총에 대해 유아들과 이야기를 나눈다.
② 준비물을 탐색하고 새총과 같은 놀잇감을 어떻게 만들지 궁리해 본다.
③ 직사각형 상자나 틀의 짧은 쪽을 양쪽 다 자른다.
④ 상자의 자른 면에 고무밴드를 단단하게 고정시킨다.
⑤ 상자의 바닥을 다양한 그림으로 꾸며본다.
⑥ 플라스틱 병뚜껑 안쪽에 접착제를 이용하여 구슬을 붙인다.
⑦ 고무밴드 안쪽에 구슬이 들어 있는 플라스틱 뚜껑을 놓는다.
⑧ 플라스틱 뚜껑과 고무밴드를 함께 잡고 힘껏 당겼다가 놓는다.
⑨ 플라스틱 뚜껑이 날아간 위치를 표시한다.
⑩ 다른 유아도 같은 방법으로 활동을 하고 누가 가장 멀리 보냈는지 알아본다.

상호작용

옛날 놀이 기구 중 하나인 새총에 대해 유아들과 이야기를 나눈다.

교사 : 〈새총을 보여주며〉 이런 놀이 기구를 본 적 있나요?

유아 : 새총이에요.

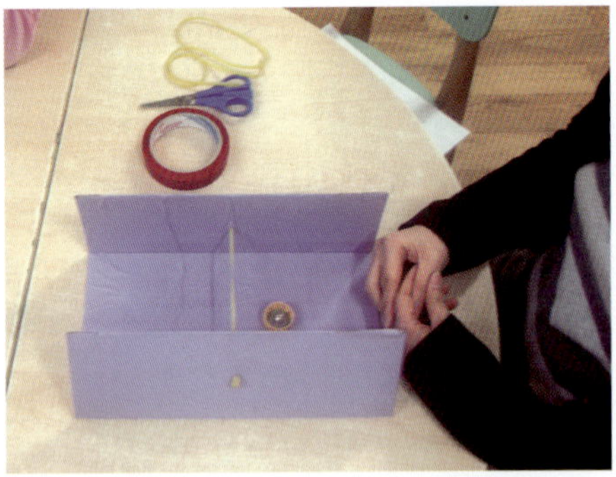
① '멀리 튕기기 놀이' 활동 준비물

② 뚜껑을 고무밴드와 함께 잡고 힘껏 당기기

교사 : 옛날에는 이 새총을 가지고 돌멩이를 누가 더 멀리 날아가게 하는지 시합을 하며 놀이를 했대요. 오늘은 옛날에 사용했던 새총과는 조금 다른 형태의 새총을 만들어볼 거예요.

멀리 튕기기 활동에 필요한 놀이 기구를 유아들과 함께 만든다.

교사 : 선생님이 상자의 짧은 쪽을 다 자르고 한쪽만 고무밴드로 단단하게 고정시킬 거예요.

교사 : 상자 바닥을 어떤 그림으로 꾸밀까?

유아 : 우주선이요. 길을 그려요. 원숭이도 그려요.

교사 : 플라스틱 병뚜껑을 무겁게 하려면 어떻게 할까?

유아 : 구슬을 붙여요.

교사 : 구슬을 무엇으로 고정시킬까?

유아 : 접착제를 사용해서 붙여요.

멀리 튕기기 활동을 시작한다.

교사 : 구슬이 들어 있는 플라스틱 뚜껑을 고무밴드 안쪽에 대고 플라스틱 뚜껑과 고무밴드를 함께 잡아 가슴 쪽으로 힘껏 당겼다가 놓아보세요.

교사 : 플라스틱 뚜껑이 어떻게 되었나요?

유아 : 플라스틱 뚜껑이 날아갔어요.

교사 : 플라스틱 뚜껑이 날아간 위치를 표시해 놓자.

③ 병뚜껑을 멀리 날려 보내기

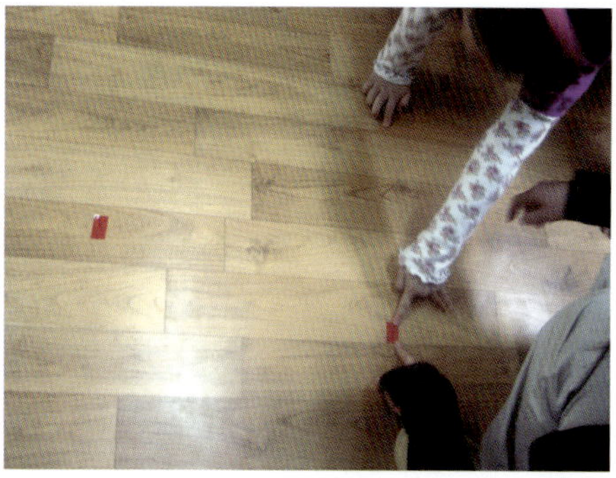

④ 누가 멀리 보냈는지 날아간 뚜껑의 위치 표시하기

다른 유아도 같은 방법으로 활동을 하고 누가 가장 멀리 보냈는지 알아본다.

교사 : 이제 플라스틱 뚜껑을 누가 가장 멀리 보내는지 시합을 해볼 거예요.

플라스틱 뚜껑을 멀리 날아가게 하는 방법에 대해 이야기 나눈다.

교사 : 어떻게 하면 플라스틱 뚜껑을 멀리 날아가게 할 수 있을까?

유아 : 고무줄과 플라스틱 뚜껑을 가슴 쪽으로 많이 잡아당겼다가 놓아요.

교사 : 왜 고무줄을 많이 잡아당길수록 플라스틱 뚜껑이 멀리 날아가게 되는 걸까요?

유아 : 고무줄이 플라스틱 뚜껑을 멀리 날아가게 밀어주는 것 같아요.

교사 : 그래 고무줄이 늘어났다가 원래의 상태로 되돌아가려는 성질 때문이란다. 이것을 좀 더 어려운 말로는 '탄성' 이라고 해요.

유아 : 네.

활동 후 평가

- 고무줄의 폭이 좁은 것을 사용해 플라스틱 뚜껑을 잡아당길 때 자꾸 미끄러져 떨어졌다. 넓은 하얀색 고무밴드를 사용하면 좋을 것 같다.
- 유아들은 고무줄이 늘어났다가 원래의 상태로 되돌아가려는 성질인 탄성에 대해 잘 알고 있어 고무줄을 세게 잡아당길수록 플라스틱 뚜껑이 더 멀리 날아가게 됨을 잘 이해했다.

고무줄 하프

활동목표 ① 고무줄 하프를 만들어 음계를 이해한다.
② 줄의 길이에 따라서 소리의 높낮이가 다르다는 것을 이해한다.
③ 줄이 팽팽하고 느슨함에 따라서 소리의 높낮이가 다르다는 것을 이해한다.

대상연령 만 5세

준 비 물 탄탄하고 네모난 휴지상자, 길이가 다른 둥근 고무줄 8개, 풀, 색지, 나무젓가락 등의 장식품

물리적 지식

① 줄이 팽팽할수록 높은 소리가 나고 줄이 느슨할수록 낮은 소리를 낸다는 것을 안다.
② 고무줄의 길이가 길면 낮은 소리가 나고 줄이 짧으면 높은 소리가 난다는 것을 안다.
③ 음의 높낮이에 따른 음계구성을 이해한다.
④ 소리의 떨림을 눈으로 볼 수 있다.

활동방법

① 고무줄을 마음대로 늘여보게 한다.
② 종이상자를 탄탄하게 만들기 위해 입구를 오려내고 신문지나 종이를 잘게 붙이고 말린다.
③ 색지나 기타 용품으로 종이상자를 꾸민다.
④ 고무줄의 길이가 짧은 고무줄부터 순서대로 팽팽하게 끼운다.
⑤ 손가락으로 길이가 짧고 긴 고무줄을 튕겨보면서 소리를 내보고 줄이 떨리는 현상을 관찰한다.
⑥ 울리는 고무줄에 손바닥을 대어 멈추게 한다.
⑦ 고무줄에서 튕겨 나오는 음을 듣고 소리를 내어본다.

① 고무줄을 탐색하기

② 종이상자에 신문지를 찢어 붙이기

⑧ 음의 높낮이에 따른 음계구성을 이해한다.

상호작용

고무줄을 마음대로 늘여보게 한다.

교사 : 이 끈의 이름은 무엇일까?

유아 : 고무줄이요.

교사 : 고무줄을 길게 해 볼 수 있을까?

유아 : 잡아당기면 돼요.

교사 : 그럼, 길게 한번 만들어볼까?

유아 : 네!

교사 : 와! 정말 길어졌네.
이 고무줄로 소리를 만들 수 있을까?

유아 : 네, 튕기면 돼요.

교사 : 그렇구나. 그럼, 우리도 고무줄을 튕겨서 소리를 만드는 악기를 만들어 볼까?
줄을 튕겨서 소리 내는 악기 중에 하프라고 있어요.
〈하프 사진을 보며 이야기 나눈다〉
우리도 고무줄 하프를 만들어보자!

③ 색지로 꾸미기

④ 고무줄로 연결하기

고무줄 하프를 만들고 연주하면서 소리에 대해 이야기 나눈다.

교사 : 긴 고무줄부터 점점 짧아지는 고무줄로 선생님이 연주해 볼게. 어떻게 소리가 들리는지 잘 들어볼까?

교사 : 어떻게 들리니?

유아 : 소리가 점점 높아져요.

유아 : 피아노의 도레미파솔라시도 같아요.

교사 : 그럼, 짧은 고무줄을 튕겼을 때와 긴 고무줄을 튕겼을 때 중 어느 쪽이 더 높은 음을 내는 것 같을까?

유아 : 짧은 고무줄이 더 높은 음을 내요. 〈친구들과 함께 연주해 본다〉

울리는 고무줄에 손바닥을 대어 멈추게 한다.

교사 : 이번에는 고무줄을 튕기고 손을 고무줄에 대어보자. 어떤 느낌이 들까?

유아 : 떨려요.

교사 : 고무줄을 튕겨 소리를 내보고 멈추고 싶으면 어떻게 하면 좋을까?

유아 : 손으로 막아요.

교사 : 손을 대어볼까? 〈손으로 대어본다〉

유아 : 소리가 멈췄어요. 소리가 못 움직여서 그런 거예요.

고무줄에서 튕겨 나오는 음을 듣고 소리 내어본다.

고무줄 하프를 만들면서 알게 된 점과 느낀 점에 대해 이야기 나눈다.

⑤ 소리의 높낮이 비교하기

⑥ 같은 길이의 고무줄 하프 소리와 비교하기

교사 : 오늘 선생님이랑 고무줄 하프를 만들었는 데 어땠어?

유아 : 재미있었어요. 고무줄을 튕겨서 소리 내니까 재미있어요. 그런데 저는 가야금 같았어요.

교사 : 맞아, 가야금도 이렇게 줄을 튕겨서 소리 내는 악기지. 이렇게 줄을 튕겨서 소리 내는 악기를 현악기라고 한단다. 그래서 가야금도 하프처럼 줄을 이용하여 소리를 내니까 비슷한 느낌이 들었구나, 또 어떤 느낌이었니?

유아 : 줄마다 소리가 다르게 나니까 신기했어요.

교사 : 그렇구나. 고무줄로도 피아노처럼 서로 다른 소리를 낼 수 있어서 신기한 느낌이 들었구나.

활동 후 평가

- 고무줄 길이에 따라 소리의 높낮이가 달라지는 것을 이해하였다.
- 고무줄을 튕긴 후에 손을 대면 고무줄의 떨림이 바로 멈춘다는 것을 이해하였다.
- 고무줄의 떨림을 눈으로 확인할 수 있었으나 그것이 소리의 떨림이라는 것에 대한 이해는 어려워하였다.
- 고무줄의 길이가 길거나 느슨하게 끼우면 낮은 소리가 나고 짧고 팽팽하면 높은 소리가 난다는 것을 쉽게 이해하였다.

- 하프 사진을 보며 하프에 대해 소개했다. 유아들의 하프에 대한 경험을 들어 보았는데, 하프는 동화나 신화 속에서 많이 접하고 있었다. 하프에 대해 관심이 많았다.
- 고무줄을 탐색할 때 고무줄에서 다양한 소리가 날 것이라고 쉽게 유추하지 못했다.
- 하프를 만들어 연주했을 때 다양한 소리가 나는 것에 대해 신기해 하며 피아노와 비교하였다. 그래서 이번에는 고무줄의 길이가 같은 것을 연주하여 고무줄 길이에 따라 다른 소리가 나는 것임을 증명해 보았다. 그러자 유아들이 피아노의 원리도 궁금해 하였다.

5. 플라스틱

빗과 붓으로 모양 만들기

활동목표 빗으로 다양한 모양을 만들 수 있다.

대상연령 만 4~5세

준 비 물 여러 종류의 빗(길게 만든 플라스틱이나 고무로 만든 빗, 다양한 모양의 빗, 빗살의 길이가 다르거나 빗살의 넓이나 폭이 다른 빗), 수채화용 붓, 지점토

물리적 지식

① 빗살의 크기와 모양에 따라 용도가 다른 것을 알 수 있다.
② 빗은 마찰에 의해 사물을 움직일 수 있거나 가지런하게 정리할 수 있다.
③ 빗은 빗살을 다른 사물로 두드리거나 긁어서 소리를 만들 수 있다.
④ 빗과 붓으로 부드러운 사물의 모양을 변화시킬 수 있다.

활동방법

① 다양한 크기, 모양을 가지고 있는 빗과 붓을 가지고 그 특징과 성질 및 용도에 대해 이야기를 나누어본다.
② 붓과 빗은 어떤 점에서 유사하고 다른지 이야기해 본다.
③ 빗으로 사물을 자르거나 모양을 변화시킬 수 있는지 생각해 본다.
④ 점토 위에 빗으로 찍기를 하여 다양한 빗의 모양과 빗살무늬를 만들어본다.
⑤ 붓으로 할 수 있는 활동을 고안해 본다.

상호작용

준비물은 수수께끼를 통해 맞추어본다.

교사 : 선생님이 수수께끼를 하나 내볼 테니까 맞춰보자.

유아 : 네.

교사 : 이것은요. 우리 주변에서 많이 볼 수 있어요. 그리고 우리 햇님반에도 있어요.

유아 : 놀잇감

교사 : 우리 반에서는 역할영역에서 볼 수 있어요.

유아 : 인형

교사 : 이것은 머리를 빗을 때 사용해요.

유아 : 빗

교사 : 맞아. 우리 교실의 역할영역에서 볼 수 있고 머리를 빗을 때 사용하는 바로 빗이야. 너희들도 빗을 자주 보았니?

유아 : 네.

교사 : 오늘은 선생님과 빗으로 재미있는 활동을 해볼 거야.

준비물을 탐색해 본다.

교사 : 여기에 무엇이 있니?

유아 : 빗이랑 붓이요.

교사 : 그래, 여기에 여러 개의 빗과 붓이 있어. 모양이 다 어떠니?

유아 : 달라요.

교사 : 그래, 여기에 있는 빗은 큰 것도 있고 작은 것도 있고 동그란 것도 있고 길쭉한 것도 있어. 붓은 어떠니?

유아 : 두꺼운 것도 있고 작은 것도 있어요.

교사 : 그래. 그럼 너희들이 직접 붓과 빗을 만져보고 붓과 빗의 다른 점과 같은 점을 생각하여 이야기해 보자.

유아 : 〈붓과 빗을 탐색해 본다〉

빗과 붓의 특징을 이야기해 본다.

교사 : 너희들은 빗으로 무엇을 하니?

유아 : 머리를 빗어요.

교사 : 그럼 붓을 가지고 어떤 것을 할 수 있을까?

유아 : 물감을 색칠할 수 있어요.

① 빗과 붓의 다른 점과 같은 점에 대하여 이야기하고 지점토로 할 수 있는 활동을 예측해 보기

② 지점토를 빗으로 찍어보기

교사 : 그렇구나. 너희들이 빗과 붓을 만져보았는데, 어떤 점이 달랐니?

유아 : 빗은 뾰족하고 붓은 부드러워요.

교사 : 그렇구나. 또 다른 점을 발견한 사람 있니?

유아 : 다 크기가 달라요.

교사 : 그래, 붓과 빗의 크기가 다 다르구나.

유아 : 빗은 딱딱한 것으로 만들어져 있는데, 붓은 부드러운 털로 만들었어요.

교사 : 그래, 빗은 만져보면 다 딱딱한 것으로 만들어져 있는데, 붓은 손으로 잡는 곳은 딱딱한 것으로 만들어져 있고 물감을 묻히는 곳은 부드러운 털로 만들어져 있네. 그럼 너희들이 보았을 때 붓과 빗의 같은 점을 발견한 점이 있니?

유아 : 빗과 붓의 이름이 비슷해요.

교사 : 그래, 빗과 붓은 한 글자 이름으로 되어 있고, 이름에 'ㅂ'이 들어가는 것이 비슷하네. 정말 잘 관찰했구나. 그리고 또 발견한 것이 있었니?

유아 : 빗하고 붓은 길쭉해요.

교사 : 그래, 빗과 붓은 모두 길쭉한 모양을 갖고 있구나.

유아 : 그리고 길쭉한 것들이 많이 달려 있어요.

교사 : 맞아. 빗은 머리를 빗는 부분에 길쭉한 것들이 많이 달려 있고 붓에도

③ 붓으로 찍기

④ 지점토에 붓을 이용하여 색칠하기

길쭉한 털이 많이 달려 있네. 정말 잘 보았구나.

지점토에 빗과 붓으로 찍기를 한다.

교사 : 선생님이 지점토를 준비해 왔어. 우리 지점토, 빗, 붓으로 무엇을 할 수 있을까?

유아 : 붓으로 지점토에 물감을 칠할 수 있어요.

교사 : 그래, 지점토에 물감 칠하는 활동을 할 수 있어 그리고 다른 생각을 하고 있는 사람 있니?

유아 : 지점토에 찍어서 모양을 만들어요.

교사 : 그렇구나. 지점토에 빗과 붓을 찍어서 모양을 만들 수도 있구나. 그래, 지점토에 빗과 붓을 사용해서 찍어보기를 해볼 거야. 우선 빗으로 찍어 보도록 하자.

유아 : 〈지점토에 빗으로 찍기를 한다〉

교사 : 이번에는 붓으로 찍기를 해 보자.

유아 : 〈지점토에 붓으로 찍기를 한다〉
선생님, 붓으로 잘 안 찍어져요.

교사 : 모양이 잘 나오지 않니? 왜 그럴까?

유아 : 붓에 있는 털이 너무 부드러워서 모양이 잘 안 찍혀요.

교사 : 그렇구나. 그럼 빗을 찍을 때는 어땠니? 모양이 잘 찍혔니?

유아 : 네.

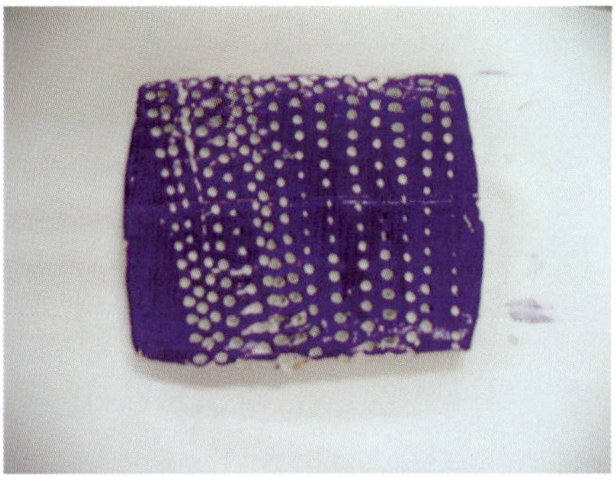

⑤ 색칠 후의 모습

⑥ 모든 활동 후 평가하기

교사 : 빗으로 찍었을 때는 왜 모양이 잘 나왔을까?

유아 : 빗은 딱딱해서 모양이 잘 보여요.

교사 : 그렇구나. 빗은 딱딱해서 지점토에 찍었을 때 모양이 잘 보였지만 붓은 털이 부드러워서 모양이 잘 찍히지 않았구나.

유아 : 네.

붓으로 할 수 있는 활동을 해 본다.

교사 : 빗으로 찍었을 때에는 잘 찍혔지만 붓으로 찍었을 때에는 모양이 잘 찍히지 않았어. 그럼 붓을 사용해서 할 수 있는 활동은 무엇이 있을까?

유아 : 붓에 물감을 칠해서 지점토에 색칠해요.

교사 : 그래, 그런 방법이 있구나. 그럼 우리 붓에 물감을 묻혀서 색칠해 보도록 하자.

유아 : 〈붓을 사용하여 지점토에 색칠을 한다〉

교사 : 색칠을 다 해 보았는데 어땠니?

유아 : 재미있었어요. 색칠을 하니까 빗으로 찍은 모양이 더 잘 보여요.

교사 : 그렇구나. 정말 물감으로 칠하니까 너희들이 찍은 모양이 더욱 잘 보이는구나.

활동에 대한 평가를 한다.

교사 : 오늘 너희들 어떤 것들을 해 보았니?

유아 : 빗으로 지점토 찍기를 했어요. 그리고 붓으로 물감을 칠해 보았어요.

교사 : 그래, 많은 활동을 했었는데 어땠니?

유아 : 재미있었어요.

교사 : 그럼 너희들이 활동을 하는 데 어려운 점은 없었니?

유아 : 붓으로 찍을 때 모양이 나타나지 않았어요.

교사 : 그래, 붓으로 찍을 때에는 모양이 잘 나타나지 않았어. 왜 그랬을까?

유아 : 붓은 털이 부드러워서요.

교사 : 그래, 붓은 털이 부드럽기 때문에 찍었을 때 모양이 잘 나타나지 않았구나. 그럼, 다음에 또 부드러운 것과 딱딱한 것을 찾아보도록 하자.

활동 후 평가

- 더 다양한 종류와 재질의 빗이 준비되었더라면 지점토에 찍었을 때 다양한 모양이 찍힐 수 있었을 텐데 준비되지 못한 점이 아쉽다.

단추의 특징에 따라 분류하기

활동목표 단추의 모양, 색, 크기, 두께 및 단추 재료가 서로 다르다는 것을 알 수 있다.

대상연령 만 4~5세

준 비 물 다양한 모양, 색, 크기, 두께, 단춧구멍을 가지고 있는 단추들, 털실

물리적 지식

① 단추의 모양, 색, 크기, 두께, 단춧구멍이 서로 다르다는 것을 알 수 있다.
② 단추의 재질이 다르다는 것을 알 수 있다.
③ 단추의 용도에 따라 각각의 다양한 기능을 알 수 있다.

활동방법

① 털실로 원 모양을 2개로 만든다.
② 다양한 단추를 색에 따라 분류한 후 각각의 털실로 만든 원 모양 위에 올려 놓는다.
③ 다양한 단추를 크기, 모양, 두께, 단춧구멍의 수에 따라 분류 기준을 다르게 하여 분류한다.
④ 서로 공통점을 찾아보고 복합분류를 해 본다. 털실로 만든 원 모양을 서로 교차되게 만들어 그 위에서 공통된 부분과 다른 부분에 따라 분류하여 단추의 위치를 옮겨 놓아본다.
⑤ 단추나 단춧구멍의 크기를 비교한 후 상호 짝짓기를 생각해 보고 끼워볼 수 있게 한다.
⑥ 단추의 용도와 기능을 생각해 보고 서로 유사한 것과 차이점들을 비교하고 분류해 본다.
⑦ 단추의 크기에 따라 서열화해 본다.
⑧ 단추의 도형을 그림의 도형과 짝짓기 하고 패턴을 다양하게 구성해 본다.

상호작용

친구들의 옷을 관찰한다.

교사 : 너희들이 입고 있는 옷에서 동그랗게 구멍이 있는 것을 찾아보자.

유아 : 난 없는데.

유아 : 난 있어 단추 맞죠!

교사 : ○○는 왜 단추라고 생각했니?

유아 : 단추는 동그랗고 구멍이 있잖아요!

교사 : 그럼 단추를 살펴보면서 단추에는 어떤 특징이 더 있는지 알아볼까요?

유아 : 네.

준비한 재료를 탐색한다.

교사 : 여기 선생님이 단추를 여러 개 준비했어.

유아 : 와~ 색이 진짜 많다.

교사 : 그래, 여러 색깔의 단추가 있구나. 어떤 색이 있니?

유아 : 빨간색, 흰색, 보라색, 연두색.

교사 : 그런데 빨간색이 몇 개니?

유아 : 음... 하나, 둘, 셋, 넷 4개요.

교사 : 이렇게 섞여 있는 데서 수를 세니 오래 걸리는 것 같아. 어떻게 하면 더 잘 구분할 수 있을까?

유아 : 같은 색끼리 모아봐요.

분류 기준에 따라 분류해 본다.

교사 : 그래, ○○가 얘기한대로 같은 색끼리 모아보는데, 여기 선생님이 준비한 털실 안에 누가 흰색의 단추를 모아볼까?

유아 : 저요.~~

교사 : 하얀색 티를 입은 ○○가 흰색 단추를 모아보자.
보라색은~~

교사 : 모아 놓은 단추를 보자! 같은 색끼리 모아봤는데 단추 크기는 어떠니?

① 친구들의 옷을 관찰한 후 단추색 알아보기

② 색과 크기에 따라 분류하기

유아 : 달라요. 어떤 것은 작고 어떤 것은 커요.

교사 : 어떤 단추가 가장 크니?

유아 : 이게 가장 크고 이게 가장 작아요.

교사 : 그렇구나.
그럼 이번에는 크기가 같은 것끼리 여기에 한번 모아볼까!

유아 : 제가 해 볼래요.

교사 : 음 조금 전에 해 보지 못했던 ○○가 같은 크기끼리 모아보자.

교사 : 와~~ 크기가 같은 것끼리 모았더니 어떻게 되었니?

유아 : 색이 섞여버렸어요.

교사 : 그렇구나. 색이 섞였네. 그럼 우리가 가지고 있는 단추의 두께는 어떠니?

유아 : 이건 얇구요. 이건 두꺼워요.

교사 : 그래, 그럼 이 털실 안에는 얇은 단추를, 저 털실 안에는 두꺼운 단추를 모아보자.

유아 : 얇은 것끼리 모았더니 또 색이 여러 색이네요.

교사 : 그렇구나. 그럼 여기 있는 그림을 한번 보자.

유아 : 빨간색이면서 크기가 같아요.

교사 : 그래, 이렇게 두 가지 방식으로 한번 모아보자.

유아 : 네.

교사 : 여기 그림 카드를 나눠줄테니 단추를 두 가지 방식으로 모아보자.

③ 같은색 중에서 크기에 따라 분류하고 공통되는 것 찾아 분류하기

④ 평가 및 털실에 끼워 목걸이 만들어보기

교사 : 두께가 같은 단추의 크기는 어떠니?

유아 : 같아요.

교사 : 그래, 그럼 이 털실을 이렇게 해 볼게. 여기에 연두색과 보라색을 모아보자.

유아 : 제가 해 볼래요.

교사 : 그래, ㅇㅇ가 한번 해 보자.

교사 : 그럼, ㅇㅇ는 여기 모은 것 중에서 같은 크기의 단추를 여기에 모아보자.

유아 : 색은 다른데 크기가 같은 게 모였어요.

교사 : 그렇구나. 여기 모은 것 중에서 단춧구멍이 몇 개인지 세어보자.

단춧구멍에 털실을 끼워본다.

유아 : 모두 4개예요.

교사 : 그렇구나. 그럼 여기 이 털실을 단춧구멍에 끼워볼 수 있을까?

유아 : 네.

교사 : 누가 해 보고 싶니?

그림의 도형을 보고 패턴을 구성해 본다.

교사 : 이렇게 계속 끼워보니 어떤 모양이 되니?

유아 : 단추를 여러 개 끼우니 목걸이 같아요.

교사 : 그래.

교사 : 그럼 이 그림을 보고 단추 목걸이를 만들어보자.

유아 : 처음엔 빨간색이고 다음엔 흰색, 그리고 또 다음엔 빨간색이예요.

교사 : 그래, 너희가 그림을 보고 모양을 잘 구성해 주었구나. 이렇게 두 가지 색이 반복되면서 바뀌는 것을 패턴이라고 해요! 물론 색이 아닌 크기가 될 수 있고 두께가 될 수도 있어요.

유아 : 네.

평가한다.

교사 : 오늘 단추를 여러 방식으로 모아보았는데 어땠니?

유아 : 재미있었어요.

유아 : 다음에는 저도 목걸이 만들어보고 싶어요.

교사 : 그래, 오늘 해 보지 못한 친구는 조작영역에서 해 보도록 하세요.

활동 후 평가

- 유아들이 입고 있는 옷에서 도입을 했더니 유아들이 쉽게 접근할 수 있었다.
- 단추를 분류할 때 두세 가지 준거로 분류할 때는 조금 어려워했다.
- 단추의 종류가 한정되어 있어서 수업활동에 한계가 조금 있었다.

초능력 빗

활동목표 머리카락에 빗을 문지르면 빗이 전기를 띠게 된다는 것을 알게 된다.

대상연령 만 5세

준 비 물 플라스틱 병뚜껑(콜라 뚜껑처럼 위가 볼록한 것), 이쑤시개, 빗 또는 풍선, 안이 넓은 유리컵 또는 플라스틱 컵

물리적 지식

① 머리카락에 빗을 문지르면 빗은 (정)전기를 띠게 된다.
② 이쑤시개는 +(양)전하와 −(음)전하를 똑같이 갖고 있는데, 전기를 띤 빗이 가까이 오면 이쑤시개의 양전하와 빗의 음전하는 서로 끌어당기는 힘(인력)이 작용한다.
③ 전기도 자석처럼 반대 전하끼리는 서로 끌어당기고 같은 전하끼리는 밀어내려는 성질이 있다.
④ 마찰에 의해 책받침, 빗, 풍선 등이 정전기를 띠게 된다.

활동방법

① 머리를 빗다가 머리카락이 빗에 붙거나 그와 비슷한 경험을 한적 있는지 유아들과 이야기를 나누고 활동 준비물을 탐색한다.
② 위가 볼록한 플라스틱 병뚜껑을 윗면이 보이게 세워놓고 이쑤시개를 올려놓는다.
③ 이쑤시개가 떨어지지 않도록 조심스럽게 유리컵을 덮는다.
④ 풍선을 자기 머리 크기 정도로 불어서 입구를 묶는다.
⑤ 풍선이나 빗을 컵 가까이 대고 컵 주위에서 풍선이나 빗을 움직여본다.
⑥ 부풀린 풍선이나 빗을 머리에 여러 번 문지른 뒤 컵 가까이 대고 컵 주위에서 풍선이나 빗을 움직여보고 이쑤시개의 변화를 관찰한다.
⑦ 책받침, 볼펜 등 다른 물체들이 빗과 풍선처럼 이쑤시개를 움직일 수 있는지 알아본다.

상호작용

정전기를 띠게 하는 방법과 정전기를 띨 수 있는 물체에 대해 이야기 나눈다.

교사 : 선생님이 머리를 빗으로 여러 번 빗었더니 머리카락이 빗에 붙어버렸어. 너희들도 그런 경험이 있니?

유아 : 네.

유아 : 빗을 머리에 많이 문지르다가 머리카락이 빗에 붙었던 적이 있어요.

유아 : 풍선을 머리에 문질러도 잘 달라붙어요.

유아 : 종이도 잘 달라붙어요.

유아 : 저는요. 미끄럼틀을 타고난 다음에 머리카락이 하늘로 올라간 적이 있었어요.

교사 : 그랬구나. 그런데 머리를 빗이나 풍선으로 한 번만 빗거나 문질러도 머리카락이 붙었니?

유아 : 잘 모르겠어요.

교사 : 그래? 빗을 머리에 문지르게 되면 전기를 띠게 되는데, 우리가 실험으로 정말 그런지 알아볼까?

활동 준비물을 살펴본다.

교사 : 실험을 위해 선생님이 준비한 물건들을 보여줄게요.

교사 : 이것은 무엇일까?

유아 : 병뚜껑이요. 콜라 뚜껑이요.

교사 : 그래 위가 볼록한 플라스틱 병뚜껑이야.

교사 : 또 무엇이 있을까?

유아 : 이쑤시개, 빗, 유리컵이요.

어떤 활동을 해 볼 수 있을지 이야기 나눈다.

교사 : 여기에 준비되어 있는 도구들로 어떤 실험을 해 볼 수 있을까?

유아 : …

① 병뚜껑 위에 이쑤시개 놓기

② '초능력 빗' 활동 세트

교사 : 선생님이 알려 줄게요.
먼저 플라스틱 병뚜껑 위에 이쑤시개를 올려놓을 거야. 이쑤시개가 떨어지지 않게 조심해서 유리컵을 덮을게요. 이제 빗을 머리에 문지른 뒤 컵 가까이 대고 컵 주위에서 빗을 움직여보자. 이쑤시개가 어떻게 되는지 관찰해 보자.

실험을 하기 전에 유아들과 미리 실험결과에 대해 예측해 본다.

교사 : 이제 선생님이 보여준 것처럼 실험을 해 보려고 하는데, 빗을 머리에 문지른 뒤 컵 가까이 대고 컵 주위에서 빗을 움직여보며 이쑤시개가 어떻게 될지 미리 생각해 볼 거야. 이렇게 실험하기 전에 실험결과를 미리 생각해 보는 것을 어려운 말로 '예측'이라고 해.

교사 : 먼저 빗을 머리에 한번 문지른 뒤 컵 주위에서 움직였을 때 이쑤시개가 움직일까, 움직이지 않을까?

유아 : 움직여요.

교사 : 풍선이나 빗을 머리에 여러 번 문지른 뒤 컵 주위에서 움직였을 때 변화가 있을까, 없을까?

유아 : 움직여요.
〈예측한 결과를 예측판에 표시한다〉

③ 머리에 빗을 여러 번 문지르기

④ 머리에 문지른 빗을 유리컵 속의 이쑤시개에 가까이 대고 움직여보기

예측해 본 후 원하는 유아가 나와 실험을 한다.

교사 : 누가 나와서 빗을 머리에 한번 문지른 뒤 컵 주위에서 움직여볼까? ○○가 나와보자.

교사 : ○○가 빗을 머리에 한번 문지른 뒤 컵 주위에서 움직이니까 이쑤시개가 어떻게 되었니?

유아 : 가만히 있어요. 움직이지 않아요.

교사 : 너희들은 이쑤시개가 움직일 거라고 생각했는데, 결과는 어땠니?

유아 : 움직이지 않았어요.

교사 : 우리가 예측한 것과 실험결과가 달랐네. 그럼 이번에는 누가 빗을 머리에 여러 번 문지른 뒤 컵 주위에서 움직여 볼까? ○○가 나와보자.

교사 : ○○가 빗을 머리에 여러 번 문지른 뒤 컵 주위에서 움직이니까 이쑤시개가 어떻게 되었니?

유아 : 움직였어요.

교사 : 정말 이번에는 너희들이 생각한 것과 같네.

교사 : 그럼 빗 이외에 다른 물건들도 정전기를 띨 수 있을까? 교실에서 한번 찾아보자.

유아 : 책받침이요. 색연필이요. 종이요.

교사 : 너희들이 가져온 물건들이 이쑤시개를 움직일 수 있는지 먼저 예측해

보고 실험해 보자.

유아 : 네.

실험결과를 살펴보고 유아들과 함께 이야기를 나눈다.

교사 : 빗을 머리카락에 문지른 후, 어떻게 해서 머리카락이 빗에 달라붙거나 이쑤시개를 움직이게 할 수 있었을까?

유아 : 빗에 전기가 생겨요.

유아 : 전기가 생겨서 머리카락이 붙어버려요.

교사 : ○○가 말해 준 것처럼 빗을 머리카락에 문지르면 빗은 전기를 띠게 되는데, 빗과 같은 성질을 띤 전기를 만나면 밀어내고 다른 성질의 전기를 만나면 잡아당기려는 힘을 가지고 있어서 이쑤시개가 움직이게 되었어요.

활동 후 평가

- 실험을 준비할 때 너무 두꺼운 유리컵을 사용하거나 병뚜껑 표면이 평평한 것을 사용하면 실험결과를 제대로 살펴볼 수 없다.
- 플라스틱 컵을 사용하여도 실험결과를 잘 관찰할 수 있었다.
- 자석의 성질을 보여주었더니 유아들이 실험결과를 이해하는 데 도움이 되었다.

무슨 소리를 낼까?

활동목표 단추를 이용하여 악기를 만들 수 있다.

대상연령 만 4세

준 비 물 다양한 크기의 단추 각 12개씩, 철사, 하드보드지(10cm×20cm) 2장, 접착제, 접착제 판, 면봉, 손잡이를 감을 굵은 줄(지끈), 셀로판테이프

물리적 지식

① 단추의 모양, 크기, 재질 등에 따라 부딪칠 때 소리가 다르다.
② 단추가 부딪칠 때 한 가지 높이의 소리를 만들며 악기가 될 수 있다.
③ 철사는 철로 만들어진 끈이다.
④ 철은 단단한 성질이 있다.

활동방법

① 활동 재료들을 소개하고 무엇을 만들 수 있을지 이야기 나눈다.
② 하드보드지를 10×20cm의 직사각형으로 잘라 2개 준비한다.
③ 직사각형 하드보드지의 아래쪽 가운데에 넓이 3cm, 길이 6cm의 손잡이를 만들기 위해 점선(……)부분을 자른다..
④ 하드보드지 위쪽에는 6×10cm의 직사각형 구멍을 만들어 그림처럼 만든다.
⑤ 9cm 길이의 철사를 2개 준비하고, 유아가 선택한 같은 종류의 단추 6개를 각 철사에 끼운다.
⑥ 단추가 끼어 있는 철사를 하드보드지의 위 구멍에 닿지 않게 두 줄로 배열하고 철사 끝을 셀로판테이프로 고정시킨다.
⑦ 다른 하드보드지 1장을 그 위에 덮어서 붙인다.
⑧ 마를 때까지 기다린 다음 손잡이는 굵은 줄(지끈)로 촘촘히 감아 단단하게 만든다.
⑨ 다양한 단추로 만든 악기를 유아가 흔들어보고

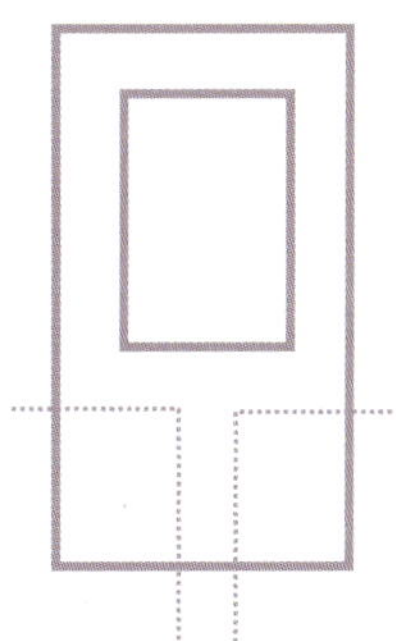

그림

① 단추를 탐색하고 철사에 단추 끼우기

② 하드보드지 위 구멍에 철사를 놓고 셀로판테이프로 고정하기

소리를 비교해 본다.

⑩ 단추로 만든 악기를 사용하여 노래에 맞춰 연주해 본다.

상호작용

활동 재료들을 소개하고 무엇을 만들 수 있을지 이야기를 나눈다.

교사 : 어떤 재료들이 준비되어 있니?

유아 : 두꺼운 종이, 단추, 긴 끈(철사)이요

교사 : 긴 끈은 너희들이 알고 있는 끈보다 단단한데 더 정확하게는 철사라고 한단다.

교사 : 그럼, 단추의 모양은 어떠하니?

유아 : 동그래요. 이건 단추가 커요. 이건 단추가 작아요. 이 단추는 하얀색이구요. 파란색이에요.

〈유아들에게 단추를 충분히 탐색할 시간을 준다〉

단추를 이용하여 악기를 만든 후 소리를 탐색해 본다.

〈만드는 방법을 유아들에게 소개한다〉

* A : 단추 크기가 큰 것(지름 2~2.5cm)만을 이용하여 만든 악기
* B : 단추 크기가 중간 것(지름 1~2cm 정도)으로 만든 악기

③ 크기가 작은 단추를 사용하여 악기 완성하기

④ 악기를 흔들며 연주하기

* C : 단추의 크기가 작은 것(지름 1cm 이하)으로 만든 악기

〈단추의 크기를 다르게 하여 A, B, C 악기를 만들도록 한다〉

교사 : 무슨 소리가 나나요?

유아 : 탬버린 소리 같아요.

유아 : 마라카스 소리 같아요.

교사 : 세게 흔들어볼까? 약하게 흔들어볼까?

〈A, B, C 악기를 모두 함께 흔들어 비교해 본다〉

유아 : 소리가 커요. 소리가 작아요.

교사 : 어떤 것이 소리가 제일 크다고 생각하니?

유아 : 〈단추가 제일 큰 것을 말함〉 음... 이거요.

교사 : 소리가 제일 작은 것은 어떤 것 같니?

유아 : 〈단추가 작은 것을 말함〉 이거요.

교사 : 단추의 크기에 따라 소리가 어떠한 가요?

유아 : 단추가 큰 것이 소리가 커요.

단추로 만든 악기를 사용하여 노래에 맞춰 연주해 본다.

활동 후 평가

- 유아들이 철사에 단추를 끼울 때 단추가 빠지지 않도록 철사의 끝을 매듭지어주어야 한다.
- 철사를 하드보드지에 붙일 때 철사가 굽어지지 않고 붙여질 수 있도록 교사가 도움을 주어야 한다.
- 위쪽 단추와 아래쪽 단추가 서로 겹치지 않도록 두 철사의 간격에 충분한 공간을 둔다.
- 흔들어볼 때 세게 흔드는 유아와 약하게 흔드는 유아에 따라 소리의 정도가 다를 수 있다.

탁구공아 모여라

활동목표 공기가 빠르게 흐를 때 주변 공기의 흐름에 변화를 일으킨다는 것을 안다.

대상연령 만 5세

준 비 물 1m 되는 실, 탁구공, 셀로판테이프, 긴 막대, 빨대

물리적 지식

① 입김을 세게 불면 공기의 흐름이 빨라져 저기압이 되고 그밖의 지역은 상대적으로 고기압이 된다. －베르누이의 원리

② 공기는 압력이 높은 곳에서 낮은 곳으로 흐르게 된다.

활동방법

① 실에 매달린 탁구공이 움직이지 않도록 할 수 있는 방법에 대해 이야기한다.

② 길이 1m 되는 2개의 실에 탁구공을 각각 1개씩 셀로판테이프로 붙인다.

③ 가로로 놓인 고정된 막대에 두 탁구공 사이는 3~5cm 정도 떨어지고 같은 높이로 탁구공이 매달리도록 실을 고정시킨다.

④ 두 탁구공이 움직이지 않을 때까지 기다린다.

⑤ 두 탁구공 사이에 얼굴을 가까이 하고 빨대로 바람을 힘껏 분다.

⑥ 빨대로 바람을 불 때 두 탁구공에 어떤 변화가 일어났는지 이야기를 나눈다.

상호작용

- **옷걸이나 막대 등을 이용하여 조용하게 관찰할 수 있는 영역에 준비물을 준비한다.**

- **2개의 탁구공이 움직이지 않도록 할 수 있는 방법에 대해 이야기한다.**

교사 : 무엇을 하고 있니?

유아 : 탁구공을 움직여 보고 있어요.

① 셀로판테이프로 탁구공에 실 연결하기

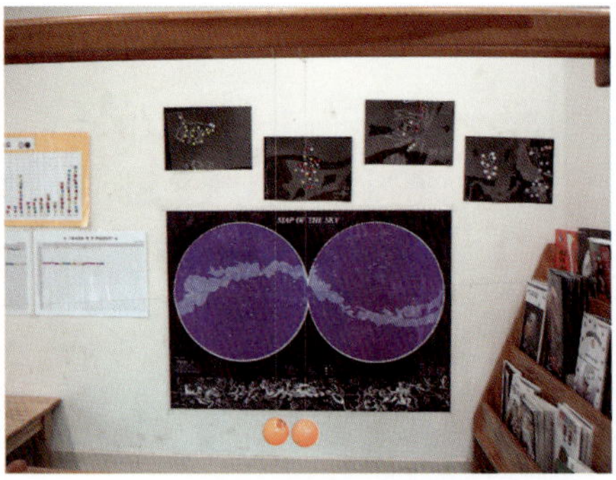

② '탁구공아 모여라' 활동 장치

교사 : 탁구공을 가지고 재미있는 실험을 해 보려고 하는데, 두 탁구공을 움직이지 않게 해 볼까? 어떤 방법이 있을까?

유아 : 손으로 탁구공을 잡아요.

유아 : 좀 기다려요.

교사 : 탁구공이 움직이지 않도록 두 가지 방법 다 사용해 볼까?

탁구공 사이에 바람을 불 때 어떤 도구를 사용할지 이야기를 나눈다.

교사 : 이제 탁구공 사이에 바람을 불어넣으려고 하는데, 무엇으로 해 볼까?

유아 : 입으로 바람을 불어요.

유아 : 빨대 같은 것으로 불어요.

교사 : 그럼, 먼저 입으로 불어볼까?

유아 : 네.

교사 : 탁구공 사이로 바람이 불어지니?

유아 : 아니요. 잘 안돼요.

교사 : 그럼, ○○가 말한대로 빨대로 불어볼까?

빨대로 바람을 불 때 두 탁구공에 어떤 변화가 일어났는지 이야기를 나눈다.

교사 : 빨대로 부니까 탁구공이 어떻게 움직이고 있니?

유아 : 서로 부딪쳐요.

교사 : 더 자세히 볼까? 탁구공이 더 잘 움직이게 하려면 어떻게 하면 좋을까?

③ 탁구공이 정지되기를 기다리기

④ 빨대로 바람을 불어 탁구공 모으기

유아 : 더 세게 불어요.

교사 : 그래, 그럼, ○○가 빨대로 바람을 좀 더 세게 불어볼까? 어떻게 움직이니?

유아 : 탁구공들이 안쪽으로 움직여요. 밖에서 안으로 움직여요.

탁구공 움직임에 대해 왜 그런 현상이 일어나는지 이야기를 나눈다.

교사 : 왜 탁구공들이 밖에서 안으로 움직이는 걸까?

유아 : 바람이 부니까 탁구공에 부딪쳐서 그런 것 같아요.

유아 : 탁구공이 가벼워서 그런 것 같아요.

교사 : 탁구공 사이에 바람을 불면 탁구공 사이에 있던 공기들이 아주 빨리 움직이게 된대. 그런데 공기들은 천천히 움직이는 곳에서 빨리 움직이는 곳으로 이동하기 때문에 탁구공들이 밖에서 안으로 움직이게 된단다.

활동 후 평가

- 여러 번의 실험을 통해 탁구공의 움직임을 자세히 관찰한 이후에 진행하여야 한다.
- 비슷한 실험들을 통해 공기의 움직임에 대한 이해를 도울 수 있다.
  - 준비물 : 물이 담긴 병, 빨대 1개
  - 빨대 1개를 밖으로 나오도록 꽂은 다음 그 위에 송풍기를 작동시킨다.
  - 물과 연결된 빨대 밖의 공기를 빨리 흐르게 함으로써 압력이 낮은 쪽으로 물이 뿜어져 나오도록 한다.

볼 드럼

활동목표 ① 재활용품을 이용하여 드럼을 만들어 소리를 내본다.
② 북면이 팽팽하고 느슨함에 따라 소리의 크기가 다르다는 것을 이해한다.

대상연령 만 5세

준 비 물 크기가 다른 볼, 둥근 과자 통, 기름종이나 헝겊, 연필이나 나무젓가락, 소금, 악보 '음악대'

물리적 지식

① 두드림에 따라 떨림의 형태가 다르다는 것을 안다.
② 북면의 느슨함과 팽팽함에 따라 나는 소리가 다름을 안다.
③ 드럼 면이 진동함에 따라 공기가 그 주변에 있다는 것을 안다.

활동방법

① 주방 기구인 볼의 이름과 용도에 대해 함께 이야기를 나눈다.
② 볼이나 과자 통 위를 기름종이나 헝겊으로 팽팽하게 펴서 덮는다.
③ 끈이나 고무줄로 볼이나 과자 통 둘레를 탄탄하게 또는 느슨하게 묶어준다.
④ 볼 드럼을 연필이나 나무젓가락을 가지고 '탭탭' 두드린다.
⑤ 약간의 소금을 볼 드럼 위에 뿌리고 두드리면 떨림의 소리를 느낄 수 있다.
⑥ 북면 가장자리 한 부분을 가볍게 누르고 두드려보아 높은 소리가 나는 것을 들어본다.
⑦ '음악대'를 볼 드럼으로 연주하면서 노래를 부른다.

상호작용

주방 기구인 볼의 이름과 용도에 대해 함께 이야기를 나눈다.

교사 : 이 그릇의 이름은 무엇일까?

유아 : 바가지요.

교사 : 이 그릇의 이름은 볼이라고 해.

교사 : 이 그릇을 본 적 있니?

유아 : 네, 엄마가 쓰는 거 봤어요.

교사 : 이 그릇은 무엇을 하는 걸까?

유아 : 엄마가 물을 담을 때 사용하는 것 같아요. 엄마가 쌀 씻는 데 사용하는 것 같아요.

볼 위를 기름종이나 헝겊으로 팽팽하게 펴서 덮는다.

교사 : 이 그릇으로 소리를 낼 수 있을까?

유아 : 네, 그릇을 치면 소리가 나요.

유아 : 국자로 치면 소리가 나요.

유아 : 통을 뒤집어서 젓가락, 숟가락으로 칠 수 있어요.

유아 : 컵이랑 마주쳐서 소리 내요

교사 : 선생님이 헝겊을 준비했는데, 이 헝겊과 그릇을 이용하여 소리를 낼 수 있을까?

유아 : 헝겊을 그릇에 싸서 소리 내요.

끈이나 고무줄로 볼 둘레를 탄탄하게 또 느슨하게 묶어준다.

교사 : 이렇게 만드니깐 무엇 같니?

유아 : 북 같아요.

교사 : 정말 북 같기도 하네.

유아 : 드럼 같아요.

교사 : 드럼을 연주해 본 적이 있니?

유아 : 아니요, 텔레비전에서 봤어요.

교사 : 그럼, 우리도 이 악기의 이름을 '볼 드럼' 이라고 할까?

볼 드럼을 연필이나 나무젓가락을 가지고 '탭 탭' 두드린다.

교사 : 나무젓가락을 채로 하고 우리 연주해 볼까?

교사 : 소리가 어떻게 들려?

유아 : '톡톡톡' 소리가 나요.

① 볼을 헝겊으로 팽팽하게, 느슨하게 덮기

② 소금을 올려놓고 튕겨보기

교사 : 세게 쳐볼까?

유아 : '톡톡톡톡' 소리가 나요. '도도독 톡' 소리가 나요.

약간의 소금을 볼 드럼 위에 뿌리고 두드리면 떨림의 소리를 느낄 수 있다.

교사 : 볼 드럼 위에 소금을 올려놓고 우리가 치면 어떻게 될까?

유아 : 소금이 '톡톡' 튈 것 같아요. 〈함께 해 본다〉

북면 둘레를 탄탄하게 묶어 준 볼 드럼과 느슨하게 묶어 준 볼 드럼에서 나는 소리를 비교하여 듣게 한다.

교사 : 북면 둘레를 탄탄하게 묶어 준 볼 드럼을 쳐볼까? 어떤 소리가 나니?

유아 : '톡톡톡' 소리가 크게 나요.

교사 : 북면 둘레를 느슨하게 묶어 준 볼 드럼을 쳐볼까? 어떤 소리가 나니?

유아 : '툭툭' 소리가 작게 나요.

'음악대'를 볼 드럼으로 연주하면서 노래를 부른다.

활동하면서 느낀 점에 대해 이야기 나눈다.

교사 : 오늘 선생님과 볼 드럼을 만들어서 연주해 봤는데 기분이 어땠어요?

유아 : 재미있었어요. 우리가 볼 드럼을 칠 때 소금이 움직이니까 너무 재미있었어요.

교사 : 볼 드럼의 소리는 어땠어?

유아 : '톡톡' 소리가 나서 북을 연주하는 것 같았어요.

③ 북면을 팽팽하게 만든 볼 드럼을 연주해 보기

④ 북면을 느슨하게 만든 볼 드럼을 연주해 보기

유아 : 세게 두드리면 더 재미있어요.

활동 후 평가

- 북면의 느슨함과 팽팽함에 따라 소리의 크기가 달라진다는 것을 알았다.
- 소리의 움직임이 드럼의 빈 공간 아래로 얼마나 빨리 퍼지는가에 따라 주변에 울리며 소리가 커지게 된다는 것을 알았다.
- 손이나 손가락으로 드럼을 칠 수 있다.
- 볼의 이름은 잘 몰랐으나 용도에 대해서는 잘 알고 있었다.
- 볼로 소리 낼 수 있는 방법에 대해 매우 다양한 이야기를 하였다.
- 볼로 다양하게 소리를 내어보는 활동에 무척 즐거워했으며 다양한 아이디어를 냈다.

음악대

박명숙 작사
박명숙 작곡

빗 카조

활동목표 ① 떨림의 소리를 내는 빗 카조를 만들고 음악을 연주한다.
② 소리는 떨림에 의해 만들어진다는 것을 시각적으로 관찰한다.
③ 물체를 통해 소리를 만들 수 있다.

대상연령 만 5세

준 비 물 빗, 기름종이, 포장지, 악보 '칙칙칙 폭폭폭'

물리적 지식

① 소리는 떨림에 의해 만들어진다.
② 느슨하게 덮여진 종이를 이용해서도 떨림의 소리를 만들어 낼 수 있다.

활동방법

① 빗과 기름종이로 어떻게 소리를 만들 수 있을지에 대해 이야기를 나눈다.
② 기름종이나 포장지를 반으로 접는다.
③ 접혀진 가운데에 빗을 놓는다.
④ 빗 한쪽 끝을 잡고 입술을 가볍게 종이를 향하여 놓고 떨림의 소리를 내본다.
⑤ 빗 카조에 익숙해졌을 때 '칙칙칙 폭폭폭' 에 맞추어 연주한다.

상호작용

빗과 기름종이를 준비하고 준비된 재료로 어떤 악기를 만들 수 있을지 이야기 한다.

교사 : 선생님이 오늘 무엇인가를 가지고 왔어.
〈기름종이를 보여주며〉 이것은 무엇일까?

유아 : 종이요.

교사 : 그래, 이건 종이야. 그런데 이건 우리가 그림 그릴 때 쓰는 종이와 조금 다른 것 같지? 한번 만져볼래?

유아 : 〈만져보면서〉 부드러워요.

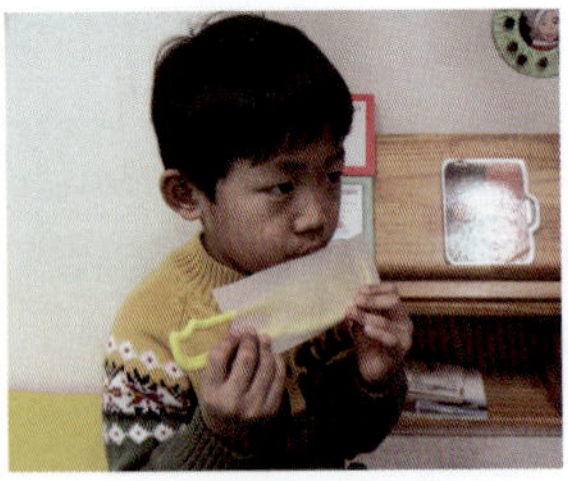
① 빗 아랫쪽을 잡고 소리 내보기

② 빗 위쪽을 잡고 소리 내보기

③ 음악에 맞추어 교사와 함께 연주하기

교사 : 그래, 이 종이는 '기름종이' 라고 해.
이 기름종이와 빗을 준비했어.
이것으로 악기를 만들려고 하는데, 어떻게 소리를 만들 수 있을까?
유아 : 종이에 빗을 문질러요. 빗으로 종이를 두드려요.

➲ 기름종이를 반으로 접은 후 빗(빗살의 방향을 위로)을 가운데 놓은 후 빗 아래쪽 끝을 잡고 종이를 불어 소리를 내본다.

교사 : 선생님은 이렇게 소리를 만들어보았어.
〈빗 카조를 보여주며〉 빗의 아래쪽을 잡고 입으로 '후~' 하고 부는 악기를 만들어보았어.
소리가 어떻게 나올 것 같니?
유아 : '푸~' 하는 소리가 날 것 같아요.
교사 : 한번 불어보자. 어떤 소리가 나는 것 같니?
유아 : '푸~' 하는 소리가 들려요. '팔랑팔랑' 거리는 소리가 들려요.
종이가 자꾸 뒤집어져서 불기 힘들어요.
교사 : 그래? 그럼 어떻게 하면 좋을까?
유아 : 종이 위를 잡고 불면 뒤집어지지 않을 것 같아요.
교사 : 그럼, 위쪽을 잡고 불어볼까?

➲ 빗 카조 위쪽 끝의 종이를 잡고 불어 소리를 내본다.

교사 : 위쪽을 잡고 부니까 소리가 어때?

유아 : 종이가 뒤집어지지 않아서 소리가 더 잘 나오는 것 같아요.

유아 : 위쪽을 잡는 것이 더 편해요.
위쪽을 잡으니까 더 소리가 잘 나와요.

빗 카조를 가볍게 또는 힘 있게 불어 종이의 떨림을 느껴본다.

교사 : 이번에는 세게 한번 불어볼래?
종이의 떨림이 어떠니?

유아 : 종이가 부풀어 올랐어요. 소리가 크게 나는 것 같아요.

교사 : 그럼 이번에는 가볍게 한번 불어볼래?
종이의 떨림이 어떠니?

유아 : 종이가 조금 부풀어 올랐어요. 아까보다 소리가 작아요.

'칙칙칙 폭폭폭'에 맞추어 연주하여 본다.

활동 후 평가

- 유아가 빗 카조를 이용해서 크고 부드럽게, 짧고 날카롭게 소리를 만들어 볼 수 있었다.
- 세게 불수록 종이의 떨림이 많아짐을 알 수 있었다.

칙칙칙 폭폭폭

박명숙 작사
박명숙 작곡

디딤 막대

활동목표 ① 재활용품을 이용하여 타악기인 디딤 막대를 만들어본다.
② 단추의 모양, 크기, 색 등이 다양함을 알 수 있다.

대상연령 만 3세

준 비 물 종이행주 속대, 여러 가지 다양한 모양과 색의 단추들, 털실, 바늘, 여러 가지 모양 종이, 물풀, 모루, 펀치, 악보 '크게 작게'

물리적 지식

① 다양한 단추의 모양, 크기, 색 등의 특성을 비교할 수 있다.
② 단추의 종류가 달라지면 소리도 달라진다.
③ 속대의 굵기에 따라 소리가 달라진다.

활동방법

① 재료를 탐색해 보고 무엇을 할 수 있을지 이야기 나눈다.
② 크기, 모양, 색, 구멍 수 등의 특징대로 단추를 분류한다.
③ 같은 크기와 모양의 종이행주 속대에 여러 가지 모양 종이를 풀로 붙여 꾸민다.
④ 단추를 속대 위와 아래 부분의 둘레에 붙인다.
⑤ 디딤 막대를 두 손으로 잡고 '크게 작게' 에 맞추어 바닥에 두드리면서 연주한다.

상호작용

준비되어 있는 재료들을 관찰하고 무엇을 할 수 있을지 이야기 나눈다.

교사 : 단추가 무슨 모양이니? 구멍은 몇 개니? 색깔은 무슨 색이야?

유아 : 동그란 모양이요. 네모 모양이요. 구멍이 4개요. 2개인 것도 있어요. 검은 색이요. 하얀 색이요.

교사 : (종이행주 속심을 보여주며) 그리고 이것은 무엇일까?

유아 : 휴지심 긴 것이요.

교사 : 응, 그래. ○○가 말해 준 것처럼 휴지심처럼 생겼는데 길게 생겼지.
우리가 부엌에서 쓰는 종이행주 속에 있던 것이야.

유아 : 폐품장에서 봤어요.

교사 : 그래, 우리 만들기 할 때 재료로 썼었지. 이것을 가지고 무엇을 만들 수 있을까?

준비 된 재료들로 디딤 막대라는 리듬 막대를 만들 것임을 이야기한다.

교사 : 종이행주 속대하고 단추를 가지고 악기를 만들 거야.
그래서 속대를 선생님이 색상지로 싸 가지고 오셨어. 어떻게 만들 수 있을까?

유아 : 단추를 안에 넣어요. 붙여요.

교사 : 단추를 안에 넣으면 어떻게 될까?

유아 : 떨어져요.

교사 : 그래, 그래서 단추를 ◇◇가 이야기한대로 속대에 붙일 거예요.
〈실을 보여주며〉 그리고 실을 이용해서 달아주기도 할 거야.

만드는 방법을 소개한다. 디딤 막대를 만들 때 지켜야 할 약속을 이야기한다.

교사 : 속대를 꾸며주기 위해서 작은 모양 종이들을 가지고 오셨어.
풀을 이용해서 붙여보자.

유아 : 와~~ 좋아라.

교사 : 〈끝 부분을 가리키며〉 여기에 구멍을 뚫을 건데, 무엇을 사용하면 좋을까?

유아 : 송곳이요.

교사 : 그래, 구멍 뚫을 때 송곳을 많이 사용해 보았었지? 그런데 오늘은 조금 다르게 다른 도구를 이용해 볼 거야.
〈펀치를 보여주며〉 이것을 본적이 있니? 이것은 구멍을 뚫을 때 사용하는 펀치라고 해.
〈종이에 한번 뚫어서 보여준다〉

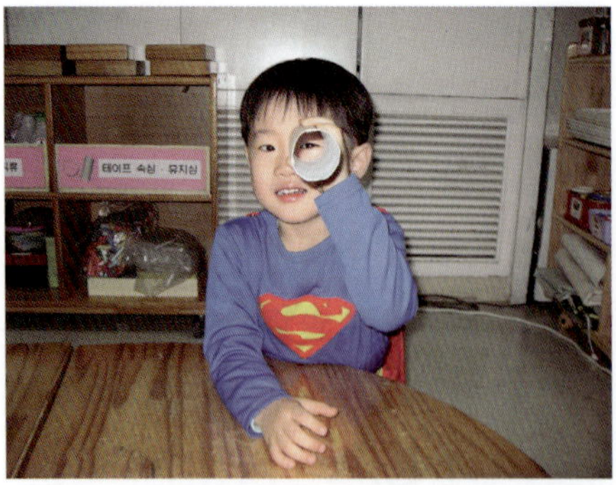 

① 크기, 모양, 색, 구멍 수 등의 특징대로 단추 분류하기

유아 : 와~~ 구멍이다. 동그라미 모양이에요.

교사 : 그래, 구멍이 생겼지. 이젠 속대에 구멍을 뚫고 실을 달아서 단추를 달 거야.

구멍에 실을 넣어야 하는데, 어떻게 넣어야 할까?

유아 : 조심해서 넣어요.

교사 : 실을 구멍에 넣기 위해서 바늘을 사용할 거니까 조심해서 넣자. 선생님이 도와줄게요. 누가 먼저 해 볼까?

유아 : 제가 해 볼래요.

교사 : 그래, 그럼 △△가 한번 해 볼까? 조심해서 해 보자.

이제, 다 되었네. 어떻게 되었니? 단추가 몇 개가 달렸지?

유아 : 단추가 주렁주렁 달렸어요. 하나, 둘, 셋, 넷 4개가 달렸어요.

교사 : 그래, 4개가 달렸구나.

완성된 디딤 막대를 두 손으로 잡고 바닥에 두드려 소리를 내보며 소리가 어떻게 다른지 이야기해 본다.

교사 : 단추가 달린 막대를 어떻게 해 볼까?

유아 : 굴려봐요. 흔들어봐요. 쳐봐요.

교사 : 그렇게 할 수도 있는데, 책상에 대고 한번 막대를 쳐볼까?

유아 : 〈막대를 책상에 내리쳐보며〉 '쾅' 부딪쳤어요.

교사 : 단추가 어떻게 되었니?

② 단추를 속대 위와 아래 부분의 둘레에 붙이기

③ 디딤 막대를 두 손으로 잡고 바닥에 두드리기

유아 : 흔들렸어요. 아래 · 위로 끄덕였어요.

교사 : 그래, 그랬구나. 그러면 이번에는 선생님이 준비해 오신 막대를 보여줄게요.

조금 전에 우리가 만든 막대와 어떻게 다르니?

유아 : 커요. 단추가 많아요.

교사 : 〈망원경처럼 2개를 들고 보여주며〉

그래, 크고 단추가 많네. 어떻게 큰지 볼까?

유아 : 선생님이 갖고 온 것이 동그랗고 더 커요.

교사 : 그래, 동그란 구멍이 더 크지. 단추는 몇 개가 있는지 함께 세어볼까?

유아 : 하나, 둘, 셋... 6개다.

교사 : 그래, 6개가 달렸네.

이번에 단추가 6개 달린 막대도 한번 쳐보는 것은 어떨까?

유아 : 〈책상에 내리치며〉 소리가 나요.

교사 : 어떤 소리가 나니?

유아 : '쿵' 하고 부딪히는 소리가 나요.

교사 : 그래, 그렇구나. 그럼 단추들은 어떻게 되었니?

유아 : 단추들이 흔들거려요.

교사 : 흔들거릴 때 나는 소리를 혹시 들어보았니?

유아 : 아니요.

교사 : 다시 한번 내리쳐볼까?

유아 : 아, 조그맣게 난다. '틱틱틱틱' 소리 같아요.

교사 : 그래, 그런 소리가 들렸구나. 그럼 너희들이 말한 단추가 6개 달린 큰 막대와 단추가 4개 달린 작은 막대를 함께 내리쳐볼까?

유아 : 재미있다. '쿵쾅쿵쾅' 소리 나는 것 같아요.

교사 : 단추가 4개 달린 막대에서는 어떤 소리가 나는지도 한번 들어볼까?

유아 : 〈내리친 후〉 잘 안 들리는 것 같아요.

교사 : 왜 그럴까?

유아 : 단추가 작으니까요.

교사 : 단추가 작아서?

유아 : 큰 막대에는 단추가 많은데, 이 막대는 4개밖에 없잖아요.

교사 : 아, 그래서 그렇게 생각했구나.

'크게 작게'에 맞추어 디딤 막대를 두드려 연주해 본다.

교사 : 그럼, 우리 이 악기를 갖고 연주하면서 어떤 노래를 불러볼까?

유아 : '크게 작게' 노래요.

교사 : 그럼, 우리 다함께 '크게 작게' 노래에 맞추어 디딤 막대를 두드리면서 연주해 보자.

활동 후 평가

- 단추를 달 때에는 약간 헐겁게 달 수 있도록 멀리서 매듭을 짓는다. 이때 매듭짓기는 교사의 도움이 필요하다.
- 단추는 구멍이 작기 때문에 돗바늘보다는 일반 바늘을 이용하는 것이 낫다.
- 바늘 사용이 위험하므로 사용 전 유의사항에 대해 이야기하고 약속하는 것이 중요하며 교사의 도움이 많이 필요하다.
- 속대가 굵어지면 단추를 그 만큼 많이 달아야 되므로 소리가 크게 난다는 것을 알았다.

- 단추의 크기에 따라 소리의 크기가 달라진다는 것을 알았다.
- 손잡이를 만들게 되면 잘 고정이 되지 않아서 손잡이 만들기를 생략하였다.

크게 작게

박명숙 작사
박명숙 작곡

탁구공 마라카스

활동목표 ① 탁구공을 이용하여 탁구공 마라카스를 만들어 소리를 내본다.
② 다양한 종류의 소리를 주의 깊게 듣고 식별한다.

대상연령 만 3세

준 비 물 탁구공 3개, 곡식(조, 쌀, 콩), 색(빨강, 노랑, 초록) 테이프로 감은 나무젓가락 3개, 접착제(글루건), 송곳, 유성 매직, 쟁반, 악보 '우산'

물리적 지식

① 곡식에 따라 다른 소리가 난다.
② 탁구공의 성질을 이해한다.

활동방법

① 탁구공과 여러 가지 곡식들을 관찰한다.
② 준비되어 있는 재료들로 악기 만들기에 대해 이야기한다.
③ 탁구공을 유성매직으로 꾸민다.
④ 교사의 도움을 받아 탁구공에 구멍을 뚫는다.
⑤ 쟁반을 받치고 탁구공 구멍 속으로 곡식을 넣는다.
⑥ 곡식을 넣은 뒤 구멍에 젓가락을 넣는다.
이때 곡식에 따라 젓가락의 색을 다르게 한다(예 조-노랑, 쌀-초록, 콩-빨강).
⑦ 교사의 도움을 받아 구멍 사이로 곡식이 빠져 나오지 않게 접착제로 마감한다.
⑧ 같은 방법으로 2세트를 더 만든다.
⑨ 완성된 마라카스를 박자와 크기에 따라 흔들어본다.
⑩ 세 가지 곡식이 들어 있는 마라카스를 한꺼번에 쥐고 흔들어본다.
⑪ 세 가지 곡식이 들어 있는 마라카스를 각각 흔들어보면서 소리를 비교해 본다.
⑫ 탁구공 마라카스를 가지고 '우산'에 맞추어 연주한다.

상호작용

탁구공과 여러 가지 곡식들을 관찰한다.

교사 : 선생님이 너희들에게 보여주려고 무엇을 가지고 왔어.
〈탁구공을 보여주며〉
이것이 무엇일까? 이것이 무엇인 것 같니?

유아 : 달걀이요. 작은 공이요.

교사 : 이건, 탁구공이야. 운동경기 종목 중 '탁구' 라고 알고 있니? 그때 사용하는 공이야. 무슨 모양이니?

유아 : 동그란 모양이에요.

교사 : 한번 만져볼까? 어때?

유아 : 가벼워요.

교사 : 우리 한번 튕겨볼까?

유아 : 우와~~ 재미있다. 떨어졌다. '통통통' 튕겨요.

교사 : 그리고 또 선생님이 보여줄 것이 있어.
〈쌀을 보여주며〉 무엇이니?

유아 : 쌀이요. 밥이요.

교사 : 그래, 우리가 밥으로 지어먹는 쌀이야.
〈조를 보여주며〉 그리고 또 이건 무엇일까?

유아 : 좁쌀이요.

교사 : 그래, 맞아. 좁쌀이야. 조라고도 해. 크기가 어떠니?

유아 : 아주 아주 작아요.

교사 : 그러면 이번에는 무슨 곡식인지 알 수 있겠니?
이것도 우리 밥에 넣어서 먹는 곡식이야. 무엇일까?

유아 : 콩이요.

교사 : 그래, 콩이야.

준비되어 있는 재료들로 악기를 만들 것이라고 이야기한다.

교사 : 탁구공과 여러 가지 곡식으로 무엇을 만들 수 있을까?

① 탁구공을 유성 매직으로 꾸미기

② 교사의 도움을 받아 탁구공에 구멍 뚫기

유아 : 곡식 위에 탁구공을 굴려요.

교사 : 그래, 그럴 수도 있겠구나. 그런데 우리는 탁구공이랑 곡식을 가지고 악기를 만들 거야. 어떻게 만들 수 있을까?

유아 : 탁구공 안에 곡식을 넣어요.

마라카스를 만들기 위해 필요한 준비물이 무엇인지에 대해 이야기한다.

교사 : 마라카스를 만들기 위해서는 어떤 준비물들이 필요할까? 그래, 그럼 어떻게 하면 탁구공 안에 곡식을 넣을 수 있을까? 어떤 준비물이 필요할까?

유아 : 구멍을 뚫을 수 있어야 해요. 망치가 필요해요. 바늘로 뚫어요.

교사 : 그래, 구멍을 뚫을 수 있는 도구가 필요한데.
〈송곳을 보여주며〉 망치와 비슷한데 끝이 어떻게 생겼니? 바늘처럼 뾰족하게 생겼지. 송곳이라고 해. 이 송곳으로 탁구공을 뚫어 구멍을 내고 그 구멍에 곡식을 넣고 나서 그 구멍은 어떻게 막으면 좋을까?

유아 : 테이프로 붙여요. 풀로 붙여요.

교사 : 탁구공으로 악기를 만들 때 우리가 연주하기 쉽게 하기 위해 막대를 이용할 거야.
그래서 선생님이 이렇게 색 막대(젓가락에 색테이프를 감은 것)를 준비해 왔어.
막대가 빠지지 않게 하려면 어떻게 해야 할까?

③ 쟁반을 받치고 탁구공 구멍 속으로 곡식을 넣기

④ 완성된 마라카스를 박자와 크기에 따라 흔들기

유아 : 풀로 붙여요. 접착제로 붙여요.

교사 : 선생님이 글루건이라는 것을 가지고 왔어. 그러면 탁구공을 무엇으로 꾸미면 좋을까?

유아 : 그려요. 붙여요.

마라카스를 만든다.

교사 : 자, 탁구공을 하나씩 가져가서 유성 매직으로 그림을 그려보자.
이젠 구멍을 뚫을 거야. 무엇을 이용해서 뚫는다고 했었지?

유아 : 송곳이요.

교사 : 그래 맞았어. 송곳을 가지고 뚫는다고 했었지. 자, 그럼 선생님이랑 같이 해 보자.
와, 이렇게 하니까 탁구공이 뚫렸네. 한 명이 3개씩 할거에요.
그런 다음엔 어떻게 한다고 했지? 곡식을 넣을 거야.
쌀은 누가 넣어볼래? 무슨 색 막대로 할래?

유아 : 저요. 초록색이요.

교사 : 조는 누가 넣을까?
〈조용히 손들기〉 그래, ○○가 하자. 무슨 색 막대로 하고 싶니?
이건 뭐라고 했지? 콩은 누가 넣을래?

유아 : 제가 할래요. 빨간색 막대로 하고 싶어요.

교사 : 쟁반에 대고 넣자. 이제 막대를 넣고, 움직이지 않게 글루건으로 고정할 건데, 뜨거우니까 조심해서 하자.

유아 : 네, 선생님 저 다했어요. 와~~소리 난다.

3가지 곡식의 마라카스를 만든 후 소리를 내어 비교해 본다.

교사 : △△야, 흔들어봐. 우리 조용히 들어보자.
어떤 소리 같니?
이렇게 흔들어서 소리를 내는 악기를 뭐라고 부르지?

유아 : 마라카스요. 그래, 맞았어. △△가 맞춰주었구나.

교사 : 빨간 막대 소리랑 노란 막대 소리랑 어떻게 다르니?

유아 : 노란 색이 소리가 작아요.

교사 : 정말? 우리 다시 잘 들어볼까?

마라카스의 소리를 듣고 어떤 느낌이 들었는지 이야기해 본다.

유아 : 악기 연주하고 싶어요. 노래 부르고 싶어요. 놀이하고 싶어요.

교사 : 그래? 그럼 우리 노래 부르면서 마라카스로 악기연주해 볼까?

'우산'에 맞추어 마라카스로 연주한 후 그 느낀 점을 이야기해 본다.

활동 후 평가

- 탁구공의 모양과 성질에 대해 흥미로워했으며 다양한 표현방법을 이용하여 이야기하였다(예 달걀 같아요, '통통' 튀어요 등).
- 탁구공 안에 같은 곡식이 들어 있는 것끼리 짝짓는 놀이를 하며 소리 변별력을 키울 수 있었다.
- 탁구공 마라카스를 흔들기만 하는 것이 아니라 탁구공을 내리치며 탁구공이 바닥이나 책상에 튕겼을 때 나는 소리를 들으며 흥미로워하기도 하였다.
- 탁구공 마라카스에 매우 흥미를 느끼며 좋아하였다.
- 곡식 대신 씨앗을 이용해도 좋다.
- 가을 단원에서 '여러 가지 곡식'에 대한 내용을 다루어보며 악기연주를 해 보았다.

우산

박명숙 작사
박명숙 작곡

6. 유리

간이온도계 만들기

활동목표 액체는 온도에 따라 부피가 달라진다는 것을 안다.

대상연령 만 5세

준 비 물 요구르트병, 얼음물, 뜨거운 물, 빨간색 식용색소, 흰색 빨대, 고무찰흙, 흰 종이, 커터칼

물리적 지식

① 물(액체)의 온도가 높아지면 부피가 커지고 온도가 낮아지면 부피가 줄어든다.
② 뜨거운 물과 얼음물의 차이를 알 수 있다.
③ 온도계의 쓰임새와 작동 원리에 대해 알 수 있다.

활동방법

① 뜨거운 물과 차가운 물을 만져보고 온도계에 대해 이야기를 나누며 준비물을 탐색한다.
② 깨끗한 요구르트병을 준비한다.
③ 빨간색 식용색소를 녹여 만든 물 200ml를 준비한다.
④ 빨간 색소 물을 빈 요구르트병에 가득 채워 넣는다.
⑤ 요구르트병 입구에 빨대를 꽂고 요구르트병 입구 전체를 새는 곳이 없도록 고무찰흙으로 막는다.
⑥ 흰 종이를 빨대에 끼운다.
⑦ 비커에 뜨거운 물, 얼음물을 각각 써 붙인다.
⑧ 뜨거운 물이 든 비커와 얼음물이 든 비커에 요구르트병을 교대로 담궈본다.
⑨ 빨대 속 빨간 색소 물의 변화를 잘 관찰하고 유아들과 이야기를 나눈다.
⑩ 온도에 따라 액체의 부피가 달라지는 온도계에 대해 이야기를 나눈다.

상호작용

뜨거운 물과 차가운 물을 만져보고 이야기 나눈다.

교사 : 여기 2개의 비커에 물이 들어 있어요. 하나는 뜨거운 물이고 하나는 차가운 물인데 어떤 비커의 물이 뜨거운지, 어떤 비커의 물이 차가운지 어떻게 알 수 있을까?

유아 : 만져 봐요.

교사 : 그래, 만져보면 알 수 있겠다. 그런데 너무 뜨거운 물이면 손을 다칠 수도 있어. 또 다른 방법은 없을까?

유아 : 뜨거운 물에서는 연기가 올라가요.

교사 : 그렇구나. 뜨거운 물에는 연기처럼 보이는 수증기가 올라가는 게 보이는구나.
수증기를 보고 뜨거운 물인지 차가운 물인지 알 수 있겠구나.

온도계를 보여주며 이야기 나눈다.

교사 : 이게 무엇인지 본 적이 있니?

유아 : 온도계요.

교사 : 온도계로 무엇을 할 수 있을까?

유아 : 온도를 알 수 있어요.

교사 : 그래, 뜨거운지 차가운지 온도계로 온도를 재서 알 수가 있어.

유아 : 온도를 재봐요. 〈유아들과 함께 온도계를 사용하여 온도를 재어본다〉

교사 : 온도계의 빨간 선이 어떻게 변화했니?

유아 : 올라갔어요. 내려갔어요.

교사 : 그럼 온도계가 없을 때 온도를 알아보기 위해 요구르트병을 재활용해서 온도계를 만들어보자.

유아들과 함께 준비물을 살펴본다.

교사 : 앞에 어떤 것들이 준비되어 있니?

유아 : 요구르트병, 고무찰흙, 빨대, 흰 종이, 뜨거운 물, 얼음물

① '간이온도계' 활동 준비물

② 찬물, 뜨거운 물, 온도계를 보고 이야기 나누기

교사 : 그래, 여기 온도계를 만들기 위한 재료들이 준비되어 있어.
〈유아들과 함께 준비물을 탐색하는 시간을 갖는다〉

간이온도계를 만들어본다.

교사 : 여기 요구르트병이 있어요. 요구르트병에 무엇을 넣는다고 했지?

유아 : 빨간 물이요.

교사 : 그래, 그럼 이 빨간색 식용색소를 넣어서 빨간색 물을 만들어보자.

유아 : 와~ 물이 빨간색으로 변한다.

교사 : 이 빨간색 물을 빈 요구르트병에 채워보자. 누가 나와서 채워볼까?

유아 : 저요.

교사 : 그래, ○○가 나와서 요구르트병에 빨간색 물을 넣어보도록 하자. 요구르트병에 빨간색 물을 넣은 다음 무얼 해야 하지?

유아 : 빨대를 꽂고 고무찰흙으로 구멍을 막아요.

교사 : 여기 투명한 빨대랑 고무찰흙이 있어요. 누가 나와서 해 볼까?

유아 : 제가 해 보고 싶어요.

교사 : 그래, ○○가 나와서 해 보도록 하자. 고무찰흙으로 새는 곳이 없게 요구르트병 입구 전체를 잘 막아야 해요.

유아 : 이렇게 다 막았어요.

교사 : 그래, 다음에는 흰 종이를 빨대에 끼워보자. 흰 종이는 왜 끼울까?

③ 요구르트병에 깔때기를 사용하여 빨간색 물 붓기

④ '간이온도계'의 완성된 모습 보기

유아 : 멋있게 만들려고요. 잘 모르겠어요.

유아 : 온도계에 숫자가 있는 것처럼 숫자를 쓰려고 끼우는 것 같아요.

교사 : 그래, ○○는 그렇게 생각하는구나.
흰 종이를 끼우는 이유는 빨간 물이 얼마만큼 올라갔는지, 내려갔는지 잘 보기 위해서 끼우는 거야. ○○가 이야기했던 대로 눈금을 그리고 숫자를 적어서 끼우면 더 정확히 알 수가 있겠구나.

교사 : 흰 종이는 선생님이 끼우도록 할게요. 이제 온도계가 완성되었어요.

유아 : 와~ 온도를 재봐요.

예측하여 본다.

교사 : 여기 뜨거운 물과 얼음물을 준비해 두었어요. 뜨거운 물을 직접 손으로 만지면 어떻게 될까?

유아 : 다쳐요. 위험해요.

교사 : 잘 알고 있구나. 뜨거운 물은 더 조심해야 해요. 그럼 우리가 만든 이 간이온도계를 뜨거운 물에 넣으면 빨간색 물이 어떻게 될까?

유아 : 올라갈 것 같아요.

교사 : 왜 그렇게 생각하니?

유아 : 아까 진짜 온도계로 온도를 재어봤을 때 뜨거운 물에 온도계를 넣으니까 빨간 선이 올라갔었잖아요.

⑤ 뜨거운 물에 들어 있는 '간이온도계'의 빨대로 빨간색 물이 올라오는 모습 관찰하기

⑥ 얼음물에 '간이온도계'를 담궜을 때 빨간색 물이 내려간 모습 관찰하기

교사 : 그래, 이 온도계로 뜨거운 물의 온도를 재어보았을 때 빨간 눈금이 올라가는 것을 볼 수 있었지요?

그럼 우리가 만든 간이온도계를 뜨거운 물에 넣으면 빨간 물이 올라갈까?

유아 : 진짜 온도계처럼 빨간색 물이 올라갈 것 같아요.

교사 : 그럼 얼음물에 간이온도계를 넣으면 어떻게 될까?

유아 : 빨간색 물이 내려갈 것 같아요.

교사 : 왜 그렇게 생각하니?

유아 : 온도계로 했을 때 내려가니까 우리가 만든 것도 그렇게 될 것 같아요.

간이온도계로 물의 온도를 재어본다.

교사 : 먼저 뜨거운 물에 간이온도계를 넣어보도록 할게요. 누가 나와서 해 볼까?

유아 : 저요.

교사 : 그래, ○○가 나와서 뜨거운 물에 간이온도계를 넣어보자.

〈뜨거운 물에 간이온도계를 조심스럽게 넣는다〉

교사 : 빨간색 물이 어떻게 변하였니?

유아 : 우와~~ 올라가고 있어요.

교사 : 그래, 빨간색 물이 조금씩 올라가고 있네.

유아 : 우리가 생각했던 대로 올라갔어요.

교사 : 그러면 이번엔 얼음물에 간이온도계를 넣어보도록 하자.

〈뜨거운 물에서 간이온도계를 꺼내어 얼음물에 간이온도계를 넣는다〉

교사 : 빨간색 물이 어떻게 되었니?

유아 : 내려갔어요.

교사 : 그래, 얼음물에 간이온도계를 넣으니까 빨간색 물이 내려갔어.

실험을 평가한다.

교사 : 온도계를 만들어서 실험을 해 보았는데 너희들이 예상하고 생각했던 대로 빨간 물이 올라가고 내려갔니?

유아 : 네. 뜨거운 물에 넣었을 때는 올라가고 얼음물에 넣었을 때는 내려갔어요.

교사 : 그래, 왜 뜨거운 물에 넣었을 때는 빨간색 물이 올라갔을까?

유아 : 잘 모르겠어요.

교사 : 왜 그렇게 될까? 생각해 보자.

교사 : 너희들 여름에 덥고 땀이 날 때 친구랑 꼭 껴안고 같이 붙어 있으면 어떨까?

유아 : 더 더워져요. 땀이 많이 나요.

교사 : 그래, 더울 때 친구랑 꼭 붙어 있으면 많이 더울 거야. 그러면 친구들끼리 밀어내고 같이 붙어 있기가 싫을 거야.

교사 : 물도 우리랑 똑같이 더운데 같이 붙어 있으면 더 뜨거워지기 때문에 물끼리 밀어내서 뜨거운 물의 온도가 올라가는 거야.

유아 : 그렇구나.

교사 : 그럼 간이온도계를 얼음물에 넣었을 때 왜 빨간 물이 내려갔을까?

유아 : 빨간 물이 추우니깐 서로 꼭 껴안고 붙어 있어서 내려가는 것 같아요.

교사 : 그래, 그렇게 생각할 수 있겠다. 우리도 추울 때 서로 껴안고 붙어 있으면 따뜻해지는 것처럼 물끼리 서로 붙어 있어서 빨간색 물이 내려가는 거야.

유아 : 아~ 그렇구나.

간이온도계로 실험을 한 느낌에 대해서 이야기 나눈다.

교사 : 오늘 간이온도계를 만들어보고 실험을 해 보았는데 어떤 생각을 하였니?

유아 : 신기했어요.

교사 : 어떤 것이 신기했어?

유아 : 뜨거운 물에 온도계를 넣으면 빨간색이 올라가고 차가운 물에 온도계를 넣으면 빨간색이 내려가는 것이 신기했어요.

교사 : 그런 생각을 하였구나. 또 어떤 생각을 하였니?

유아 : 요구르트병으로 온도계를 만들어보는 게 재미있었어요.

유아 : 저는 물도 사람처럼 추우면 서로 붙어서 물이 내려가고 뜨거우면 서로 밀어서 물이 올라가는 것을 알아서 좋았어요.

활동 후 평가

- 처음에는 유아들의 안전을 고려하여 48~50℃ 정도의 너무 뜨겁지 않은 물로 실험을 하였다. 실제 온도계로 실험을 하였을 때에는 눈금의 변화가 쉽게 나타났는데, 요구르트병으로 만든 간이온도계로 실험을 하니 그 변화가 확실히 나타나지 않았다. 그러나 75~78℃ 정도의 뜨거운 물로 재실험을 하였더니 이전 실험보다 간이온도계의 빨간 물의 높이 변화를 잘 알 수 있었다.
- 온도계의 눈금이 올라가고 내려가는 원리에 대해서는 유아들이 쉽게 유추해내기 어려워하였지만 예를 들어 설명해줌으로써 이해를 도울 수 있었다.

샘플 화장품 파이프

활동목표 ① 재활용품을 이용한 파이프 악기를 만들어 다양한 소리를 탐색해 본다.
② 소리의 높낮이를 안다.

대상연령 만 4~5세

준 비 물 크기가 다른 빈 화장품통, 테이프, 팬 플루트 사진 자료, 음악 '환상의 폴로네이즈' (로스 차코스)

물리적 지식 부는 용기의 크기와 종류에 따라 높고 낮은 소리가 남을 안다.

활동방법

① 팬 플루트로 연주한 음악을 듣는다.
② 재료를 탐색하고 빈 화장품통의 크기에 따라 소리의 높낮이가 다르다는 것을 이해한다.
③ 크기가 다르고 비어 있는 샘플 화장품통 6~7개를 깨끗이 씻어 말린다.
④ 열린 부분에 입술을 살짝 대고 강하게 분다. 투명한 소리를 찾기 위해 부는 각도를 약간씩 바꾸어본다.
⑤ 낮은 음에서 높은 음을 지닌 화장품통을 순서대로 놓고 테이프로 묶는다.
⑥ 화장품통을 테이프로 묶어 파이프를 만든다.
⑦ 간단한 음계를 만들어본다.

상호작용

팬 플루트의 연주음악을 들려준다.

교사 : 선생님이 음악을 한 곡 들려줄게. 어떤 악기로 연주된 음악인지 잘 들어보자.

유아 : 네. 〈팬 플루트 음악 '환상의 폴로네이즈' 를 들려준다〉

교사 : 잘 들어보았니? 어떤 악기로 연주된 음악 같니?

① 팬 플루트 연주 음악을 듣기

② 팬 플루트 악기를 알아보기

유아 : 피아노요. 피리요.

교사 : 이 음악은 팬 플루트라는 악기로 연주된 음악이야.

유아들과 함께 준비물을 살펴본다.

교사 : 자, 여기 팬 플루트를 만들기 위한 준비물들이 있어.

유아 : 화장품통 크기가 다 달라요.

교사 : 그래, 화장품통 크기는 모두 다른데, 소리도 다를까?
〈유아들과 함께 준비물을 탐색하는 시간을 갖는다〉

팬 플루트를 만들어본다.

교사 : 먼저 팬 플루트를 만들기 위해서 무엇을 해야 하지?

유아 : 입으로 불어보아요.

교사 : 그래, 그럼 열린 부분에 입술을 대고 불어서 소리를 내보자.

유아 : 잘 안 돼요.

교사 : 소리가 잘 안 나올 때는 화장품통을 조금씩 움직이면서 불면 소리가 나는 부분을 찾을 수 있을 거야.

유아 : 선생님, 이렇게 불면 소리가 잘 나요.

교사 : 그래, 높은 소리가 나는구나.
낮은 소리가 나는 통도 찾아볼 수 있니?

유아 : 이것은 낮은 소리가 나는 것 같아요.

③ 준비물을 탐색하고 소리 내어보기

④ 낮은 음에서 높은 음을 지닌 화장품 통을 순서대로 놓기

교사 : 그렇구나. 낮은 소리부터 높은 소리가 나는 통을 순서대로 놓아보자.

유아 : 네.

교사 : 그럼, 이 순서대로 테이프로 감싸보자.

자유롭게 팬 플루트를 불어본다.

교사 : 자, 화장품통으로 만든 팬 플루트가 완성이 되었어.

유아 : 우와~

교사 : 그럼, 이 팬 플루트로 너희들 마음대로 연주를 해 보자.

팬 플루트를 만들어서 연주한 느낌에 대해 이야기 나눈다.

교사 : 화장품통으로 팬 플루트를 만들어서 불어보았는 데 어땠니?

유아 : 재미있어요.

교사 : 어떤 점이 재미있었니?

유아 : 화장품통을 불면 소리가 나는 게 재미있었어요.

교사 : 그랬구나. 힘든 점은 없었니?

유아 : 저는 처음에 불었을 때에는 소리가 잘 안 나서 힘들었어요.

유아 : 저는 소리가 다 다르게 나서 신기했어요.

교사 : 그렇구나. 우리가 만든 팬 플루트는 음률 영역에 놓아줄게.

⑤ 테이프로 감싸서 팬 플루트를 만들기

⑥ 완성된 팬 플루트를 자유롭게 불어보기

활동 후 평가

- 도입으로 팬 플루트 연주 음악을 들음으로 인해 유아들의 주의집중을 이끌어 낼 수 있었다. 또한 이를 통해 실제 팬 플루트의 소리를 들어보는 기회가 되었다.
- 처음에 몇몇 유아들은 화장품통을 입으로 부는 요령을 몰라 어려워하고 소리가 잘 나지 않았지만 교사와 친구들과의 상호작용을 통해 스스로 요령을 터득하고 소리를 내며 즐거워하였다.
- 빈 화장품통을 입으로 불어서 소리를 낼 수 있다는 사실에 유아들이 신기해하고 흥미로워하는 모습을 보였다. 또한 화장품의 크기에 따라 다른 소리가 나는 것을 보고 부피의 차이에 따른 소리의 높낮이를 유추해 낼 수 있었다.
- 너무 많이 불 경우 유아가 어지럼을 느끼기도 하므로 부는 횟수를 정해서 부는 것이 좋다.

7. 종이

종이컵 체

활동목표 크기가 다른 물체는 체를 이용하여 분리할 수 있다는 것을 안다.

대상연령 만 4세

준 비 물 종이컵, 젓가락, 송곳, 좁쌀, 쌀, 콩

물리적 지식

① 사물의 크기가 종이컵 체의 구멍보다 작을 때는 체를 통과하지만 사물의 크기보다 클 때 구멍을 통과하지 못한다.

② 크기가 다른 사물을 한 가지 준거에 따라 분류하고 순서 지을 수 있다.

③ 곡식의 생김새와 크기를 관찰하여 비교, 대조하여 말할 수 있다.

④ 종이컵으로 체를 만들 수 있다는 것과 체의 쓰임새에 대해 알 수 있다.

활동방법

① 그림을 보면서 이야기를 들려주고 그림의 문제상황을 어떻게 해결할 수 있을지 함께 이야기해 본다.

② 콩, 쌀, 좁쌀이 섞여 있는 혼합물을 어떻게 따로따로 분리할 수 있을지 궁리해 본다.

③ 종이컵 2개에 송곳으로 좁쌀보다는 크고 쌀보다 작은 구멍과 쌀보다는 크고 콩보다 작은 구멍을 각각 뚫는다.

④ 각각의 종이컵 체에 혼합물을 넣고 젓가락으로 저어주거나 툭툭 쳐본다.

⑤ 각각의 체에서 걸러진 곡식을 관찰하고 유아들과 이야기를 나눈다.

① 준비된 곡식들을 탐색하기

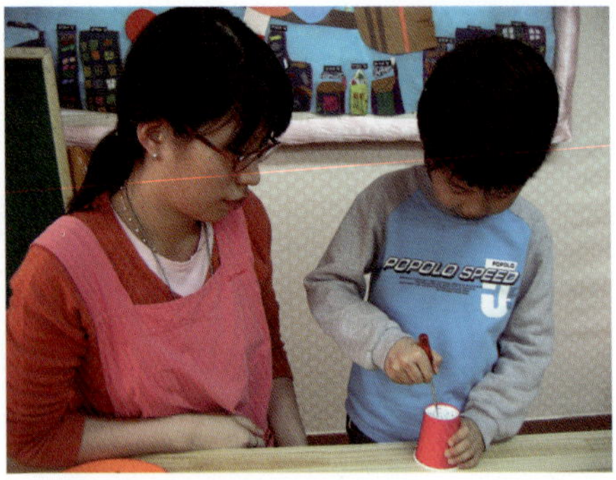

② 종이컵에 구멍 뚫기

상호작용

그림의 문제상황을 해결할 수 있는 방법을 생각해 본다.

교사 : ㅇㅇ라는 아이가 엄마 심부름으로 좁쌀, 쌀, 콩을 사가지고 집으로 돌아가다가 돌부리에 걸려 넘어졌어요. ㅇㅇ가 넘어져서 바구니에 있던 좁쌀, 쌀, 콩이 쏟아졌어요. ㅇㅇ는 엄마에게 좁쌀, 쌀, 콩을 원래처럼 바구니에 나누어 담아가고 싶었어요. 그래서 하나하나 줍기 시작했지만 곡식들은 너무 많고 시간도 오래 걸리고 힘이 들었어요. 어떻게 하면 좀 더 빠르고 쉽게 곡식을 나누어 담을 수 있을까요?

유아 : 어려워요. 잘 모르겠어요.

교사 : 그럼 선생님과 함께 어떻게 하면 좋을지 생각해 보도록 해요.

유아들과 함께 곡식을 살펴본다.

교사 : 먼저 ㅇㅇ가 들고 가던 좁쌀, 쌀, 콩은 어떤 모양인지 하나씩 살펴보도록 해요. 어떤 모양인가요?

유아 : 콩은 동그란데 좁쌀이랑 쌀은 뾰족해요.

교사 : 색은 어떤가요?

유아 : 콩은 까만데 좁쌀이랑 쌀은 하얀 색이에요.

교사 : 크기는 어떻게 다른가요?

유아 : 콩이 제일 크고 좁쌀이 제일 작아요.

③ 종이컵의 구멍과 곡식의 크기 비교하기

④ 종이컵 체로 좁쌀 분리하기

교사 : ○○가 들고 가던 곡식들은 이렇게 모양, 색, 크기가 다른 것들이었네요. 그럼 이제 종이컵, 송곳을 사용하여 어떻게 곡식들을 나눌 수 있는지 생각해 보도록 해요.

종이컵과 송곳으로 곡식을 분류할 수 있는 방법을 생각해 본다.

교사 : 종이컵과 송곳으로 어떻게 곡식들을 나눌 수 있을까요?

유아 : 잘 모르겠어요.

교사 : 종이컵에 곡식들을 담으면 어떨까요?

유아 : 그럼 그냥 담겨 있기만 해요.

교사 : 그래, 어떻게 해야 종이컵에 담긴 곡식들이 밑으로 나올 수 있을까요?

유아 : 송곳으로 구멍을 뚫어봐요.

교사 : 그렇군요. 구멍을 뚫으면 밑으로 곡식들이 빠져나오겠네요.

종이컵 체를 사용하여 곡식들을 분류해 본다.

교사 : 종이컵 바닥에 구멍을 뚫어서 곡식들을 담으면 어떤 곡식들이 밑으로 내려올까요?

유아 : 잘 모르겠어요. 구멍이 작으면 안 나와요.

교사 : 그러면 구멍은 얼마나 크게 뚫으면 좋을까요?

유아 : 크게 뚫어요. 좁쌀보다 크게 해야 밑으로 내려올 것 같아요.

교사 : 송곳은 뾰족하니까 조심해서 사용하지 않으면 손을 다칠 수 있어요. 선

⑤ 종이컵 체로 쌀 분리하기

⑥ 종이컵 체의 구멍 크기와 곡식의 크기에 대해 이야기 나누기

생님이 먼저 뚫어보도록 할게요.

〈좁쌀보다 크고 쌀보다 작은 구멍을 뚫는다〉

종이컵에 뚫은 구멍을 볼까요?

유아 : 작아요.

교사 : 곡식들과 크기를 비교해 보아도 괜찮아요.

유아 : 쌀보다 작아요. 좁쌀보다 커요.

교사 : 어떤 곡식들이 나올 것 같나요?

유아 : 좁쌀이 더 작으니까 좁쌀이 나올 것 같아요.

교사 : △△의 생각대로 좁쌀이 나올까요? 한번 곡식들을 담아보도록 해요

유아 : 네. 〈종이컵에 곡식들을 담아 좁쌀을 걸러낸다〉

교사 : 어떤 곡식이 나왔나요?

유아 : 좁쌀이요.

교사 : △△의 생각대로 좁쌀만 나오고 쌀과 콩은 나오지 않았네요. 왜 그럴까요?

유아 : 구멍이 작아서요.

교사 : 그럼 좁쌀은 어떻게 밑으로 내려올 수 있었을까요?

유아 : 좁쌀보다는 구멍이 컸어요.

교사 : 네. 구멍이 좁쌀보다 커서 구멍을 통해 좁쌀이 빠져나왔지만 쌀과 콩은 구

멍보다 커서 나오지 않았어요. 그럼 쌀과 콩은 어떻게 나누어야 할까요?

유아 : 더 큰 구멍을 뚫어서 나오게 해요.

교사 : 쌀과 콩 중에 어떤 곡식을 나오게 할 수 있을까요?

유아 : 쌀을 나오게 해야 돼요.

교사 : 그럼 쌀이 나오게 하려면 구멍의 크기는 어때야 할까요?

유아 : 쌀보다 크게 해요.

교사 : 그럼 ◇◇가 뚫어볼까요? 선생님이 도와줄게요.

유아 : 네. 〈뚫는다〉

교사 : 쌀보다 큰 구멍을 뚫고 쌀과 콩을 담아볼까요?

유아 : 〈담아본 후〉 쌀이 나와요. 그런데 콩은 나오지 않았어요.

구멍의 크기를 기준으로 놓고 곡식의 크기를 비교해 본다.

교사 : 2개의 종이컵에 구멍을 뚫어서 곡식들을 나누어보았어요. 처음 뚫었던 구멍보다 작은 곡식과 큰 곡식은 무엇이었나요?

유아 : 좁쌀이 작고 쌀이랑 콩이 컸어요.

교사 : 네. 그럼 두 번째 구멍보다 작은 곡식과 큰 곡식은 무엇이었나요?

유아 : 쌀이 작고 콩이 컸어요.

교사 : 그럼 앞으로 나와 크기 순서대로 놓아볼까요?

〈‘<’를 보여주며〉 ○〈●일 때 ●이 더 크다는 표시에요.

유아 : 네!

교사 : 처음 종이컵에 뚫었던 구멍과 두 번째 종이컵 구멍의 크기 중 어느 것이 컸나요?

유아 : 두 번째 구멍이 컸어요.

교사 : 〈등호 표시를 붙이며〉 네, 이렇게 붙일 수 있겠네요.

그럼 이번에는 곡식을 이야기한대로 크기 순서로 놓아보세요.

유아 : 네! 〈나와서 붙여본다〉

체를 통해 물체를 분리할 수 있다는 점과 구멍의 크기에 대해 생각해 보고 느낀 점에 대해 이야기 나눈다.

교사 : 그럼 ○○는 어떻게 곡식들을 나누어볼 수 있을까요?

유아 : 우리가 한 것처럼 구멍을 뚫어서 나눠요.

교사 : 좋아요. 우리가 만든 종이컵과 같이 구멍을 통해서 구멍보다 작은 것을 걸러내는 물건을 '체'라고 해요. 체를 통해서 물건을 걸러내고 나눌 수 있어요. 오늘 실험을 통해서 어떤 것들을 알게 되었나요?

유아 : 곡식들을 구멍으로 나오게 하는 거예요.

교사 : 체를 사용할 수 있다는 것도 알게 되었군요. 그럼 어떤 점이 어려웠나요?

유아 : 구멍을 생각하는 게 어려웠어요.

교사 : 실험을 하면서 어떤 것이 크고 작은지 곡식과 구멍의 크기를 열심히 생각해 보느라 어려운 점도 생겼던 것 같아요. 구멍의 크기에 따라 구멍보다 작은 것은 밑으로 내려오고 구멍보다 큰 것은 컵에 그대로 남아 있었어요. 오늘 종이컵에 구멍을 뚫어서 종이컵 체를 만들고 곡식들을 나누어 보았던 것처럼 다른 것들도 구멍의 크기를 바꾸어서 종이컵 체로 나누어보도록 해요.

활동 후 평가

- 유아들은 구멍의 크기가 곡식의 크기보다 커야 곡식을 통과시킬 수 있다는 점을 잘 알고 있었으며 이 실험을 통해 두 가지 이상의 곡식이 섞여 있을 때 구멍보다 크기가 작은 곡식은 밑으로 나오고 크기가 큰 곡식은 체 위에 남아 분리할 수 있다는 점을 알아보았다.
- 또한 '좁쌀＜첫 번째 체 구멍＜쌀', '쌀＜두 번째 체 구멍＜콩'을 알게 되었으나 곡식의 크기를 '좁쌀＜쌀＜콩'으로 연결짓는 것은 다소 어려워하였다. 유아들의 수준에 맞추어 등호 대신 곡식의 그림을 여러 가지 크기로 준비하여 크기대로 배열해 보거나 '좁쌀＜쌀', '쌀＜콩'을 알아보는 정도에서 활동을 정리하여도 좋을 것이다.

바람돌이

활동목표 ① 종이로 악기를 만들어 바람 소리를 내어본다.
② 종이를 가지고 다양한 소리를 만든다.

대상연령 만 4세

준 비 물 책 끈, 나무젓가락, 얇은 나무막대, 종이컵, 칼, 색종이, 스티커, 풀, 사인펜, 악보 '두꺼비집이 여물까'

물리적 지식

① 컵 안의 마찰에 의한 울림이 실을 타고 전달되어 들리게 된다.
② 악기를 빨리 돌리면 거친 바람 소리가 나고 천천히 돌리면 잔잔한 바람 소리가 난다.
③ 종이는 나무로 만들어졌으며 다양한 소리를 만들 수 있다.

활동방법

① 준비된 종이를 탐색하고 종이의 특징과 소리 내는 방법에 대해 이야기 나눈다.
② 종이컵 바깥 면을 도화지로 덮는다.
③ 색 포장지로 덮어 장식한다.
④ 이쑤시개를 3cm 되게 자른다.
⑤ 덮여진 원통 윗면 가운데에 구멍을 뚫고 이쑤시개가 안쪽으로 가도록 넣는다.
⑥ 이쑤시개 가운데에 종이끈을 빠지지 않게 묶는다.
⑦ 나무젓가락 한쪽 끝에 홈을 만들어 끈이 빠지지 않도록 묶는다.
⑧ 종이끈의 양쪽 끝을 튼튼하게 하기 위해 5cm 정도씩 한 겹을 더 꼬아준다.
⑨ 나무젓가락 다른 한쪽 끝을 잡고 여러 형태로 돌려보면서 소리들을 탐색해 본다.
⑩ '두꺼비집이 여물까' 에 맞추어 악기를 연주한다.

① 송곳으로 종이컵에 구멍 뚫기

② 나무젓가락에 끈 묶기

상호작용

바람돌이의 소리를 들어보고 어떤 소리인지 맞춰본다.

교사 : 〈검은 천 뒤로 바람돌이를 가리고 돌려 소리를 낸다〉

유아 : 우와!

교사 : 어떤 소리인 것 같니?

유아 : 두꺼비 소리 같아요! 까마귀 소리 같아요!

교사 : 까마귀와 두꺼비가 검은 천 뒤에 있을까? 한번 확인해 볼까?

유아 : 네!

교사 : 〈검은 천을 걷으며〉 짜잔~!

유아 : 어! 두꺼비가 아니에요.

교사 : 그렇구나. 정말 두꺼비가 아니네! 그럼 두꺼비 소리는 어디서 나는 걸까?

유아 : 〈바람돌이를 가리키며〉 여기서 났던 것 같은데요?

교사 : 그래? 어떻게 이 물건에서 두꺼비 소리가 났던 걸까?

유아 : 돌리면 소리가 날 것 같아요.

교사 : 그럼 한번 돌려 볼까?

유아 : 네!! 〈돌려본다〉

교사 : 어땠니?

유아1 : 재미있었어요!

③ 종이컵 구멍에 끈 끼우기

④ 구멍에 통과한 끈을 작은 나뭇가지에 묶기

유아2 : 소리가 크게 났다 작게 났다 해요.

교사 : 그래, 그런데 이 물건이 하나밖에 없어서 모두 함께 돌릴 수가 없구나. 하나씩 만들어서 함께 돌려보면 어떨까?

유아 : 네! 좋아요!

바람돌이를 만드는 방법에 대해 알아보고 만들어본다.

교사 : 만드는데 어떤 것들이 필요할 것 같니?

유아1 : 〈바람돌이를 보며〉 끈하고 나무하고 종이가 필요할 것 같아요.

유아2 : 색종이도 필요하겠어요.

교사 : 그래, 그럼 어떻게 만들어야 할까?

유아 : 끈을 막대기에 묶어서 종이상자에 붙이면 돼요.

교사 : 그래, ○○는 그렇게 생각했구나. 또 다르게 생각한 것이 있니?

유아 : 〈바람돌이를 들여다보며〉
종이상자 안에 끈이 들어가고 또 막대기가 안에도 있어야 할 것 같아요.

교사 : 그래, 그럼 만드는 방법을 알아보고 만들어보자.

유아 : 네!

바람돌이를 돌려 소리를 내보며 어떤 원리로 소리가 만들어지는지 탐색해 본다.

유아 : 다 만들었어요!

교사 : 우와, 예쁘게 꾸몄구나! 그럼 이제 바람돌이로 처음 들어본 소리를 내보자.

⑤ 꾸미기 재료를 활용하여 꾸미기

⑥ 완성된 바람돌이 탐색하기

유아 : 어떻게 해요?

교사 : 어떻게 하는 것 같니?

유아 : 막대기를 잡고 돌리면 될 것 같아요.

교사 : 그럼, 한번 해 보자.

유아 : 〈돌려본다〉 신기해요!

교사 : 어느 부분에서 소리가 나는 걸까?

유아 : 〈바람돌이의 종이 안쪽 부분을 가리키며〉 여기서 소리가 나는 것 같아요.

교사 : 종이 안쪽에서 어떻게 소리가 만들어질까?

유아 : 막대기를 돌리면 줄이 돌아가서 부딪히는 소리가 나는 것 같아요.

교사 : 왜 그렇게 생각했는지 이야기해 줄래?
종이 안에서 나는 소리라는 것은 어떻게 알 수 있었니?

유아1 : 소리가 날 수 있는 곳이 더 없는 것 같아요.

유아2 : 〈막대기를 가리키며〉 손잡이에서 소리가 나는 것 같지 않아요.

교사 : 왜 손잡이에서 소리가 나지 않을까?

유아2 : 손잡이에서 나는 소리는 작을 것 같아요.
크게 소리가 들리는걸 보면 종이 안에서 소리가 나오는 것 같아요.

유아1 : 저는 손잡이에서 나는 소리 같기도 해요.

교사 : 왜 그렇다고 생각하니? 어떻게 손잡이에서 나는 소리가 크게 들릴 수 있을까?

유아1 : 글쎄요, 어쩌면 소리는 종이 안과 손잡이에서 다 나는 것 같기도 해요.

교사 : ○○와 다르게 생각하는 친구 있니?

유아 : 잘 모르겠어요.

교사 : 선생님이 소리를 내 볼 테니까 눈을 감고 손잡이와 종이컵 안의 나무 중 어디에서 소리가 나는지 잘 들어보자.

유아 : 네! 〈눈을 감는다〉

교사 : 〈손잡이에서 소리를 낸다〉 어디에서 소리가 나는 것 같니?

유아 : 손잡이에서 나는 소리 같아요!

교사 : 눈 떠보세요.

유아 : 손잡이에서 나는 소리가 맞아요!

교사 : 손잡이에서 어떻게 소리가 났던 걸까?

유아 : 손잡이랑 끈이 부딪치면서 소리가 난 것 같아요.

교사 : 손잡이에서 나는 소리가 어떻게 크게 들렸던 걸까?

유아 : 손잡이에서 나는 소리가 실을 타고 종이컵 안에서 크게 났던 것 같아요.

교사 : 종이컵 안에서 소리가 크게 났던 걸까?

유아 : 네!

교사 : 어떻게 알 수 있었니?

유아 : 소리가 울리는 것 같았어요. 그래서 종이컵 안에서 소리가 난 것 같아요.

교사 : 소리가 울렸니?

유아 : 〈소리를 내며 종이컵에 귀를 갖다 댄다〉
네, 분명히 종이컵에서 울리는 소리가 나요.

유아 : 그래, 손잡이와 끈이 부딪치면서 나는 소리가 실을 타고 종이컵에 전해져서 종이컵 안에서 소리가 크게 들렸구나.

'두꺼비집이 어물까'에 맞추어 연주해 보고 느낀 점 등을 평가해 본다.

교사 : 처음 우리가 바람돌이를 돌렸을 때 소리가 크고 여리게 났던 것 기억나니?

유아 : 네!

교사 : 어떻게 했더니 소리가 크게 났니?

유아 : 네, 힘을 주고 빨리 돌리니까 소리가 크게 났어요. 천천히 돌릴 때는 여리게 나고요.

교사 : 그럼, 음악에 맞추어서 소리를 크고 여리게 만들어서 돌려보면 어떨까?

유아 : 멋있을 것 같아요!

교사 : 그럼, 음악에 맞추어서 소리를 크고 여리게 해서 멋진 음악을 만들어보자!

유아 : 네! 〈유아들이 넓게 설 수 있도록 공간을 넓히고 음악에 맞추어 돌려본다〉

교사 : 음악에 맞춰서 돌려보니 어땠니?

유아 : 재미있었어요.

교사 : 어려운 점은 없었니?

유아 : 소리가 너무 커서 음악 소리가 잘 안 들렸어요.

교사 : 그래, 다들 신이 나서 크게 돌렸던 것 같아. 그럼 다음에는 어떻게 하면 좋을까?

유아 : 천천히 돌려요.

교사 : 그래, 다음에는 음악이 잘 들릴 수 있도록 조금 천천히 돌리도록 하자.

유아 : 네!

활동 후 평가

- 유아들이 소리 내는 것을 보지 않은 채 소리를 듣고 연상되는 것을 이야기함으로써 유아들의 상상력을 자극할 수 있었고 유아들이 흔히 접하지 못한 소리여서 큰 흥미를 느꼈다.
- 소리가 나는 부분이 손잡이인지 종이컵 안인지 분명하게 느끼지 못하고 어려워하였지만 바람돌이를 크게 돌리지 않고 실을 팽팽히 한 상태에서 손잡이를 돌리면서 소리가 나는 곳을 쉽게 찾을 수 있었다. 또한 이를 통해 소리가 나는 원리에 대해 자연스럽게 유추해 낼 수 있었다.
- 나무젓가락과 책 끈 대신 좀 더 매끈한 소재의 막대와 끈을 사용하면 소리가 더 크게 들리게 할 수 있으며, 이를 통해 소리의 크기와 마찰과의 관계에 대해서 확장하여 활동할 수 있다. 또한 소리가 나는 원리를 알아본 후 줄을 팽팽하게 하거나 느슨하게 하여 돌려봄으로써 줄이 음파 전달의 역할을 한다

는 점도 확장하여 알아볼 수 있겠다.

- 바람돌이 악기를 가지고 돌릴 때 다른 유아들이 주위에 있어 다치지 않도록 주의하여야 한다.

두꺼비집이 여물까

전래 동요

8. 씨앗

씨앗을 활용한 활동

활동목표 씨앗은 여러 가지 형태로 된 껍질 속에서 나온다.

대상연령 만 5세

준 비 물 여러 가지 열매나 과일 속에서 나온 다양한 크기의 모양 및 색깔을 가지고 있는 씨앗(검은 콩, 나팔꽃, 검은 쌀, 보리쌀, 채송화), 담을 수 있는 투명 플라스틱 통, 저울

물리적 지식

① 다양한 씨앗의 모양과 크기 및 색의 특성에 따라 비교할 수 있다.
② 크기와 무게는 다를 수 있다.
③ 같은 부피의 씨앗이라도 그 무게는 다르다.

활동방법

① 각각의 투명 플라스틱 통속에 씨앗의 종류에 따라 분류하여 넣은 것을 보고 자유롭게 씨앗에 대하여 모양과 크기 및 색깔 등을 이야기를 해 본다.
② 가장 큰 씨앗의 순서대로 통을 놓아보게 한다.
③ 가장 작은 씨앗을 순서대로 놓아본다.
④ 씨앗의 모양으로 원래의 과일이나 곡식을 추측해 보게 한 다음 그 차이점을 이야기해 본다.
⑤ 씨앗과 원래의 과일이나 껍질들을 놓아보고 서로 짝짓기를 해 본다.
⑥ 같은 크기의 용기에 담은 씨앗의 무게를 달아보고 비교해 보게 한 다음 가장 가벼운 것부터 무거운 것의 순서대로 놓아본다.
⑦ 크기가 같은 작은 용기에 들어갈 수 있는 각 종류의 씨앗 수를 세어보게 한다.

상호작용

씨앗에 대한 이야기 나누기를 하며 오늘 활동에 관심을 가진다.

교사 : 오늘 선생님이 무엇을 가져왔을까요?

유아 : 씨앗이요

교사 : 무엇이 씨앗이예요?

유아 : 꽃을 자라게 하기 위해 땅에 심어주는 거요.

교사 : 그래 너희가 말한대로 이 씨앗은 꽃이나 곡물을 나게 하기 위해 땅에 심어주는 거란다.

교사 : 이 앞에 있는 씨앗들 중에 너희가 알고 있는 씨앗의 이름은 무엇이니?

유아 : 검은 콩이요. 나팔꽃

교사 : 나팔꽃 씨앗은 어떻게 생겼어요?

유아 : 반달 모양 같아요.

교사 : 그러게, 정말 반달 모양처럼 생겼네...
그럼 여기 이렇게 길죽하고 까만 씨앗은 무엇일까?

유아 : 검은 쌀이요.

교사 : 어떻게 검은 쌀인 줄 알았어요?

유아 : 우리가 밥 먹을 때 밥 속에 비슷한 게 있었던 것 같아요.

교사 : 또 여기 제일 작은 이 씨앗은 무슨 씨앗일까?

유아 : 잘 모르겠어요.

교사 : 이건 채송화 씨앗이예요. 채송화 씨앗은 깨알보다 더 작아요.

교사 : 선생님이 또 다른 것들을 가져왔어요.
무엇을 가져왔는지 한번 볼까?

유아들과 함께 준비물을 탐색한다.

교사 : 앞에 어떤 것들이 준비되어 있니?

유아 : 여러 씨앗, 저울, 돋보기.

교사 : 이 돋보기는 어떻게 사용하지요?

유아 : 작은 것을 볼 때 돋보기를 이용하여 보면 크게 볼 수 있어요.

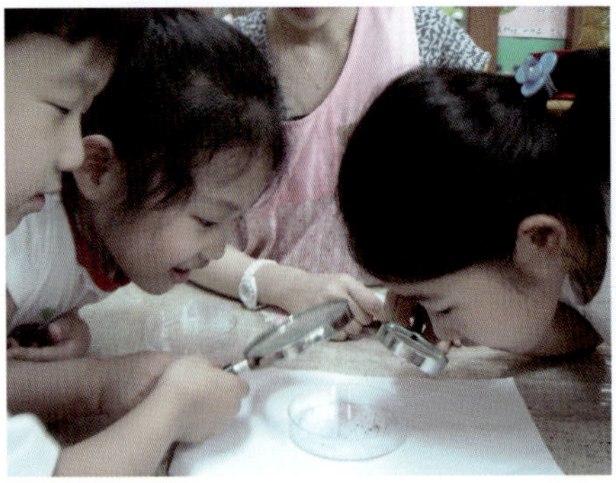

① 씨앗을 관찰하기

② 씨앗을 크기 순서대로 나열하기

교사 : 돋보기는 작은 것을 크게 볼 때 사용하는 거예요.
음, 그럼 저울은?

유아 : 무게를 달수 있어요.

교사 : 그렇구나.

약속을 정한다.

교사 : 선생님이랑 오늘 활동을 하기 전에 어떤 약속을 정할 수 있을까?

유아 : 순서를 지켜서 이야기해요.

교사 : 그리고 또~~

유아 : 차례를 기다려요.

교사 : 그렇구나.

활동을 한다.

교사 : 여기 있는 씨앗들 중에 제일 작은 씨앗은 무엇일까?

유아 : 채송화 씨앗이요.

교사 : 그럼 씨앗이 커지는 순서대로 누가 한번 나열해 볼까요?

유아 : 〈손을 든다〉

교사 : 그럼 ○○가 한번 해 보자.

유아 : 〈씨앗을 채송화, 조, 검은 쌀, 검은 콩 순으로 놓는다〉

교사 : 음. 선생님 저는 ○○생각과 달라요 하는 사람 있어요?

③ 무게를 달아본 후 관찰하기

④ 씨앗의 모양과 같은 그림을 찾고 보여주기

유아 : 아니요. ○○이 한 게 맞는 것 같아요.

교사 : 그럼 너희가 크기 순서대로 잘 놓은 것 같은데 이 씨앗들의 무게는 어떨까? 어떤 것이 가장 무거울까요?

유아 : 검은 콩이요.

교사 : 정말 검은 콩이 무거운지 저울에 달아볼까?
검은 콩이랑 어떤 것을 달아볼까요?

유아 : 나팔꽃이요.~

교사 : 그럼 나팔꽃씨 10개랑 검은 콩 10개를 한번 올려볼께요.
〈씨앗들을 저울에 단다〉

유아 : 검은 콩이 더 무거워요.

교사 : 음. 검은콩이 나팔꽃보다 무거워요!
그럼 또 어떤 것들의 무게를 알아볼까?

유아 : 나팔꽃이랑 검은 쌀이요.

교사 : 이번에는 나팔꽃이랑 검은 쌀을 각각 10개씩 올려볼께요.
이번에는 어때요?

유아 : 검은 쌀이 더 무거워요!

교사 : 그러네, 나팔꽃씨가 검은 쌀보다 더 크지만 무게는 나팔꽃씨가 더 무겁네요. 그럼 여기 있는 그림을 보고 씨앗들이랑 같은 모양 씨앗이 있는지 찾아볼까?

유아 : 네~, 여기 나팔꽃씨 모양 있어요.

교사 : 〈그림과 씨앗을 비교하며〉
○○이 나팔꽃을 찾았어요. 또 무엇이 있을까?

유아 : 여기요.

교사 : 여기 채송화 씨앗 그림도 있구나.

씨앗을 이용해 활동한 것에 대해 평가한다.

교사 : 오늘 씨앗을 가지고 무엇을 알아보았어요?

유아 : 무게, 색깔, 크기

교사 : 그래. 무게, 색깔, 크기들을 알아보았지. 어떤 점이 재미있었니?

유아 : 나팔꽃이랑 검은 쌀을 저울로 달아봤을 때 나팔꽃이 더 크지만 검은 쌀이 더 무거운 것이 신기했어요.

교사 : 그래, 선생님도 너희들과 함께 실험하면서 새로운 것을 안 것 같아.

교사 : 그럼, 어렵거나 힘든 점은 없었니?

유아 : 네.~

교사 : 그랬구나. 이 씨앗들과 그림을 돋보기 옆에 놓아둘테니 자유놀이 시간에 더 관찰해 보도록 해요.

활동 후 평가

- 좀 더 다양한 씨앗과 그림 자료를 준비했으면 아이들이 더욱 흥미로워했을 것 같다.
- 무게를 잴 때 씨앗을 하나씩 세는 것보다 특정한 시험관을 가지고 무게나 부피를 재는 것이 더 좋았을 것 같다는 아쉬움이 든다.

소리 병

활동목표 ① 씨앗의 종류에 따라 부딪혀 나는 소리가 다름을 알게 된다.
② 씨앗의 이름과 특징을 알게 된다.

대상연령 만 3~5세

준 비 물 불투명 필름 통, 여러 종류의 씨앗(콩, 쌀, 좁쌀, 체리 씨, 도토리, 말린 옥수수 등), 이름과 숫자 스티커

물리적 지식

① 사물의 종류에 따라 부딪혀 나는 소리가 다르다.
② 필름 통속에 들어 있는 씨앗의 특징과 이름을 알게 된다.
③ 소리를 듣는 기관이 귀임을 알게 된다.

활동방법

① 활동 준비물인 씨앗들을 보고 만져보면서 유아들과 함께 이야기를 나눈다.
② 12개의 필름 통을 준비하고 2개의 필름 통에 쌀, 2개의 필름 통에 콩, 2개의 필름 통에 옥수수 등 각각의 씨앗을 2개의 필름 통에 1/5정도 넣어 준비한다.
③ 필름통의 겉면에 아라비아 숫자를 써서 붙인다.
④ 씨앗의 이름이 적힌 스티커를 필름 통 바닥에 붙인다.
⑤ 유아들이 선택한 번호의 필름 통을 흔들어보고 소리를 익힌다.
⑥ 어떤 씨앗의 소리인지 모양과 이름을 확인해 본다.
⑦ 필름 통을 섞어놓은 후 하나를 선택하여 소리를 들어본다.
⑧ 다른 필름 통을 흔들어서 같은 소리가 나는 필름 통을 찾아 짝을 이루어본다.
⑨ 소리의 짝을 찾지 못한 다른 필름 통으로 활동을 계속한다.

① 여러 종류의 씨앗과 이름이 적힌 준비물

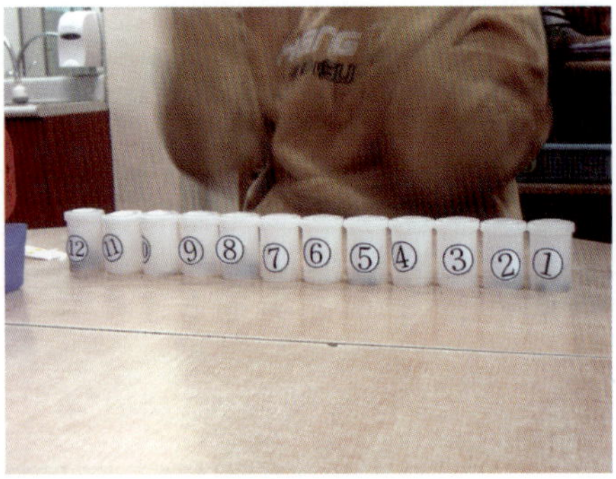

② 씨앗이 들어 있는 필름 통을 섞은 후 필름 통에 아라비아 숫자 붙이기

상호작용

준비된 씨앗을 직접 눈으로 보고 만져보며 탐색하고 이야기를 나눈다.

교사 : 오늘은 선생님이 무엇을 가져왔나 볼까요?

유아 : 쌀이요. 밥이요.

교사 : 우리가 쉽게 볼 수 있는 쌀이에요. 한번 만져보면서 어떤 느낌인지 이야기해 볼까요?

유아 : 매끄러워요. 부드러워요. 작아요.

교사 : 다른 씨앗들의 색깔이나 만져본 느낌은 어떤가요?

유아 : 옥수수는 이빨 같아요. 호박씨는 눈물 모양이에요. 빗방울 같아요.

교사 : 색깔과 크기는 어떤가요?

유아 : 옥수수는 노란색인데 콩은 검은색이에요. 좁쌀이 제일 작아요.

필름 통에 각종 씨앗을 넣고 밑면에는 이름 스티커를 붙이고 통 앞에는 아라비아 숫자를 붙인다.

교사 : 그럼, 이제 준비된 씨앗을 속이 보이지 않는 필름 통에 넣어볼 거예요. 한 가지 씨앗을 2개의 필름 통에 넣고 밑바닥에는 이름 스티커를 붙여서 뚜껑을 열지 않아도 밑면만 보면 무엇인지 쉽게 확인할 수 있게 만들 거예요.

③ 필름 통을 흔들 때 같은 소리 나는 것 찾기

④ 모든 필름 통의 짝 찾기

누가 나와서 해 볼까요?

유아 : 저요, 저요.

교사 : 이름 스티커를 붙였으니 이번에는 무엇을 해야 하지?

유아 : 숫자 스티커를 붙여야 해요.

교사 : 누가 나와서 해 볼까요?

유아 : 저요, 저요.

필름 통을 섞어놓은 후 하나를 선택하여 소리를 들려주고 같은 씨앗이 들어 있는 필름 통을 찾아본다.

교사 : 이 속에는 어떤 씨앗이 숨어 있을까? 한번 흔들어볼까요?

유아 : 〈여러 개의 필름 통을 차례로 흔들어보이면〉 콩이요. 쌀이요.

교사 : 누가 나와서 이것과 같은 소리가 나는 필름 통을 찾아볼까요?

유아 : 이게 콩이에요. 이건 쌀이에요.

교사 : 필름 통의 밑면에 있는 이름 스티커를 확인하여 맞는지 알아볼까요?

유아 : 제가 확인해 볼래요. 쌀이 맞아요.

〈반복해서 다른 필름 통의 짝을 찾는 활동을 계속한다〉

모든 필름 통의 짝을 찾고 소리 병 놀이에 대해 평가한다.

교사 : 우리가 어떻게 필름 통의 짝을 찾아줄 수 있었나요?

유아 : 소리가 달라서요. 흔들릴 때 달라요.

교사 : 우리는 소리를 어떻게 들을 수 있나요?

유아 : 귀가 있어서 들을 수 있어요. 귀로 들어요.

교사 : 그러면 들리는 소리가 왜 다를까요?

유아 : 필름 통에 다른 씨가 들어 있어서요.

활동 후 평가

- 씨앗의 이름과 특징을 표현할 수 있었다.
- 필름 통속에서 나는 소리만 듣고 큰 차이가 있는 씨앗들은 잘 구별했고 비슷하게 소리 나는 것들은 조금 어려워했다.
- 소리를 듣는 기관이 귀인 것을 잘 알고 있었다.
- 씨앗의 모양이나 크기에 따라 다른 소리가 나는 것을 이해했다.

호두 딱딱이

활동목표 ① 호두를 이용하여 악기를 만든다.
② 호두의 크기에 따라 소리의 높낮이가 다르다는 것을 알 수 있다.

대상연령 만 5세

준 비 물 호두, 고무줄, 풀

물리적 지식 호두가 작을수록 높은 소리가 나고 클수록 낮은 소리가 난다.

활동방법

① 호두를 탐색해 보고 경험했던 것에 대하여 이야기를 나눈다.
② 엄지, 중지 손가락에 맞는 고무줄을 호두 끝에 접착제로 붙여 말린다.
③ 호두 딱딱이를 엄지, 중지 손가락에 끼우고 호두끼리 부딪쳐 '딱, 딱' 소리를 낸다.
④ 호두 딱딱이로 강하고 약하게, 길고 짧게 등 다양한 변화를 주며 소리를 탐색한다.
⑤ 다른 소재로 만든 딱딱이와의 차이에 대하여 생각해 본다.

상호작용

열매를 탐색해 보고 경험했던 것에 대해 이야기 나눈다.

교사 : 이 열매를 본적 있니?
유아 : 네, 우리 집에서 보았어요. 이거 호두에요.
교사 : 먹어 본적도 있니?
유아 : 네, 지난번에 어린이집에서도 먹었어요.
교사 : 이 열매의 껍데기는 어때?
유아 : 딱딱해요. 손으로 안 까져요.

① 호두를 탐색하기

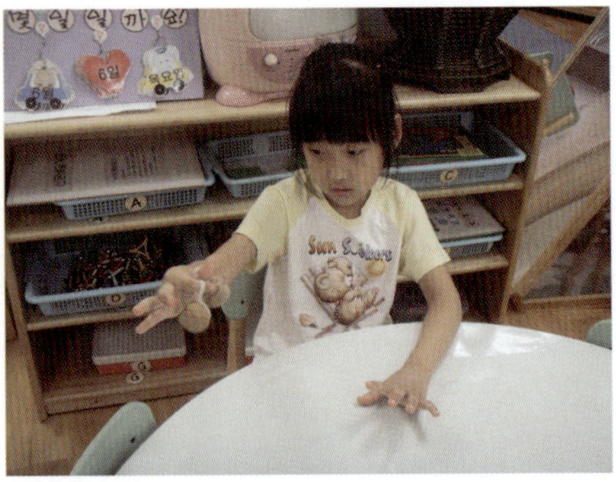

② 작은 호두로 연주하기

호두 딱딱이를 만들고 큰소리와 작은 소리에 대해 이야기 나눈다.

교사 : 그래 맞아. 그럼 이 열매로 소리를 만들 수 있을까?

유아 : 네. 2개를 '딱딱' 부딪치면 소리가 나요.

교사 : 그래 맞아. 두꺼운 껍데기를 치면 소리 날 수가 있어. 그래서 오늘 선생님이 호두에 너희들의 손가락이 들어갈 수 있을 정도로 고무줄을 연결했어. 우리 손가락에 끼고 소리를 내어볼까?

교사 : 2개를 부딪치니까 어떤 소리가 나니?

유아 : '톡톡톡' 이요.

유아 : '딱딱딱' 이요.

교사 : 어, 그런데 선생님이 호두를 하나는 큰 것 그리고 다른 것은 작은 것을

③ 큰 호두로 연주하기

④ 큰 소리로 연주하기

⑤ 여린 소리로 연주하기

⑥ 조개껍질로 연주하여 소리를 비교해 보기

가져왔어. 큰 호두끼리 부딪칠 때 소리를 들어볼까?

유아 : '딱딱딱' 소리가 나요.

교사 : 그럼, 이번에는 작은 호두를 가지고 소리를 내어볼게.

유아 : 아까 큰 호두보다 작은 소리가 나요.

교사 : 그럼, 이번에는 호두를 세게 쳐볼까? 이번에는 약하게 쳐볼까? 2개의 소리가 같니?

유아 : 아니요. 세게 쳤을 때는 큰소리가 나고요 약하게 치니깐 여린 소리가 나요.

다른 소재로 만든 딱딱이(예 조개껍질)와의 차이에 대하여 생각해 본다.

교사 : 호두를 가지고 소리를 내어보았는데, 조개껍질로 만든 악기도 같은 소리가 날까?

〈조개껍질을 이용하여 소리를 내어본다〉

교사 : 어떻게 차이가 나니?

유아 : 조개껍질 소리는 '맴맴맴' 소리가 나고, 호두는 '딱딱딱' 소리가 나요.

활동 후 평가

- 큰 호두와 작은 호두에서 나는 소리의 차이는 유아들이 쉽게 느꼈다. 또한 호두로 크게, 여리게 연주해 보는 활동을 재미있어하였다.

9. 나뭇잎

나뭇잎 지문 찍기

활동목표 ① 나뭇잎은 다양한 모양과 다양한 잎맥이 있음을 알게 된다.
② 종이는 물을 잘 흡수한다는 것을 알게 된다.

대상연령 만 4~5세

준 비 물 여러 가지 나뭇잎(낙엽), 분무기, 화선지, 물감, 팔레트, 신문지, 솜방망이, 돋보기

물리적 지식 ① 식물에 따라 나뭇잎의 잎맥이 다르다 : 그물맥과 나란히맥
② 가을에는 잎의 색이 변한다 : 낙엽과 단풍
③ 낙엽의 뒷면은 잎맥이 톡 튀어나와 있어 선명하고 더 거칠다.
④ 화선지는 거친 면과 부드러운 면으로 양면이 다르다.
⑤ 종이는 물을 잘 흡수한다.

활동방법

① 동화 『나무』의 그림을 보면서 계절에 따라 달라지는 식물의 모습에 대해 이야기를 나누고 활동 준비물로 무엇을 할 수 있을지 이야기를 나눈다.
② 본을 뜰 나뭇잎의 뒷면 위에 화선지를 덮는다.
③ 화선지 위에 분무기로 물을 뿌린다.
④ 구둣솔로 가볍게 두드려준다.
⑤ 물감을 묻힌 솜방망이로 화선지를 가볍게 두드려준다.
⑥ 다른 모양의 나뭇잎도 같은 방법으로 활동을 계속해 무늬를 만들어본 후 잎맥에 대해 이야기 나누고 평가해 본다.

상호작용

『나무』라는 동화의 그림을 보면서 주의집중을 한다.

교사 : 오늘 선생님은 『나무』라는 동화를 준비였어요! 어떤 나무가 나오는지 알아보자.
앙상한 가지만 있는 겨울나무가 봄이 되면 어떻게 변하나요?

유아 : 가지에서 새싹이 나요.

교사 : 여름에는 어떻게 변할까?

유아 : 꽃이 나요. 열매가 나요.

교사 : 그래, 너희가 얘기한대로 나무에 열매가 나는구나. 가을에는 어떻게 변할 것 같니?

유아 : 나뭇잎이 떨어져요.

교사 : 그래, 나뭇잎이 떨이지지, 그러면 나뭇잎의 색은 어떻게 되니?

유아 : 변해요.

교사 : 왜 변하는 걸까?

유아 : 음~~

교사 : 나뭇잎은 가을이 되면 나무가 먹을 것이 부족해서 나무에게 자기 먹을 것을 나눠주기 때문에 색이 변하는 거래.
〈실제 낙엽을 보여준다〉 그래서 낙엽이 되었어요.

유아 : 갈색이에요. 이건 또 색이 달라요. 더 붉은 것 같아요.

교사 : 그래, 색이 갈색도 있고 붉은 갈색도 있구나. 오늘은 이 낙엽을 가지고 선생님과 나뭇잎 지문 찍기를 할 거예요.

유아들과 함께 준비물을 탐색한다.

교사 : 앞에 어떤 것들이 준비되어 있니?

유아 : 나뭇잎, 화선지, 물, 물감, 넓은 접시, 신문지, 솜방망이, 돋보기

교사 : 여러 나무에서 떨어진 나뭇잎을 가져왔는데, 낙엽의 모양이 어떠니?

유아 : 끝이 뾰족하게 생긴 낙엽이 큰 것도 있고 작은 것도 있어요,
〈단풍을 들고〉 이런 모양도 있어요.

교사 : 그렇구나. 색은 비슷하지만 모양은 서로 다른 나뭇잎이 있구나. 그러면 각 나뭇잎의 모양은 어떨까? 여기 돋보기로 나뭇잎을 자세히 들여다보자.

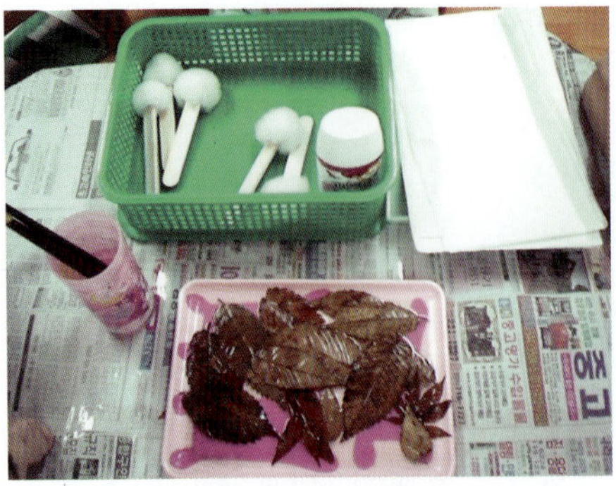

① '낙엽 지문 찍기' 활동의 준비물

② 낙엽의 잎맥 관찰하기

유아 : 낙엽에 손금이 그어져 있어요.

교사 : 낙엽에 이렇게 그어져 있는 선을 손금이라고 할까?

유아 : 뭐라고 그래요?

교사 : 낙엽에 그어져 있는 선은 잎맥이라고 한대요.

유아 : 잎맥

교사 : 그래, 돋보기로 한번 더 관찰해 보자. 선이 어때?

유아 : 잎맥선이 짧은 것도 있고 긴 것도 있어요. 이쪽은 선이 진하고 이쪽은 연해요.

교사 : 돋보기로 보니까 어떻게 보이니?

유아 : 크게 보여요.

교사 : 그렇구나. 이건 뭐니?

유아 : 화선지예요. 옛날 할아버지가 여기에다 그림도 그리고 글씨도 썼대요.

교사 : 그렇구나. 너희가 화선지에 대해 잘 아는구나.
화선지를 한번 만져보렴! 〈한 장씩 나눠준다〉 느낌이 어떠니?

유아 : 한쪽은 부드럽고 한쪽은 거칠어요.

교사 : 그렇구나. 양쪽의 느낌이 다르구나? 이건 뭐니?

유아 : 붓이요. 옛날 할머니, 할아버지께서 붓을 먹물에 묻혀서 글씨를 썼어요.

교사 : 그렇구나. 이 붓은 옛날에 글씨 쓰는 데도 쓰였구나. 이건 뭐니?

유아 : 빨간색 물감이요.

③ 화선지 탐색하기

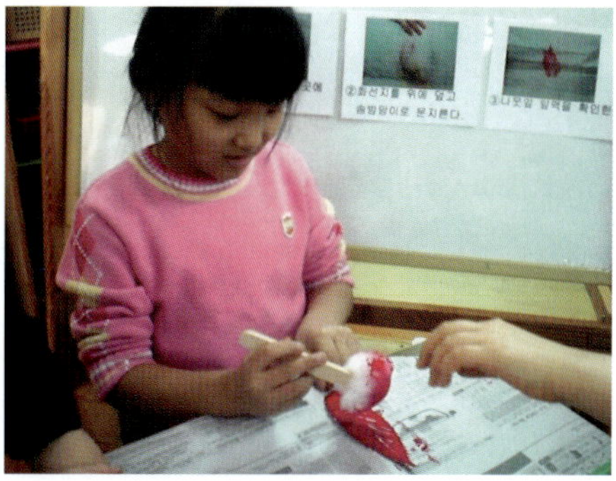

④ 낙엽에 물감 칠하기

교사 : 이 빨간색 물감에 물을 타서 저어보자. 그리고 여기 솜을 뭉쳐서 준비했는데, 이것으로 어떻게 놀이할 수 있을까?

유아 : 물감에 이렇게 찍어서 놀이해요.

교사 : 그래, 솜방망이에 물감을 골고루 묻혀서 놀이를 할 수 있어. 이 재료들로 어떻게 나뭇잎 지문 찍기를 할 수 있을까?

유아 : 낙엽에 이 솜방망이로 이렇게 물감을 묻혀요. 그리고 화선지에 찍어요.

교사 : 그럼, 낙엽의 어디에 물감을 묻혀야 하니?

유아 : 여기 톡 튀어나온 곳에 물감을 묻혀야 해요.

교사 : 그래, ◇◇가 얘기한대로 톡 튀어나온 면이 뒷면인데 뒷면에 물감을 묻혀보자.

약속을 정하고 활동을 한다.

교사 : 이렇게 활동하기 위해서 우리 몇 가지 약속을 하자. 어떤 약속이 필요할까?

유아 : 물감이 옷에 묻지 않도록 조심해서 놀이해요.

교사 : 그리고 돋보기는 하나밖에 없으니 잎맥을 관찰할 때는 어떻게 해야 하니?

유아 : 순서를 지켜요.

교사 : 그렇구나. 이제는 너희들이 하고 싶은 낙엽을 하나씩 골라보자.

유아 : 전 큰 걸로 할래요. 전 이 단풍 모양으로 할래요.

교사 : 물에 약간 젖어 있는 낙엽을 신문지에 닦고 낙엽의 뒷면을 찾아보자, 어디가 뒷면일까?

⑤ 낙엽 위에 화선지를 올려놓고 솜방망이로 두드리기

⑥ 유아가 직접 찍은 낙엽지문 작품

유아 : 톡 튀어나온 면이 뒷면이예요.

교사 : 그래, 맞았어. 여기 뒷면의 잎맥이 선명하지.
앞면을 너희가 만져보자. 뒷면보다 어떠니?

유아 : 튀어나오지 않았어요.

교사 : 솜방망이가 2개인데 누구부터 할까?

유아 : 여기서부터 물감을 묻혀요?

교사 : 그래, 여기부터 이렇게 돌아가면서 2명씩 먼저 해 보자.
다른 2명의 친구는 돋보기로 잎맥을 관찰해 보자.

유아 : 물감을 다 묻혔어요.

교사 : 화선지의 거친 면이 위로 가게 해서 낙엽 위에 덮어보자.
그리고 물감을 묻히지 않은 솜방망이로 두드려보자.

유아 : 이렇게요?

교사 : 그래, ○○의 낙엽이 화선지에 찍혔네. 화선지에 잎맥이 선명하게 보이니?

유아 : 네.

교사 : 그런데 화선지에 어떻게 물감이 찍히는 걸까?

유아 : 물감을 묻혀서 문지르니까 물이 스며들어요.

교사 : 그렇구나. ○○와 □□의 잎맥의 모양이 어떠니?

유아 : 같아요. 그런데 하나는 작고 하나는 커요.

교사 : 잎맥의 모양이 왜 같니?

유아 : 낙엽모양이 같아서요.

교사 : 그럼, △△와 ◇◇의 낙엽 모양은 어때?

유아 : 달라요.

교사 : 그럼, 잎맥의 모양은 어떠니?

유아 : 이건 짧고 이건 길어요.

교사 : 낙엽의 모양이 같을 때는 잎맥의 모양이 어땠니?

유아 : 잎맥도 같았어요.

교사 : 낙엽의 모양이 다를 때는 어땠어?

유아 : 잎맥도 달랐어요.

교사 : 그렇구나. 낙엽의 모양에 따라 잎맥의 모양이 달라지는구나.

낙엽 찍기 활동한 것에 대해 평가한다.

교사 : 오늘 낙엽 찍기가 재미있었니?

유아 : 네.

교사 : 어떤 점이 재미있었니?

유아 : 잎맥이 서로 달라서 재미있었어요.

교사 : 그래, 낙엽 모양에 따라 잎맥의 모양도 달라졌지.

유아 : 네.

교사 : 어려운 점은 없었니?

유아 : 물감을 묻힐 때 뒷면 찾기가 조금 어려웠어요.

교사 : 그랬구나. 우리 여기에 전시해 두고 서로의 잎맥을 감상해 보자.

활동 후 평가

- 좀 더 다양한 나뭇잎을 구해 활동한다면 유아들이 여러 가지 잎맥의 모양이 있다는 것을 확실히 구별했을 것 같다.
- 화선지에 지문 찍기를 했는 데 생각보다 확실하게 구별이 가도록 나뭇잎의 지문이 나온 것 같지 않아 아쉽다.

나뭇잎 방망이

활동목표 재활용품과 자연물을 이용하여 악기를 만들고 연주해 본다.

대상연령 만 4~5세

준 비 물 서류봉투, 나뭇잎, 테이프, 리본 끈, 꾸밀 것(크레파스 등), 악보 '진달래 꽃'

물리적 지식 소리의 크기를 비교하여 안다.

활동방법

① 재료를 탐색한다.
② 서류봉투에 크레파스로 그림을 그려서 꾸민다.
③ 봉투에 나뭇잎을 적게 또는 많게 넣는다.
④ 봉투의 밑 부분을 테이프로 붙인 후 리본으로 묶는다.
⑤ 나뭇잎 방망이를 흔들어 소리를 탐색한다.
⑥ '진달래 꽃' 에 맞추어 악기를 연주한다.

상호작용

악기를 만들 준비물을 알아본다.

교사 : 오늘은 우리가 생활하면서 쉽게 접할 수 있는 봉투로 악기를 만들어볼 거야.

유아 : 봉투로요?

교사 : 그래, 그런데 봉투만 가지고는 악기를 만들기가 조금 어려워서 다른 것과 함께 만들 거야. 그것이 무엇인지 수수께끼를 내줄테니까 잘 들어보고 생각해 보자.
이것은 우리 주위에 아주 많아요. 그리고 이것은 나무에서 살아요.

유아 : 다람쥐, 벌레

교사 : 그렇게 생각하니? 너희들의 답이 맞는지 더 들어보도록 하자.

① 서류봉투 꾸미기

② 봉투에 나뭇잎 넣기

이것은 초록색인 것도 있고 갈색인 것도 있어요. 그리고 이것은 나뭇가지에 달려 있어요. 무엇일까?

유아 : 나뭇잎

교사 : 그래, 바로 나뭇잎이야. 오늘은 조금 전에 이야기한 봉투와 나뭇잎을 가지고 악기를 만들어볼 거야.

준비물을 탐색해 본다.

교사 : 나뭇잎을 만져보자. 나뭇잎을 만져보니 어떠니?

유아 : 말랐어요. '부스럭' 소리가 나요.

교사 : 오늘은 이 마른 나뭇잎으로 악기를 만들어볼 거야.
〈유아들과 함께 준비물을 탐색하는 시간을 갖는다〉

악기를 만들어본다.

교사 : 이제, 악기가 될 이 봉투를 꾸며볼 거야. 어떤 것으로 꾸미는 것이 좋겠니?

유아 : 크레파스요.

교사 : 그래? 그럼 크레파스를 이용해서 너희들이 원하는 대로 멋지게 꾸며보자.

유아 : 네. 〈유아들은 봉투에 크레파스로 자신이 원하는 대로 꾸민다〉

교사 : 이젠 이 봉투에 나뭇잎을 넣어볼 거야.

유아 : 나뭇잎은 얼마나 넣어요?

교사 : 나뭇잎은 너희들이 넣고 싶은 대로 넣을 거야. 많이 넣고 싶으면 많이

③ 봉투의 윗부분을 오므리기

④ 봉투의 윗부분을 테이프로 묶기

넣고 조금만 넣고 싶으면 조금만 넣어보자.

유아 : 네. 선생님 다 넣었어요.

교사 : 다 넣었으면 나뭇잎이 나오지 않도록 봉투의 윗부분을 구겨서 테이프로 붙여보자.

유아 : 다 했어요.

교사 : 다 한 어린이는 테이프를 붙인 곳에 리본으로 예쁘게 묶어보자.

유아 : 리본을 묶는 것이 조금 어려워요.

교사 : 어려운 어린이는 선생님이 도와줄게.

유아 : 다 만들었어요.

소리를 예측해 본다.

교사 : 자. 우리가 만든 악기가 완성되었어. 이 악기는 어떻게 연주하는 것이 좋을까?

유아 : 흔들어요.

교사 : 흔들면 어떤 소리가 날 것 같니?

유아 : 나무끼리 부딪치는 소리가 날 것 같아요. 천둥소리가 날 것 같아요.

교사 : 그렇게 생각하는구나. 그리고 아까 나뭇잎을 넣어보았는데 다 똑같은 양을 넣었니?

유아 : 아니요. 다 다르게 넣었어요.

교사 : 나뭇잎을 많이 넣었던 친구들도 있고 조금 넣었던 친구들도 있었어. 나

⑤ 리본으로 묶기

⑥ 소리 탐색하기

무잎을 많이 넣은 것과 조금 넣은 것, 2개의 소리는 어떨 것 같니?

유아 : 다를 것 같아요.

교사 : 어떻게 다를 것 같니?

유아 : 많이 넣은 것이 더 큰 소리가 나고 조금 넣은 것이 여린 소리가 날 것 같아요.

교사 : 그렇게 생각했구나.

악기를 연주해 본다.

교사 : 그럼, 어떤 소리가 나는지 우리 모두 흔들어볼까?
어떤 소리가 나니?

유아 : 빗자루로 쓰는 소리가 나요. 빗소리 같아요. 기차가 달리는 소리가 나요.

교사 : 그래, 정말 그런 것 같다. 그럼 이번에는 나뭇잎을 많이 넣었던 친구들이 흔들어보자. 〈나뭇잎을 많이 넣은 유아들이 흔들어본다〉

교사 : 이번에는 조금 넣은 친구들이 흔들어볼까?
〈나뭇잎을 조금 넣은 유아들이 흔들어본다〉

교사 : 나뭇잎을 많이 넣은 것과 조금 넣은 것이 차이가 있었니?

유아 : 아니요, 똑같은 것 같아요. 조금은 다른 것 같아요.

교사 : 그렇구나.

악기의 이름을 지어본다.

교사 : 우리가 멋진 소리가 나는 악기를 만들어보았어. 너희들이 만든 악기에 이름을 만들어주자. 어떤 이름이 좋을 것 같니?

유아 : 빗소리요.

교사 : 왜 빗소리라고 하는 것이 좋을 것 같니?

유아 : 흔들면 빗소리가 나니까요.

교사 : 그렇구나. 그럼 빗소리 말고 또 하고 싶은 이름이 있니?

유아 : 방망이요.

교사 : 왜 방망이가 좋을 것 같다고 생각했니?

유아 : 이 악기가 방망이처럼 생겨서요.

교사 : 그렇게 생각했구나. 그럼 빗소리와 나뭇잎 방망이 중에 마음에 드는 이름에 손을 들어보자. 〈나뭇잎 방망이라는 이름에 손을 든 유아가 더 많음〉

교사 : 더 많은 친구들이 나뭇잎 방망이라는 이름이 좋다고 해서 우리가 만든 이 악기의 이름은 '나뭇잎 방망이' 가 되었어.

'진달래꽃'에 맞추어 악기(나뭇잎 방망이)를 연주해 본다.

교사 : 이번에는 '진달래꽃' 노래에 맞추어 나뭇잎 방망이로 연주를 해 보자.

유아 : 음악에 맞춰서 하니까 더 재미있어요.

악기를 만들고 연주한 느낌에 대해 이야기 나눈다.

교사 : 오늘 나뭇잎 방망이를 만들어보았는데 어땠니?

유아 : 재미있었어요.

교사 : 어떤 것이 재미있었니?

유아 : 노래를 부르면서 나뭇잎 방망이로 연주하는 것이 재미있었어요.

교사 : 그랬구나. 혹시 어려웠던 점이나 아쉬웠던 점은 없었니?

유아 : 없었어요.

교사 : 그래, 그럼 다음에 또 다른 노래를 부르면서 나뭇잎 방망이로 연주를 해 보도록 하자.

활동 후 평가

- 나뭇잎의 마른 정도를 다르게 하거나 양을 확연하게 달리 하면 소리의 차이를 더 명확하게 느낄 수 있을 것 같다.

진달래꽃

박명숙 작사
박명숙 작곡

10. 물

물의 속성 알아보기

활동목표 물의 속성(성질)을 알 수 있다.

대상연령 만 5세

준 비 물 물, 투명한 그릇, 숟가락, 쟁반, 미숫가루, 밀가루

물리적 지식 ① 물은 다른 사물을 녹일 수 있다
② 물은 스며드는 속성이 있다.

활동방법

① 물의 속성에 대해 유아들의 경험을 통한 내용들을 이야기해 보도록 안내한다.
② 건빵의 모양이 물속에서 어떻게 달라지는지 관찰한다.
③ 미숫가루를 물에 탄 후 건빵과 비교해 본다.
④ 미숫가루와 물의 양을 다르게 하여 비교해 본다.
⑤ 밀가루반죽을 한 후 미숫가루 반죽과 점도를 비교해 보고 이야기한다.

상호작용

물의 속성에 대해 유아들의 경험을 통한 내용들을 이야기해 보도록 한다.

교사 : 물을 보거나 만졌을 때 어떤 느낌이 들었는지 이야기해 줄 수 있니?
유아 : 아무리 만져도 끊어지지 않아요. 자꾸 흘러내려요. 손으로 잡을 수 없어요. 물이 튀고 넘쳐요.

건빵의 모양이 물속에서 어떻게 달라지는지 관찰한다.

교사 : 우리가 우유에 빵을 찍어먹었을 때 빵이 어떻게 되었니?
유아 : 빵이 촉촉해져요
교사 : 빵이 왜 촉촉해지는 걸까?
유아 : 빵에 물이 젖게 되요.

① 투명 유리그릇에 동일한 크기와 모양의 건빵을 넣고 물속에서 어떻게 변했는지 관찰하기

② 물속에서 꺼낸 후 건빵 비교해 보기

교사 : 그러면 물속에 이 건빵을 넣게 되면 어떻게 될까?

유아 : 녹아요. 썩을 것 같아요. 그냥 둥둥 떠 있을 것 같아요. 과자가 젖을 것 같아요.
과자가 물렁물렁해질 것 같아요.

교사 : 〈건빵을 넣은 후〉
물속에 넣은 건빵이 어떻게 되었니?

유아 : 〈만져본 후〉
말랑말랑해졌어요. 부드러워졌어요.

교사 : 물에 넣지 않은 건빵과 물에 넣은 건빵을 비교해 보았을 때 어떻게 다르니?

유아 : 이건 딱딱하구요. 물에 넣은 건빵은 말랑말랑해졌어요.
누르니까 물이 나와요. 크기도 커졌어요.

교사 : 정말 크기가 달라졌구나. 어떤 건빵이 더 크니?

유아 : 물에 넣은 건빵이 더 커요.

교사 : 건빵이 왜 이렇게 커지고 말랑말랑해졌을까?

유아 : 건빵에 물이 들어가니까 딱딱한 것이 말랑말랑해지고 커졌어요.

교사 : 그렇구나. 물이 과자에 스며들어가서 과자가 커졌구나.

미숫가루를 물에 탄 후 건빵과 비교해 본다.

③ 미숫가루를 물에 탄 후 건빵과 비교해 보기

④ 미숫가루 반죽의 점도를 관찰하고 비교하여 이야기해 보기

교사 : 이번에는 미숫가루를 물에 타볼 거야. 물에 미숫가루를 넣으면 어떻게 될까?

유아 : 녹아요.

교사 : 〈미숫가루를 넣은 후〉
미숫가루가 어떻게 되었니?

유아 : 녹았어요.
가루가 없어졌어요. 번지는 것 같아요. 가루였는데 물에 녹았어요.

교사 : 그래, 너희들 말처럼 물은 미숫가루를 녹일 수 있구나.

교사 : 미숫가루와 건빵은 무엇이 다르니?

유아 : 건빵은 커지고 미숫가루는 없어졌어요.

미숫가루와 물의 양을 다르게 하여 비교해 본다.

교사 : 이제 미숫가루가 있는 통 한쪽에는 물을 많이, 다른 한쪽에는 물을 적게 넣을 거야. 물의 양을 다르게 했을 때 미숫가루는 어떻게 될까?

유아 : 물을 많이 넣을 것은 가루가 녹고 조금 넣은 것은 가루가 조금 남아요.

교사 : 〈물을 넣고 숟가락으로 저은 후〉 어떻게 되었니?

유아 : 이건 색깔이 진하고 이건 색깔이 옅어요.
물을 적게 넣은 건 냄새가 나고 물은 많이 넣은 건 냄새가 안 나요.

교사 : ○○는 가루가 남을 것 같다고 했는데 정말 가루가 남았는지 볼까?

유아 : 〈통을 기울여 보며〉
여기 가루가 남았어요. 어! 물을 많이 넣은 것은 가루가 안 남았어요.

교사 : 왜 가루가 남았을까?

유아 : 미숫가루는 똑같은데 물이 많으니까 녹았지만 이건 물이 적어서 다 녹지 않았어요.

교사 : 물의 양이 많은 것은 다 녹았고 물의 양이 적은 것은 다 녹지 않았구나.

밀가루반죽을 한 후 미숫가루 반죽과 점도를 비교해 보고 이야기한다.

교사 : 선생님이 여기에 밀가루와 미숫가루를 준비하셨어. 밀가루에 물을 넣으면 어떻게 변할까?

유아 : 반죽이 될 것 같아요.

교사 : 〈반죽을 하며〉 어떻게 변해 가니?

유아 : 붙었어요. 숟가락에도 붙었어요. 물이 밀가루에 붙은 것 같아요.

교사 : 이번에는 미숫가루에 물을 넣어서 반죽을 만들어볼까?

유아 : 반죽이 되고 있어요.

교사 : 이제 밀가루반죽과 미숫가루 반죽을 만져보고 어떤 느낌이 드는지 이야기해 줄 수 있겠니?

유아 : 말랑말랑해요. 끈적끈적해요.

교사 : 밀가루반죽과 미숫가루 반죽을 만져보았을 때 어떤 점이 다르니?

유아 : 밀가루는 한꺼번에 잡아당기면 힘이 세요.
미숫가루는 잘 끊어져요.

교사 : 이렇게 물이 가루에 들러붙는 것을 조금 어려운 말로 '점도' 라고 해. 밀가루는 점도가 강해서 잘 끊어지지 않고 미숫가루는 점도가 약해서 잘 끊어지는구나.

활동 후 평가

- 미숫가루에 물을 부을 때 따뜻한 물을 사용하여 미숫가루가 잘 녹을 수 있도록 해야 관찰하기에 효과적이다.

물고기가 커졌어요.

활동목표 ① 물속에서 물체가 크게 보인다는 것을 알 수 있다.
② 크레파스는 물과 섞이지 않는다는 것을 알 수 있다.

대상연령 만 4~5세

준 비 물 커다란 둥근 어항, 두꺼운 도화지, 크레파스(또는 유성펜), 나무젓가락, 셀로판테이프, 접착제, 가위

물리적 지식

① 물은 빛을 굴절시키기 때문에 볼록렌즈처럼 물체를 크게 보이게 한다.
② 액체인 물은 담는 용기에 따라 모양이 달라지며 손으로 잡을 수 없다.
③ 크레파스는 물과 섞이지 않는 성질 때문에 종이가 물에 젖지 않도록 해 준다.
④ 양손, 목걸이와 물고기의 앞 · 뒤는 대칭되어 있다.

활동방법

① 바다생물에 대해 유아들과 함께 이야기를 나누고 준비물을 탐색해 본다.
② 두꺼운 도화지에 바다생물의 앞과 뒷면을 그린다.
③ 크레파스로 색칠한 후 가위로 자른다.
④ 셀로판테이프나 접착제를 사용하여 그림의 뒷면에 젓가락을 붙인다.
⑤ 물이 없는 어항 속에 유아가 만든 바다생물들을 넣고 관찰한다.
⑥ 이번에는 어항 속에 물을 붓고 바다생물들을 넣어 관찰한다.
⑦ 유아들과 함께 어항 속에 물이 있을 때와 없을 때의 차이를 이야기해 본다.

상호작용

바다생물에 대해 이야기를 나눈다.

교사 : 바닷속에는 뭐가 살고 있을까?
유아 : 〈유아들의 다양한 대답〉 물고기요. 상어요. 불가사리도 있어요. 고래
교사 : 오늘은 바닷속에 살고 있는 것들을 그려볼 거예요. 사람의 앞모습은 어떻죠?

① 도화지에 크레파스로 바다생물 그리기

② 도화지에 그린 바다생물 오리기

유아 : 눈, 코, 입, 얼굴이 있어요.

교사 : 그럼 사람의 뒷모습은 어때요?

유아 : 뒷모습은 머리만 보여요.

교사 : 그럼 물고기들은 어떻게 보일까요?

유아 : 앞에서 볼 때랑 옆에서 볼 때랑 같아요. 물고기가 얇게 앞을 보고 있어요.
조개도 앞이랑 뒤가 같아요.

두꺼운 도화지에 바다생물의 앞과 뒷면을 그린 후 색칠하여 준비한다.

교사 : 그래요. 그럼 보이는 대로 앞과 뒷면을 그려주세요.
그런 다음 크레파스로 색칠한 후 가위로 자르고 셀로판테이프나 접착제를 사용하여 그림의 뒷면에 젓가락을 붙인다.

물이 없는 어항과 물을 넣은 어항 속에 유아가 만든 바다생물들을 넣고 관찰한다.

교사 : 고래반이 그린 바닷속 생물들을 어항에 넣어줄 거예요.

교사 : 어떻게 보여요?

유아 : 물고기처럼 보여요.

교사 : 우리가 그린 것과 크기에 변화가 있나요?

유아 : 아니요. 똑같아요.

교사 : 이번에는 어항 속에 물을 넣고 우리가 만든 바다생물들을 넣어볼게요.

③ 물이 없는 어항에 색칠한 바다생물 넣어보기

④ 물이 들어 있는 어항에 색칠한 바다생물 넣어보기

유아 : 우와, 물고기가 커졌어요. 커 보여요.
제가 만든 물고기도 넣어보고 싶어요. 똑같이 커질까요?

유아들과 함께 어항 속에 물이 있을 때와 없을 때의 차이를 이야기해 본다.

교사 : 왜 어항 속에 물고기들이 크게 보였을까?

유아 : 물을 먹어서 더 커져 보여요.
물이 있으면 우리가 커 보이는 거울처럼 보이는 것 같아요.

교사 : 그리고 물에 담갔던 물고기들은 어떻게 되었는지 볼까요?

유아 : 종이가 안 찢어져요. 모두 젖지 않았어요.

활동 후 평가

- 크레파스로 그린 그림에 물감이 칠해지지 않는 것을 회상해 내기도 했다.
- 물속에서 물체가 커 보이는 것은 알지만 그 원리를 이해하기 좀 어려워했다.

물방울 소리

활동목표 ① 물을 이용해서 음악을 만들 수 있다.
② 물속에도 공기가 있어서 소리가 전달되는 것을 안다.
③ 입으로 부는 힘에 따라 물방울의 크기가 달라짐을 알 수 있다.

대상연령 만 5세

준 비 물 유리컵이나 플라스틱 컵, 빨대, 물

물리적 지식

① 소리는 물체를 통해서 전달된다.
② 공기가 있는 곳에서는 소리가 전달된다.
③ 공기가 물 아래로 내려갈 때 물방울이 표면으로 떠오른다.
④ 물의 입자는 언제나 동그랗고 물이 튀길 때 크기가 다른 물방울이 생긴다.
⑤ 입으로 부는 힘에 따라 물방울의 형태가 변화된다.

활동방법

① 물의 성질에 대하여 이야기를 나눈다.
② 물을 컵에 2/3 정도 붓고 빨대를 꽂는다.
③ 빨대에 입을 대고 불면서 콧노래를 부른다.
④ 여러 명의 유아들이 물고기 합창으로 연주하고 어떤 느낌이 들었는지 이야기를 나눈다.

상호작용

물의 성질에 대하여 이야기를 나눈다.

교사 : 물의 색은 어떠니?
유아 : 투명색이에요.
교사 : 물의 냄새는 어떠니?
유아 : 아무 냄새도 안나요.

① 2/3 정도의 물을 컵에 담기

② 빨대로 노래 부르기

교사 : 물을 만져보니 느낌이 어떠니?

유아 : 차가워요. 우리가 만지니깐 물이 움직여요.

교사 : 물속에 손가락을 넣었더니 어떻게 되었니?

유아 : 손가락이 커져요. 손가락이 구부러져 보여요!

- 물을 컵에 2/3 정도 붓고 빨대를 꽂는다.

- 빨대에 입을 대고 불면서 콧노래를 부른다.

교사 : 빨대를 불면 물이 어떻게 될까?

유아 : 거품이 올라올 것 같아요. 〈함께 빨대를 불어본다〉

교사 : 왜 빨대를 불면 물이 올라올까?

유아 : 공기 때문에요. 바람 때문에 올라오는 것 같아요!

교사 : 그럼, 빨대를 불면서 노래를 부를 수 있을까?
어떻게 불 수 있을까?

유아 : 콧소리를 내면서 빨대를 부르면 돼요.. 〈함께 해 본다〉

교사 : 소리가 어떻게 들렸어?

유아 : '보글보글' 소리가 났어요.

교사 : 빨대로 약하게 불면 어떻게 될까?

유아 : 바람이 약해져서 거품이 조금만 올라와요.

교사 : 소리는 어떻게 들렸어?

③ 작게 소리를 내어보며 연주하기

④ 크게 소리를 내어보며 연주하기

유아 : '부글부글' 작게 들렸어요.

〈선생님 지휘에 맞추어 작게, 크게 하며 연주를 해 본다〉

여러 명의 유아들이 물고기 합창으로 연주하고 어떤 느낌이 들었는지 이야기 해 본다.

교사 : 빨대를 불어 소리를 내니깐 어땠어?

유아 : 힘들었어요. 그런데 재미있었어요.

교사 : 소리를 다르게 냈을 때는 기분이 어땠어?

유아 : 소리가 크게 들리고 여리게 들리니깐 재미있었어요. 선생님이 지휘해서 함께 소리 내는 것이 재미있었어요.

교사 : 친구들과 함께 소리를 내어 연주했을 때 어땠어?

유아 : 큰 소리와 여린 소리를 만들어서 연주하니까 우리가 음악가가 된 것 같았어요.

활동 후 평가

- 빨대를 부는 힘에 따라 물방울의 형태가 변화하는 것을 알 수 있었다.
- 공기뿐 아니라 물도 소리를 전달한다는 점을 알았고 그 이유는 물속에도 공기가 있기 때문이라는 것을 이해하였다.
- 유아들에게 빨대를 제공할 때는 빨대 길이를 알맞게 잘라서 준다.
- 물의 성질에 대해 유아들이 잘 알고 있었으며 물의 성질을 탐색하는 과정에

즐겁게 참여하였다.

- 빨대와 물을 보여주었을 때 소리를 낼 수 있다는 것을 쉽게 유추하였다.
- 물방울 만들어보는 과정에 쉽게 참여하였으며 물방울의 움직임에 많은 관심을 보였다.
- 소리 만드는 과정을 유아들이 어려워하였으나 몇 번의 시도와 연습을 통해 소리를 내었을 때는 큰 흥미를 느꼈다. 특히 친구의 소리를 들어보거나 함께 연주할 때는 모두 즐겁게 참여하였다.
- 물소리를 크고 여리게 내는 과정을 통해 물방울의 크기가 달라지는 것을 쉽게 이해할 수 있었다.

11. 흙

모래와 흙

활동목표 흙이 모래보다 물을 천천히 통과시킨다는 것을 알 수 있다.

대상연령 만 5세

준 비 물 씨앗, 모래, 화단의 흙, 물, 종이컵, 송곳, 비커(물받이용 그릇), 가제

물리적 지식

① 흙과 모래의 크기, 색 등 특징과 차이점을 비교할 수 있다.

② 알갱이의 크기가 크면 물이 빨리 이동하고 작으면 천천히 이동한다.

③ 식물이 자라는 데에는 물이 필요하다.

④ 흙은 모래보다 물을 천천히 통과시킨다.

활동방법

① 식물의 성장과정에 대하여 이야기를 나눈 후 문제상황에 대한 그림을 보며 해결할 수 있는 방법을 의논해 본다.

② 2개의 종이컵 바닥에 송곳으로 큰 구멍을 뚫는다.

③ 종이컵 바닥에 가제를 놓는다.

④ 같은 양으로 모래와 화단의 흙을 종이컵에 담는다.

⑤ 종이컵을 받침대에 받쳐놓고 아래에는 흘러 내려온 물의 양을 비교할 수 있도록 비커를 받쳐 놓는다.

⑥ 같은 양의 물을 모래와 화단의 흙에 각각 붓는다.

⑦ 물이 흘러내려올 동안 어떻게 될지 유아들과 함께 이야기해 본다.

⑧ 아래로 흘러내려온 물의 양을 비교, 관찰해 본다.

⑨ 모래와 화단의 흙에서 각각 식물이 자라면 어떻게 될지 이야기해 본다.

① '모래와 흙' 활동의 재료 탐색하기

② 모래와 흙이 담긴 컵에 물을 부으면 어떻게 될지 이야기 나누기

상호작용

그림의 문제상황에 대해 해결할 수 있는 방법을 생각해 본다.

교사 : ○○와 ◇◇는 식목일에 어린이집에서 나팔꽃 씨앗과 화분을 받았어요. ○○는 놀이터에 있는 모래를 담아 씨앗을 심고 ◇◇는 화단에 있는 흙을 담아 씨앗을 심었어요. ○○와 ◇◇는 햇빛이 잘 드는 곳에 화분을 놓아두고 매일 물을 주며 새싹이 나기만을 기다렸어요. 며칠이 지나고 ◇◇의 화분에서는 새싹이 돋았지만 ○○의 화분에서는 새싹이 나지 않았어요. ○○는 왜 자신의 화분에서 새싹이 나지 않는지 궁금했어요.

유아 : 햇빛이 더 많았나 봐요.

교사 : ○○와 ◇◇는 똑같은 화분에 똑같은 씨앗을 심어 같은 창가에 두고 함께 물을 주었는데 왜 ○○의 화분에서는 새싹이 돋지 않을까요?

유아 : 흙이 달랐어요.

교사 : 그렇군요. ○○는 씨앗을 모래에 심었고 ◇◇는 흙에 심었군요!

모래와 흙을 탐색하며 알갱이의 차이를 알아본다.

교사 : ○○와 ◇◇가 화분에 담은 모래와 흙은 어떻게 다른지 살펴보도록 해요.

유아 : 모래가 더 하얘요.

③ 컵에 물 붓기

④ 흘러내려온 물의 양 관찰하기

교사 : 만져보았을 때 느낌은 어떤가요?

유아 : 흙이 부드럽고 모래는 부드럽지 않아요.

교사 : 크기는 어떤 것 같나요?

유아 : 아주 작아요. 모래가 조금 더 커요.

교사 : 그래요. 모래의 알갱이가 흙의 알갱이보다 크군요.

씨앗을 심는 데 필요한 준비물과 씨앗 심는 과정을 알아본다.

교사 : ○○와 ◇◇가 씨앗을 심었던 것처럼 우리도 씨앗을 심어 키우며 왜 ○○의 화분에서만 새싹이 돋지 않았는지 관찰해 보도록 해요.

유아 : 좋아요!

교사 : 그럼 씨앗을 심는 데에 무엇이 필요할까요?

유아 : 씨앗이랑 화분이랑 흙이요!

교사 : 그런데 ○○와 ◇◇는 서로 다른 흙에 씨앗을 심었어요.

유아 : 그럼 모래랑 흙이 필요해요.

교사 : 네, ○○와 ◇◇처럼 씨앗을 심으려면 씨앗, 화분, 모래, 흙이 필요해요. 그리고 화분에 물도 주어야겠지요.

유아 : 네.

교사 : 화분 대신 종이컵에 송곳으로 구멍을 뚫고 아래 부분에 가제를 깔아 만든 종이컵 화분을 사용할게요.

유아 : 해본 적 있어요.

⑤ 알갱이의 크기와 식물에 적합한 환경에 대해 이야기 나누기

⑥ 모래와 흙을 통과한 물의 양 비교하기

교사 : 그럼 이제 씨앗을 심으려면 어떻게 하면 좋은지 이야기해 줄래요?

유아 : 흙을 담고 씨앗을 올려놔요.

교사 : 네, 씨앗을 심어줄 때 손가락으로 흙을 꾹 눌러서 씨앗을 폭 파진 자리에 올리고 다시 흙을 덮어주어야 씨앗이 따뜻하게 흙 안에 숨어 있다가 나올 수 있어요.

유아 : 그리고 물도 주고 햇빛에 둬야 해요.

교사 : 네, 물도 주고 햇빛도 주며 돌보아야지요. 그럼 씨앗을 심어보도록 해요.

유아 : 네!!

씨앗을 심고 물을 주면 물이 어떻게 흘러 내려올지 생각해 본다.

교사 : 그럼 ○○와 ◇◇처럼 모래에 하나, 화단의 흙에 하나씩 2개의 씨앗을 함께 심어보도록 해요.

유아 : 네.

교사 : 〈선이 그어진 종이컵을 주며〉

선생님이 ○○와 ◇◇처럼 똑같은 양의 흙을 담을 수 있도록 종이컵 안에 선을 그어두었으니까 흙을 선이 있는 데까지 담아보도록 해요.

유아 : 〈흙을 담은 후〉 다 담았어요. 씨앗이요.

교사 : 네, 씨앗을 똑같이 하나씩 심어보도록 해요.

유아 : 네. 〈씨앗을 심고 흙으로 덮는다〉

교사 : 이제 물을 주면 밑으로 물이 얼마나 나오는지 투명한 그릇인 비커를 밑에 둘게요.
〈비커를 준비한 후〉 물을 주면 어떻게 될까요?

유아 : 물이 밑으로 내려와요.

교사 : 똑같이 내려올까요?

유아 : 네, 똑같이 주면 똑같이 나와요.

교사 : 그럼 어떻게 해야 똑같이 물을 줄 수 있을까요?

유아 : 흙처럼 물도 선까지만 똑같이 담아요. 그리고 같이 줘요!

교사 : 그래요, 그렇게 똑같은 양의 물을 동시에 주면 되겠네요. 그럼 우리가 생각한 것처럼 물이 똑같이 나오는지 살펴보도록 해요.

유아 : 네!

아래로 흘러 내려온 물의 양을 비교, 관찰해 본다.

교사 : 모래와 흙에 물을 주었더니 우리가 생각했던 것처럼 물이 똑같이 나왔나요?

유아 : 아니요, 모래에 준 물이 더 많이 나왔어요.

교사 : 그래요, 같은 양의 물을 똑같이 주었는데, 모래에서 물이 더 많이 나왔어요. 왜 모래의 물이 더 많이 빠져나온 걸까요?

유아 : 잘 모르겠어요.

교사 : 그럼 모래와 흙은 어떻게 달랐나요?

유아 : 모래가 더 하얗고 부드럽지 않았어요. 흙의 알갱이가 더 작았어요.

교사 : 모래와 흙은 색도 다르고 만졌을 때 느낌도 달랐어요. 그리고 알갱이의 크기도 달랐네요.

유아 : 네.

교사 : 〈그림 자료를 칠판에 붙인다〉 화분에 담겨 있는 흙과 모래 알갱이들이에요.

유아 : 모래가 더 뚱뚱해요.

교사 : 모래 알갱이들끼리 붙어 있는 모양과 흙 알갱이들끼리 붙어 있는 모양

이 어떻게 다른가요?

유아 : 흙은 좁게 붙어 있고 모래는 멀어요.

교사 : 그래요, 흙 알갱이들 사이의 틈은 좁고 모래 알갱이들의 틈은 넓어요. 그럼 흙에 물이 들어가면 어떻게 될까요?

유아 : 물이 다니기 불편해요.

교사 : 〈물을 흙 틈에 붙인다〉 네, 흙의 틈이 좁아서 물이 다니기 불편해요.

유아 : 그래서 밑으로 못 내려가나 봐요.

교사 : 그럼 모래에 들어간 물은 어떨까요?

유아 : 다니기 편해요

교사 : 모래는 흙보다 틈이 넓어서 물이 밑으로 더 많이 내려 왔나 봐요.

모래와 화단의 흙에서 각각 식물이 자라면 어떻게 될지 이야기를 나눈다.

교사 : 그럼 ○○의 화분에서는 왜 새싹이 돋지 않았던 걸까요?

유아 : 물이 많이 빠져나와서요.

교사 : 왜 물이 많이 빠져나오면 새싹이 돋지 않을까요?

유아 : 새싹이 나려면 물을 많이 먹어야 되니까요.

교사 : 〈그림 자료 제시〉

그래요, 모래는 뚱뚱해서 모여 있을 때 알갱이들 사이의 틈이 넓어 알갱이들의 틈이 좁고 날씬한 흙보다 물을 오래 담고 있지 못해 화분 밑으로 내려 보내기 때문에 씨앗이 물을 먹지 못해 자라지 못했던 거예요.

유아 : 네, 그래서 꽃은 흙에 심어야 해요. 선생님 너무 어려워요.

교사 : 어떤 점이 어려웠나요?

유아 : 왜 모래랑 흙에 물이 다르게 빠져나오는지 생각하는 게 어려웠어요.

교사 : 그렇군요. 선생님도 모래와 흙의 다른 점을 생각해 보고 물이 다르게 나오는 이유가 무엇인지 생각하는 것이 어려웠어요.

유아 : 다른 것도 하고 싶어요.

교사 : 그래요, 모래와 흙 말고도 알갱이의 크기가 다른 것들을 담고 물을 부어 볼 수도 있겠네요.

활동 후 평가

- 유아들은 식물이 자라는 데 햇빛, 물, 흙이 필요하다는 점은 알고 있었고 실험결과 흙에 부은 물이 잘 내려오지 않고 모래에 부은 물이 잘 내려오는 점에 대해서 흥미로워하였다. 그러나 물의 내려오는 양이 흙과 모래를 통해 내려오는 물의 '속도'와 '알갱이' 차이 때문인 것을 유추해 내기 어려워했다.
- 알갱이의 차이에 대해 이야기를 나눌 때 그림 자료보다는 버스와 지하철에서의 경험을 예로 들어 설명하자 좀 더 쉽게 이해하였다.
- 흙과 모래에서 물 보존시간의 차이가 식물의 성장에 영향을 미친다는 점을 연결짓는데 어려워하였다. 그러나 실제 실험을 통해 흙과 모래의 알갱이는 물 빠지는 정도에 관계가 있음을 인식하는 데 도움이 되는 활동이었던 것 같다.

찰흙 플루트

활동목표 ① 일상생활 속에서 비슷한 소리가 무엇이 있는지 알아볼 수 있다.
② 찰흙을 이용하여 플루트를 만들어본다.

대상연령 만 5세

준 비 물 공작용 찰흙, 칼, 큰 바늘, 포스터 물감, 광택제(왁스)

물리적 지식

① 구멍을 막거나 열고 불 때 소리가 다르다.
② 구멍을 막는 정도(1~6개)에 따라 소리의 차이가 있다.

활동방법

① 교사가 찰흙 플루트를 만든다.
② 찰흙을 편편하게 민다(약 두께 3mm). 달걀 모양의 타원을 2개 자른다(길이 9cm, 폭 7cm). 직사각형 모양을 1개 자른다(5cm×2cm).
③ 계란 모양의 찰흙 2개를 속이 빈 계란이 되도록 큰 바늘에 물을 묻혀 가장자리를 다듬어가며 잘 붙도록 한다. 끝부분에 약 2㎝의 둥근 구멍을 남긴다.
④ 직사각형의 밀가루반죽을 구멍 속에 집어넣고 젖은 손가락으로 그 안을 부드럽게 만들면서 끝을 잘 마무리한다.
⑤ 바늘로 윗면 6곳에 조그만 구멍(지름 크기 3mm)을 낸다. 입구에서 가깝게 1cm 정도 지름의 큰 구멍을 낸다.
⑥ 말리기 전에 작은 구멍 4개를 손으로 막고 불어보아 소리를 낼 수 있는지 확인한다. 휘파람 소리가 나지 않으면 큰 구멍의 가장자리를 다시 조정해본다.
⑦ 말린 후 색칠을 하고 광택을 낸다.
⑧ 교사가 만든 찰흙 플루트의 모양을 살피고 소리를 들어보면서 느낌에 대해 이야기를 나눈다.

① 악기 탐색하기

② 악기 구멍 수 세기

⑨ 찰흙 플루트의 구멍을 막아보면서 소리의 크기를 탐색해 본다.

상호작용

교사가 만든 악기를 소개한다.

교사 : 선생님이 어떤 물건을 준비했는데 함께 살펴보자.

유아 : 달걀 모양 같아요.

교사 : 그래, ○○가 얘기한대로 달걀 모양 같기도 하구나.

유아 : 저는 피리 같아요.

유아 : 피리는 길게 생겼는데?

교사 : 그래, ○○가 생각한대로 피리는 길게 생겼는데 ◇◇이는 왜 피리 같다고 생각했니?

유아 : 여기 앞에 구멍이 큰 게 하나 있어서요.

교사 : 그렇구나. 이건 플루트라는 악기인데 찰흙으로 만들어서 여기에 물감을 이렇게 입혔단다.

찰흙 플루트의 모양을 살피고 소리를 들어보면서 느낌을 생각해 본다.

교사 : 여기에 구멍이 이렇게 크게 뚫려 있는데 이건 왜 그런 걸까?

유아 : 피리에도 이렇게 뚫려 있어요.

교사 : 피리에도 구멍이 있니?

유아 : 네. 아니야.

③ 구멍 1개 열고 연주하기

④ 구멍 2개 열고 연주하기

교사 : 구멍이 있다고 생각한 친구도 있고 그렇지 않은 친구도 있구나!
조금 있다가 책을 찾아보자.

교사 : 그럼, 앞의 모양을 살펴보자.

유아 : 앞에도 구멍이 있어요.

교사 : 구멍이 몇 개 있니? 우리 함께 세어보자.

유아 : 하나 둘... 모두 6개 있어요.

교사 : 이 악기는 피리 같다고 했는데 소리를 들어보면 어떤 소리가 들릴 것 같니? 먼저 선생님이 들려줄게. 우리 주변에 있는 어떤 소리와 비슷한지 알아보자.

유아 : 기차 소리 같아요. 부엉이 소리 같아요. 기차가 '뿡뿡' 하고 연기를 뿜는 소리 같아요.

교사 : 그래, 기차 소리 같기도 하고 부엉이가 우는 소리 같기도 하구나.

찰흙 플루트의 구멍들을 막아보면서 소리의 크기를 탐색해 본다.

교사 : 여기 앞에 있는 6개의 구멍은 어떻게 하면 소리가 날까?

유아 : 소리 내고 싶은 구멍의 손가락을 이렇게 열고 불어요.

교사 : 구멍을 다 막고 이렇게 불어보자. 어떤 소리가 들릴까?
누가 불어볼까? ㅇㅇ가 불어보자.

유아 : 기차가 지나가는 소리 같아요.

교사 : 그래, ㅇㅇ가 불었는데, 너희들은 기차가 지나가는 소리처럼 들리는구나.

⑤ 구멍을 전부 막고 연주하기

⑥ 평가하기

그럼, 1개의 구멍을 열어두고 불어보자.
누가 해 볼까? △△가 해 보자.

교사 : 구멍을 다 막고 불어본 소리와 지금처럼 1개의 구멍만 열고 불어본 소리가 어떠니?

유아 : 달라요.

교사 : 어떻게 다르니?

유아 : 구멍을 다 막은 것이 더 큰 것 같아요.

교사 : 그럼, 2개의 구멍을 열고 불면 소리가 어떻게 들릴까?
□□가 해 보자.
□□는 소리를 잘 내는구나.

유아 : 아까와 소리가 달라요.

활동하면서 알게 된 점과 느낀 점에 대해 이야기 나눈다.

교사 : 그래, 1개를 열고 불었을 때와 2개를 열고 불었을 때 소리가 조금 다른 것 같니?

유아 : 네.

교사 : 어떻게 다른데?

유아 : 소리가 작았다가 커지는 것 같아요.

교사 : 그럼, 구멍을 다 열고 불면 어떻게 될까?
○○가 구멍을 다 열고 불어보자.

교사 : 소리가 어떻게 들리니?

유아 : 다 달라요.

교사 : 그래, 너희가 들은 대로 이 찰흙 플루트는 구멍을 막는 정도에 따라 소리가 다르게 들리는구나.
오늘 찰흙 플루트로 연주해 보며 소리를 들어보았는데 어땠니?

유아 : 재미있었어요.

교사 : 어떤 점이 재미있었니?

유아 : 소리가 달라요.

교사 : 그래, 소리를 막는 구멍 수에 따라 차이가 나는 것을 알 수 있었죠.
악기를 음률 영역에 둘 테니 조금 전에 소리를 내보지 못한 친구는 한번 다시 해 보자.

활동 후 평가

- 찰흙 플루트는 찰흙 대신에 밀가루반죽으로 만들 수도 있다.
- 찰흙 플루트를 만드는 과정에서 만드는 과정이 쉽지 않아 교사가 제작하였다. 악기를 만들기 위해서는 틈이 없어야 소리가 나기 때문에 섬세함이 필요하였다.
- 찰흙 플루트에서 소리가 나는 것을 신기해 하였고 구멍의 수에 따라 다른 소리가 날 것이라고 하였는데 그 차이가 작아서 귀 기울여 들어야 알 수 있었다.

참 고 문 헌

강인애(1997). "객관주의와 구성주의 : 대립에서 대화로". 교육공학연구, 13(1), 3-19.

교육부(1995). 문학적 접근에 의한 유아과학 교육.

교육과정개정연구위원회(1996). 통합교과의 교육과정 : 교과서구조개선. 한국교육개발원.

구광현(2000). 구성주의적 접근과 유아교육. 인문과학연구, 8. 안양대학교출판부, 242-258.

김경미(1997). 인형극 놀이를 통한 유아사회교육. 서울 : 학지사.

김미경(2003). 과학적 사고발달을 위한 영유아 과학교육. 서울 : 학지사.

김을곤(1995). 음악의 이해와 감상을 위한 새 악기해설. 서울 : 아름출판사.

김재복(1998). 교육과정의 통합적 접근. 서울 : 교육과학사.

김철주(1998). 구성주의 교육과정 및 교수전략에 관한 연구. 논문집 32집, 강남대학교출판부, 326-340.

노선숙(2005). 수학적 지식과 산술적 추론; 유아의 수학적 감각, 자질, 지식, 능력 향상. 서울 : 세세대육영회, 3-33.

마지순(2001). 수 · 과학 통합 활동이 유아의 수학 성취와 과학문제해결에 미치는 영향. 한국교원대학교 대학원 석사학위 청구논문(미간행).

문미옥 · 신현옥 · 김영숙 · 류칠선(2000). 유아를 위한 과학 교육. 서울 : 교문사.

민행란 · 이경우(1990). 유아의 물리적 지식발달에 관한 사례 연구. 이화교육논총, 51-59.

박명숙(2001). 음개념 발달을 위한 타악기 활용에 관한 기초 연구. 논문지 38집, 강남대학교출판부, 137-162.

_____(2004). 음악아 놀자. 서울 : 한울림.

안재신 · 김혜숙 · 안경숙 · 김소향 · 이옥주 · 정수진(2002). 구성주의 이론에 기초한 유아음악교육. 서울 : 교육과학사.

엄기영(1994). 청삼 아동연구시리즈, 현장적용을 위한 유아과학교육 프로그램 연구. 서울 : 창지사.

이경우(1995). 수학교육을 위한 문학적 접근. 서울 : 다음세대.

이경우 · 문미옥(1990). 물리적 지식활동(원저 : C, Kamii & R, Devries, 1978). 서울 : 창지사.

이경우 · 조성선(1983). 과학과 수학교육. 서울 : 한국방송통신대학.

이경우 · 이정환(1984). 유아를 위한 과학교육. 서울 : 창지사.

이기숙(2000). 유아교육과정. 서울 : 교문사.

이원영 · 김덕건(1991). 활동중심의 유아과학교육. 서울 : 양서원.

장혜순(2001). 유아수학교육의 새로운 방향, 유아교육학 탐구. 서울 : 학지사, 429-457.

장혜순 · 문연심 · 이봉자(2006). 전국보육교사교육원 교재 총서, 아동 수 · 과학지도. 서울 : 형설출판사.

장혜순 · 정은정 · 윤신숙(2001). 요리활동을 통한 유아 과학교육. 서울 : 강남대학교출판부.

_____________________(2005). 물리적 지식활동을 통한 유아 과학교육. 서울 : 양서원.

조덕주(1984). 통합교육과정의 이론적 고찰, 인간발달연구, 25, 441-452.

홍혜경(2004). 유아 수학능력 발달과 교육. 서울 : 양서원.

Aliki(2003). "*Ah, Music!*". Library of Congress Cataloging in publication Data, harpercollins publisher.

Andrew, L.(1991). *Paper.* Wayland (Publishers) Ltd.

Barrow, L. H. & Salesi, R. A.(1982). Integrating science activities through literature web. *School science and mathematics, 132* (1), 65-70.

Barufald, J. P., Ladd, G. T., & Mose, A.

J.(1981). *Heath science : Level K. Lexington*. Mass : Heath & Company.

Berlin, D. F. & White, A. L.(1995). The Berlin-white integrated science and mathematics model. *School science and Mathematics, 94*(1), 2-4.

Brainard, A. & Wrubel, D.(1993). *Literature-based science activities*. N.Y. : Scholastic Professional Books.

Bredekemp, S. & Rosegrant, T.(1995). *Guidlines for appropriate assessment for planning instructional communicating with parents*. Washington, DC : NAEYC.

Brian Knapp(2003). (Materials Science). *Glass*. Atlantic Europe Publishing Company Ltd.

__________(2003). (Materials Science) *Metal*. Atlantic Europe Publishing Company Ltd.

__________(2003). (Materials Science) *Plastics*. Atlantic Europe Publishing Company Ltd.

__________(2003). (Materials Science) *Wood and Paper*. Atlantic Europe Publishing Company Ltd.

Brooks, J. G. & Brooks, M. G.(1993). *In search of understanding : The case for constructivist classroom, Alexandra*. VA : Association for the Supervision and Development.

Carin, A. A. & Sund, S. B.(1985). *Teaching science through discovery*(5th ed.). Ohio : Bell & Howell Company.

Chaille', C. & Britain, L.(1991). *The Young Child as Scientist*. N.Y. : Harper Collins Publishers, Inc.

Chris, O.(2000). (Materials) *Glass*. Reed Educational and Professional Publishing.

Claire, L.(2002). (Material World) *Metal*. Franklin Watts 96 Leonard Street London EC2A 4XD.

__________(2002). (Material World) *Plastic*. Franklin Watts London, Sydney.

Claire, L.(2002). (Material World) *Wood*. Franklin Watts London, Sydney.

Copley, J. V.(2000). *The young child and mathematics*. Washington, DC : NAEYC.

Cunningham, D.(1992). Assessing constructions and constructing assessments : A dialogue. In T. M. Duffy & D. H. Jonassen (Eds.), *Constructivism and technology of instruction : A conversation*(pp35~44). Hillsdale, NJ : Lawrence Erlbaum Associates.

DeVries, R. & Kohlberg, L.(1987). *Programs of early education : The constructivist view*. NY : Longman Inc.

Edwar ds, C., Gandini, L., & Forman, G. 편(1997). 레지오 에밀리아의 유아교육. 서울 : 정민사.

Evans, E. D.(1975). *Contemporary influences in early childhood education*(2nd ed.). N.Y. : Holt, Rinehart and Winston, Inc.

Forgarty, R.(1991). *The mindful school : How to integrate the curriculum*. Palatine, IL : IRI/Skylight.

Fosnot, C. T.(1996). *Constructivism : Teory, Perspective, and Practice*. NY : Teachers College Press.

Goforth, F. C. & Spillman, C. V.(1994). *Using folk literature in the Classroom*. ORYX press.

Harlan, J. D.(1992). *Science experiences for the early childhood years*(5th ed.). NY : Macmillan Publishing Co.

Helen W. (1995). *Sounds Fun*. New Zeanland Playcentre Federation.

Julian, R.(1996). *Making Science Work Music*. Reed Educational and Professional Publishing Ltd.

Kamii, C. & DeVries, R.(1978). *Physical knowledge in preschool education*. Englewood Cliffs : New Jersey Prentice-Hall Inc.

____________________(1993). *Physical knowledge in preschool education :*

Implications of Piagets' theory. N.Y. : Teachers College Press.

Kamii, C. & Kamii, M. (1990). Why achievement testing should stop? In C. Kamii (Ed.), Achievement testing in the early grades : The games grown-ups play(pp. 15-38), NAEYC.

Laurie, L.(2005). *Traditional Music of South Africa*. Jacana Media, (Pty) Ltd.

Learning Media(1993). *Music Education for young children*. Ministry of Education, Box 3293, Wellington, New Zealand.

Lucie, R.(2000). *Music Instruments*. Thrames & Hudson, London and Harry N. Abrams, Inc. New York.

Melrin, B.(1989). *The Science of Music*. Melrin Berger.

Meryl, D.(1996). *Musical Instruments*. Watts Books.

NCTM(2000). *Principle and standards for school mathemtics*. Resron, VA : NCTM.

Noel F. & Phylis F.(1993). Music Grafts for Kids, New York, Sterling Publishing Co. Inc.

Rankin, B. M.(1996). *Collaboration as the Basis for Early Childhood Curriculum : A case study from Reggio Emilia*. Italy, Boston University, Doctoral dissertation, Unpublished.

Rinaldi, C.(1993). The Emergent curriculum and social constructivism. In C. Edward, L. Gandini, G. Forman(Eds.), *The Hundred Languages of Children : The Reggio Emilia Approach to early childhood education*. Norwood, NY : Ablex Publishing Co.

Robert, L. G.(1996). *Music in Childhood Education*. Meredith Publishing Company.

Spodek, B.(1986). Development, values, and knowledge in the kindergarten curriculum. In B. Spodek (Ed.), *Today's kindergarten : Exploring the knowledge base, expanding the curriculum*(pp. 32-47). New York : Teachers College, Columbia University.

Spodek, B.(1991). Early childhood curriculum and cultural definitions of knowledge. In B. Spodk & O. N. Saracho(Eds.), *Issues in early childhood curriculum*(pp.1-20). NY : Teachers College Press.

Tiballi, B. & Drake, L.(1993). "Literature groups : A model of the Transactional Process", *Childhood Education, 69*(4), 221-224.

Vecchi, V.(1993). The Role of the Atelierista. In C. Edward, L. Gandini, G. Forman(Eds.), *The Hundred Languages of Children : The Reggio Emilia Approach to early childhood education*. Greenwich, CT : Ablex Publishing Co.

Von Glasersfeld, E.(1987). **교육과 구성주의, 구성주의와 교육**. (조연주 · 조미헌 · 권형규 공역, 1998: 15-27). 서울 : 학지사.

Wendy, L.(2001). *Musical Intruments. Brass*. Reed Educational and Professional Publishing Ltd. Heinemann Library.

_________(2001). *Musical Intruments. Keyboards*. Reed Educational and Professional Publishing Ltd.

_________(2001). *Musical Intruments. Percussion*. Reed Educational and Professional Publishing Ltd. Heinemann Library.

_________(2001). *Musical Intruments. Strings*. Reed Educational and Professional Publishing Ltd. Heinemann Library.

_________(2001). *Musical Intruments*. Woodwind, Reed Educational and Professional Publishing Ltd.

저자소개

장혜순

이화여자대학교 교육학과 졸업(학령전 아동교육 전공)
이화여자 대학교 대학원 교육학과 졸업(아동교육 전공)
이화여자대학교 대학원 교육학과 박사과정 수료(유아교육 전공)
미국 Temple 대학교 대학원 CITE 졸업(교육학 박사(Ed. D.), 초등 및 유아교육 전공)
강남대학교 실천신학대학원 석사과정 수료(목회상담학 전공)

(전) 강남대학교 부설 백암어린이집 원장
보건복지부 국립사회복지연수원 강사
한국영유아보육학회 이사
한국유아교육학회(이사, 감사)
한국독서치료학회(부회장 이사, 감사)
대한어린이교육협회(KACI : Korea ACEI) 국제부 임원 및 홍보이사
서울특별시 강동, 성동, 북부, 동부교육청 장학요원 및 강사
강남대학교 부설 보육교사교육원 원장
한국교원대학교 종합교육연수원 강사(원장, 원장 자격 연수)
교육인적자원부 교육연수원 강사
경기도율곡교육연수원 강사

(현) 한국유아교육학회 상임이사(국제 학술지 편집위원)
국제어린이교육협회 정회원(ACEI)
전미유아교육협회 정회원(NAEYC)
한국어린이미디어학회(부회장)
대한임상미술치료학회(부회장)
한국독서치료학회(부회장)
대한어린이교육협회(이사)
한국어린이문학교육학회(감사, 국제교류부 이사, 편집위원)
강남대학교 사범대학 유아교육과 교수, 교육대학원(유아교육 전공 주임교수)

〈저서〉 부모교육 및 상담의 이론과 실제(파란마음, 2008)
유아문학교육의 이론과 실제(파란마음, 2008)
유아동 미술치료의 이론과 실제(공저, 예경, 2008)
시치료(공저, 학지사, 2005)
자연물을 이용한 물리적 지식활동(공저, 창지사, 2008)
유아놀이의 이론과 실제(학지사, 2004)
아동 수 · 과학 지도(공저, 형설출판사, 2006)
유아사회교육의 이론과 실제(창지사, 2006)

요리활동을 통한 유아과학교육(공저, 강남대학교 출판부, 2001)
유아교육개론(공저, 학지사, 2001)
유아교육학 탐구(공저, 2001)
물리적 지식활동을 통한 유아과학교육(공저, 양서원, 2005)
아동문학론(창지사, 1997)외 다수

박명숙

이화여자대학교 음악대학 졸업(피아노과 전공)
이화여자대학교 교육대학원 졸업(음악교육 전공)
이화여자대학교 대학원 졸업(유아교육 전공)
단국대학교 대학원 교육학 박사
Italy Nino Roto Accademia 수료

(현) 강남대학교 사범대학 유아교육과 교수
유아음악 전문가
〈저서〉 반주법을 중심으로 한 유아음악교육(도서출판 인수봉, 1998)
음악아 놀자(한울림, 2004)
자연물을 이용한 물리적 지식활동(공저, 창지사, 2008)
〈논문〉 유아의 음악듣기교육 프로그램연구
음개념 발달을 위한 타악기 활용에 관한 기초연구
리듬활동의 효과적인 교수방법에 관한 연구 외 다수

윤신숙

숭실대학교 자연과학대학 졸업(화학과 전공)
숭실대학교 대학원 졸업(이학 석사, 화학 전공)
숭실대학교 대학원 졸업(이학 박사, 화학 전공)

(현) 강남대학교 교양학부 교수
〈저서〉 요리활동을 통한 유아과학교육(공저, 강남대학교 출판부, 2001)
물리적 지식활동을 통한 유아과학교육(공저, 양서원, 2005)
자연물을 이용한 물리적 지식활동(공저, 창지사, 2008)

부모와 교사를 위한 과학활동 가이드

자연물을 이용한 유아 과학활동

초판 1쇄 인쇄 2011년 2월 21일
초판 1쇄 발행 2011년 2월 28일

지 은 이 | 장혜순 · 박명숙 · 윤신숙
펴 낸 이 | 김기섭
책임편집 | 박연순
펴 낸 곳 | 창지사 www.changjisa.com
121-809 서울시 마포구 대흥동 161
전화 (02)719-2211~3
팩스 (02)701-9386
등 록 | 1977년 4월 28일 · 제1-421호

ISBN 978-89-426-0621-4 (93370)

값 18,000원